MÉDECINE DES ANGES

COMMENT GUÉRIR LE CORPS ET L'ESPRIT AVEC L'AIDE DES ANGES

DOREEN VIRTUE, Ph.D.

Traduit de l'américain
par Lou Lamontagne

AdA Inc.

L'auteure de ce livre ne dispense aucun avis médical ni ne prescrit l'usage d'aucune technique en guise de traitement médical. Le seul but de l'auteur est d'offrir une information générale afin de vous guider dans votre quête de bien-être émotionnel et spirituel. L'auteur et l'éditeur ne doivent être tenus responsables d'aucune manière que ce soit de tout usage personnel des informations contenues dans ce livre.

Traduction : Lou Lamontagne
Révision linguistique : Nicole Demers, André St-Hilaire
Révision : Nancy Coulombe
Mise en page : Sébastien Rougeau
Graphisme de la page couverture : Sébastien Rougeau
Illustration de la couverture : Anne Yvonne Gilbert
Photo de Doreen à Santorin, Grèce : Steven D. Farmer
Photo de l'épine : www.photographybycheryl.com
ISBN 2-89565-224-4
Première impression : 2005
Dépôt légal : premier trimestre 2005
Bibliothèque Nationale du Québec
Bibliothèque Nationale du Canada

Éditions AdA Inc.
1385, boul. Lionel-Boulet
Varennes, Québec, Canada, J3X 1P7
Téléphone : 450-929-0296
Télécopieur : 450-929-0220
www.ada-inc.com
info@ada-inc.com

Diffusion

Canada :	Éditions AdA Inc.
France :	D.G. Diffusion Rue Max Planck, B. P. 734 31683 Labege Cedex Téléphone : 05.61.00.09.99
Suisse :	Transat - 23.42.77.40
Belgique :	D.G. Diffusion - 05.61.00.09.99

Imprimé au Canada

Participation de la SODEC.
Nous reconnaissons l'aide financière du gouvernement du Canada par l'entremise du Programme d'aide au développement de l'industrie de l'édition (PADIÉ) pour nos activités d'édition.
Gouvernement du Québec - Programme de crédit d'impôt pour l'édition de livres - Gestion SODEC.

Catalogage avant publication de Bibliothèque et Archives Canada

Virtue, Doreen, 1958-

Médecine des anges
Traduction de : Angel medicine
ISBN 2-89565-224-4

1. Guérison par la foi et spiritisme. 2. Anges - Miscellanées. 3. Miracles. I. Titre.

BF1275.F3V5714 2005 615.8'528 C2004-941880-7

Je tiens à remercier avec gratitude...

... Steven Farmer, George Kelaiditis, Charitini Christakou, Konstantinos, le docteur Polichronis (« Chronis ») Mada, Andres Kannelopoulos, Reid Tracy, Jill Kramer, Julie Davison, Anne Yvonne Gilbert, Leon Nacson, Kristen McCarthy, Rachelle Charman, Rhett Nacson, Eli Nacson, Robert Nacson, James Van Praagh, Jo Lal, Michelle Pilley, Megan Slyfield, Emma Collins, Bill Christy, Judity Lukomski, Charles Schenk, Grant Schenk, Betsy Brown, Lynnette Brown et toutes les personnes qui m'ont donné l'autorisation de reproduire, dans ce livre, leurs histoires concernant la médecine des anges.

TABLE DES MATIÈRES

INTRODUCTION

Médecine des anges

Je vous écris en ayant vue sur le volcan de l'île Santorin en Grèce, léché par les vagues de la mer. L'île, dont vous pouvez voir une photo sur la quatrième de couverture, est aussi appelée *Théra*. Santorin revêt une signification toute particulière pour moi, pour le sujet du livre et pour vous. La raison en est que plusieurs personnes croient que Santorin est la dernière masse terrestre du continent perdu de l'Atlantide. L'île abrite les ruines de plusieurs temples de guérison de l'Atlantide ainsi que des énergies et des traditions mystiques. Quel endroit merveilleux pour écrire sur le sujet de la guérison — c'est un endroit où j'ai déjà habité, il y a de cela très longtemps, et peut-être bien en votre compagnie.

Lorsqu'une redoutable explosion a englouti l'Atlantide, les connaissances supérieures et la sagesse de son peuple ont également disparu. Dans la première partie du présent ouvrage, je présente d'anciennes techniques de guérison pratiquées par les habitants de l'Atlantide et les secrets qui m'ont été divulgués par les anges de cette île fabuleuse. Dans les deuxième et troisième parties, je vous fais part d'histoires et de méthodes que vous pouvez incorporer à votre propre vie pour vous guérir et guérir les autres. J'inclus également des études scientifiques confirmant ces anciennes techniques de guérison.

LES ANGES GUÉRISSEURS

Les anges sont des personnages célestes qui n'ont pas d'ego, c'est-à-dire qu'ils sont sans jugement et remplis d'amour. Les êtres chers décédés peuvent accomplir des fonctions angéliques. On les appelle alors des « guides spirituels ».

Ayant été clairvoyante tout au long de ma vie, je sais que chaque personne possède en elle au moins deux anges gardiens et un guide spirituel. De toute évidence, ce n'est pas tout le monde qui écoute ses anges, sinon il n'y aurait pas toute cette cruauté et toute cette autodestruction dans le monde. Toutefois, les anges sont là au cas où nous voudrions leur parler ou les écouter.

Les anges n'ont pas de religion et font tout autant partie de la vie des sceptiques et des athées que de celle des croyants. Ils accompagnent les gens cruels et les bons samaritains. Les anges sont avec nous pour mettre en œuvre le plan de paix de Dieu auprès d'une personne à la fois. Bien que nous soyons tous encore responsables de nos actes, ils peuvent nous aider à choisir le meilleur plan d'action possible.

Même si nos douleurs et nos luttes nous permettent d'évoluer, nous pouvons le faire beaucoup plus rapidement lorsque nous sommes en paix. Tout ce qui nous apaise, que ce soit de grandes ou de petites choses, les anges se font un plaisir de nous aider à l'obtenir. Toutefois, ils n'interviendront pas à moins que nous le leur demandions, et ce, à cause du principe du « libre arbitre » qui régit notre univers.

Lorsque vous travaillez avec les anges, vous pouvez vous imprégner de leur lumière et avoir accès à leur être supérieur libre de tout ego. Vos anges peuvent vous aider à changer vos attitudes, à vous éloigner de la peur et à aborder toute situation avec amour. Ils ne sont pas limités par le temps et l'espace. Par conséquent, ne craignez pas de les gêner ou de les surmener.

Le mot *ange* signifie « messager de Dieu ». Quand vous invoquez le Créateur, les anges vous transmettent les messages de ce dernier. Parler aux anges ne constitue pas un blasphème, car toutes les conversations que nous avons avec Dieu les concernent nécessairement. Après tout, ils ne font qu'un avec Lui et, tout comme vous, ils en sont une prolongation.

Les anges, lorsque nous faisons équipe avec eux, peuvent faire en sorte que les guérisons se fassent très rapidement et de façon tout à fait étonnante. Ils peuvent nous aider à guérir sur les plans physique, spirituel, émotif, financier et intellectuel. Ils nous aident à poursuivre notre carrière et à régler des questions concernant notre santé, nos relations amoureuses, notre famille, notre maison et tout ce qui nous apporte la paix d'esprit.

Alors, si vous voulez guérir, ou si vous désirez la guérison d'un être cher ou d'un client, vous aurez accès à un puissant canal d'énergie en faisant appel aux anges.

À PROPOS DE CE LIVRE

Ce livre comporte trois parties. Si vous avez le goût de lire des histoires vraies concernant des voyages spirituels, commencez par la première. Cependant, si vous êtes davantage intéressé aux étapes de la médecine des anges et à des histoires connexes, vous pouvez choisir de lire d'abord la deuxième partie, qui est complète en elle-même. La troisième partie, quant à elle, porte sur les ressources touchant les méthodes de guérison par les anges qui ont été présentées antérieurement.

La première partie de *Médecine des anges* est un autre chapitre de mon histoire sur les découvertes et les voyages spirituels, une histoire qui avait débuté dans mon livre intitulé *The Lightworker's Way* et qui s'était poursuivie dans *Healing with the Fairies*. Toutefois, il n'est pas nécessaire de lire ces livres pour comprendre celui-ci.

PREMIÈRE PARTIE

LES ANGES DE L'ATLANTIDE ET LES SECRETS DU TEMPLE DE GUÉRISON

CHAPITRE 1

Voyage en Atlantide

Je n'ai jamais eu l'intention d'aller à Santorin. Pourtant, lorsque mon éditeur grec et mon mari et compagnon de voyage, Steven Farmer, eurent déterminé mon itinéraire, j'ai compris pourquoi ce voyage était nécessaire. Lors de ma tournée européenne, Steven, qui m'accompagnait, avait organisé des vacances reposantes sur l'île de Santorin. Nous étions loin de nous douter que ces vacances allaient nous faire vivre des émotions fortes.

À partir du moment où nous avons réservé notre vol à destination de Santorin, l'univers entier n'a cessé de m'envoyer des signes prémonitoires. Il me semblait que toutes les revues et tous les journaux du sud de la Californie que je feuilletais contenaient des articles sur les voyages dans cette île et que chacun d'eux traitait du lien qui existe entre Santorin et l'Atlantide. Pour comble, un matin, alors que je m'étais levée plus tôt que d'habitude, je sentais que je devais appeler mon ami James Van Praagh, le très célèbre médium spirituel et auteur.

— C'est incroyable ! s'exclama James au bout du fil. J'ai aussi « reçu » un message me disant de t'appeler ce matin.

Une heure plus tard, alors que nous prenions le petit-déjeuner, je lui ai parlé du voyage que j'avais prévu faire en Europe.

— Ma chérie, il y a un endroit où il faut *absolument* que tu ailles, dit-il.

— Très bien, acquiesçai-je, prête à écouter sa suggestion.

Après tout, en plus d'être un voyant extraordinaire et compatissant, James est un voyageur chevronné.

— Tu dois aller à l'île de Santorin. C'est un de mes endroits préférés au monde, dit-il avec enthousiasme.

Il se pencha vers moi, me regarda dans les yeux et me dit tout bas :

— Tu sais que c'est aussi l'Atlantide.

J'ai absorbé ses paroles en m'exclamant :

— James, c'est incroyable, car Steven et moi avons déjà réservé notre passage à l'île de Santorin. Il y a quelques semaines, je n'avais jamais entendu parler de cet endroit et puis voilà que tout l'univers m'envoie constamment des messages m'invitant à m'y rendre. Plusieurs recherches semblent démontrer que Santorin est l'un des endroits où se trouve l'Atlantide. Je t'envoie un courriel dès mon arrivée.

L'Île de Santorin

Au moment où Steven et moi amorcions notre descente sur l'île dans notre petit avion, je me suis rappelé le film *Amours de vacances*, avec Daryl Hannah, qui avait été tourné dans cette petite île grecque. Le ciel, clair et brillant, formait un tout avec la mer qui ressemblait à un écran bleu géant, et nous avons aperçu des centaines de petites maisons de stuc blanc qui entrecoupaient le paysage.

L'air chaud et humide qui se dégageait de la piste d'atterrissage enveloppa les quelque cinquante passagers à leur sortie de l'avion. Lorsque nous avons pu récupérer nos bagages, il n'y avait déjà plus de taxis disponibles. L'aéroport était situé dans un endroit éloigné et nous avons dû louer une voiture, une

Suzuki Alto si petite qu'elle me faisait penser à une motocyclette recouverte d'une carrosserie de voiture. Pourtant, toutes les voitures qui circulaient dans l'île ressemblaient à des voitures-jouets. Les modèles Suzuki, Hyundai, Fiat et Peugeot semblaient les marques les plus connues des voitures compactes.

Les préposés de l'agence de location de voitures nous ont dit que nous trouverions notre hôtel en nous dirigeant à droite vers le bureau de tourisme, et en tournant à gauche vers le terrain de stationnement de terre. Munis de ces directives un peu floues, nous nous dirigeâmes vers la ville d'Imerovigli. Le parking de terre était relativement facile à repérer, mais où était donc situé notre hôtel ? Des douzaines de noms d'établissement étaient affichés sur le mur en face du stationnement, y compris celui de notre hôtel, mais il n'y avait aucun panneau nous indiquant la direction à prendre. Un sentier débutait du parking et prenait deux directions. Nous avons donc déduit que notre hôtel était situé au bout de la péninsule. Après avoir repris nos valises, nous allèrent dans cette direction.

J'ai vite compris que mes chaussures à talons hauts de cinq centimètres ne faisaient pas bon ménage avec les milliers d'escaliers de l'île. Je me suis arrêtée pour ouvrir ma valise et j'ai enfilé une paire de sandales à talons plats. J'ai porté ces sandales ou des chaussures de marche pour le reste du voyage, malgré le fait qu'avant de partir j'avais rêvé porter une longue robe vaporeuse de style grec avec des talons hauts.

Il faisait chaud, l'air était poussiéreux et nous étions fatigués à la suite de notre long voyage depuis Los Angeles, avec escales à Londres et à Athènes. L'effort que nous devions déployer pour traîner nos lourdes valises dans des escaliers et sur des chemins raboteux ne correspondait pas à notre idéal d'un début de vacances en Grèce. De plus, nous n'étions pas certains de nous diriger dans la bonne direction.

Steven m'a finalement dit :

— Reste ici avec les valises. Je vais aller voir si nous sommes au bon endroit.

Cinq minutes après, il était de retour avec un homme au visage souriant et aux cheveux noirs qui s'est mis à transporter nos valises en silence tout en nous faisant signe de le suivre. En voyant ma mine perplexe, Steven m'a expliqué qu'il avait repéré le bureau de notre hôtel et que nous étions attendus. L'homme qui nous accompagnait était le porteur de l'hôtel et je me doutais bien qu'il portait plus d'un chapeau à l'occasion. C'est la pensée qui m'est venue à l'esprit en voyant cet homme, un véritable véhicule à traction intégrale, monter et descendre les escaliers sans faire aucun effort, tout en transportant nos lourdes valises. Nous avions de la difficulté à le suivre à travers tout un dédale d'escaliers extérieurs, mais nous sommes finalement arrivés à notre hôtel.

Notre chambre avait été taillée à même le rocher et une énorme pierre de la taille d'un piano s'avançait dans la pièce. On nous a dit que cette formation était habituelle dans les hôtels qui avaient été construits à même les falaises. L'énergie de cette pierre était tout à fait présente et, tandis que nous nous installions dans la chambre, nous avions l'impression qu'une troisième personne était parmi nous. Nous étions en visite dans une chambre qui appartenait à la pierre. Nous étions des invités.

Puisque l'eau est transportée par camion et amenée à l'île de Santorin au moyen d'une pompe, les salles de bain et les douches sont très différentes de celles des autres hôtels. Elles consistent essentiellement en un coin pour la salle de bain et un tuyau d'écoulement. Si l'on veut prendre une douche, il faut d'abord réchauffer l'eau en appuyant sur un bouton au moins vingt minutes pour activer le système de chauffage à énergie solaire. Puis, on tire le rideau pour séparer la salle de bain de la douche et on active la douchette à main.

Après avoir pris notre douche, revêtu nos habits et chaussé nos souliers de marche, Steven et moi sommes sortis pour explorer la campagne environnante. Avant de partir, nous avions bien remarqué l'emplacement de notre hôtel car, à première vue, tous les établissements du genre se ressemblaient.

La première chose que nous avons remarquée, ce fut la multitude de chats qui foisonnaient dans l'île : des chats errants au poil court, de toutes les couleurs. Plutôt maigres, ils paraissaient se nourrir de ce que voulaient bien leur donner les touristes. Ils étaient gentils et affectueux et savaient sans aucun doute que le fait de se frotter aux jambes des touristes leur attirerait caresses et nourriture. Comme nous longions les boutiques tout au long de la rue, nous avons remarqué la présence de plusieurs calendriers à vendre qui portaient le titre « Les chats de Santorin ». Ces calendriers contenaient des photos de chats tout mignons, couchés près des villas et des petites maisons blanches.

Le souvenir de la lumière

Avec le décalage horaire, l'air frais, le soleil et tous ces mois passés à travailler fort, Steve et moi étions très fatigués. À peine arrêtés, nous nous sommes sentis exténués. Cette première journée à Santorin fut le début d'une longue période de relaxation au cours de laquelle nous allions faire de longues siestes dans le calme et la tranquillité.

La première journée, j'ai fait une sieste de deux heures où j'ai eu des visions remplies de couleurs et de lumières éblouissantes. J'étais consciente que les anges m'avaient rendu visite dans ce rêve et qu'ils m'avaient transmis des messages sur le pouvoir de guérison que contiennent la lumière et les couleurs. Malgré le fait que je ne me rappelle plus ce qu'ils m'ont dit, je crois fermement que leur message est profondément gravé dans mon inconscient.

Au cours de cette première soirée, nous avons rencontré les trois hommes que notre éditeur grec nous avait adressés : Janis Renieris, le propriétaire de l'hôtel où nous habitions, Polichronis (surnommé Chronis) Mada, un praticien local de médecine holistique, et Andres Kannelopoulos, un homme qui a passé plusieurs années à étudier auprès d'un avatar hindou (un avatar est une personne vivante qui a appris à accomplir des miracles).

Alors que nous regardions un coucher de soleil couleur arc-en-ciel, Janis nous a raconté une histoire remarquable au sujet de la guérison de son fils. Le 9 juin 2002, Manolis, alors âgé de 19 ans, était en train de faire de la plongée sous-marine lorsque son harpon se déchargea et lui perça la tête. Son père, Janis, un ancien marin, avait pris l'habitude de demander à saint Nicolas de les protéger, lui et ses enfants. Lorsqu'il reçut l'appel lui apprenant l'accident de plongée de son fils, il pria, puis se rendit rapidement à son chevet à l'hôpital. Les médecins lui ont dit que son Manolis était chanceux d'être encore vivant.

— Comment as-tu réussi à sortir de l'eau ? demanda Janis à son fils.

— Je me suis dirigé vers la lumière, répondit Manolis de son lit d'hôpital, et saint Nicolas m'a accompagné jusqu'au bout.

Les médecins déclarèrent que Manolis serait aveugle et paralysé pour le reste de ses jours, mais Janis refusait de croire que son fils était « brisé ». Il s'est appliqué à visualiser Manolis en bon état et en pleine santé. Un an plus tard, le garçon était complètement rétabli. Sa miraculeuse guérison raviva la foi de tous les habitants de la ville, y compris celle de ses anciens camarades de classe demeurés sceptiques.

Chronis et Andres souriaient tandis qu'ils écoutaient l'histoire que racontait Janis, car ils avaient tous deux une foi profonde. Chronis était médecin-chef de l'île de Santorin et travaillait sur appel vingt-quatre heures sur vingt-quatre à soigner les malades à leur domicile ou à son bureau.

Chronis ressemblait plus à un mannequin mâle qu'à un médecin, avec son corps musclé et son visage plutôt jeune. Il me rappelait Mark McGrath, le chanteur principal du groupe Sugar Ray, tout en étant plus foncé. Il a parlé de la façon dont il mariait la spiritualité aux méthodes naturelles et à la médecine.

— Les anges ne résident pas dans des cieux éloignés, dit-il. Ils existent sur la terre et leur rôle est de nous aider à mettre de l'ordre dans nos pensées. De nos jours, notre karma est instantané et nos pensées se manifestent sur-le-champ. Il en va de même pour les pensées noires : elles reviennent vers vous immédiatement. Auparavant, votre karma vous apparaissait dans une vie postérieure. Aujourd'hui, il se manifeste dans votre vie actuelle.

Chronis était un médecin conventionnel, mais il pressentait qu'il existait une meilleure façon de soigner les gens que de prescrire des médicaments et de faire passer des tests. Il avait remarqué que ses patients avaient tous une respiration faible. Aussi, il étudiait des façons d'aider les gens à apprendre à respirer profondément et complètement, une telle pratique constituant un des chemins vers le bien-être. Cette démarche amena Chronis à devenir un chiropraticien diplômé. Ainsi, il pouvait manipuler le corps de ses patients et le rendre plus apte à recevoir de l'oxygène.

Chronis avait également constaté que les gens qui buvaient beaucoup d'eau guérissaient plus vite. Il avait donc commencé à recommander à ses patients d'en boire davantage. Puis, il étudia les chakras (les roues d'énergie internes du corps qui poussent l'énergie de force vitale) et il devint un maître Reiki, ce qui lui donna une structure pour effectuer un travail énergétique avec ses patients.

Il avait noté que, parmi ses patients, ceux qui se sentaient coupables tombaient malades et le demeuraient pendant de plus longues périodes, comparativement à ceux qui avaient la conscience tranquille.

— La culpabilité nous tue, nous met en colère et nous rend tristes, dit Chronis. Je dis à mes patients de se dégager du sentiment de culpabilité ou, mieux encore, d'éliminer le comportement qui mène à ce sentiment.

Toutefois, Chronis privilégiait l'amour comme agent de guérison. Quand il transmettait l'énergie de l'amour à ses patients et qu'il les aidait à se concentrer sur le processus, ils se rétablissaient toujours rapidement.

Dans son travail de guérison, Chronis utilisait un mélange de sciences ésothériques, holistiques et médicales. De ce fait, il était très sollicité pour ses services et nos deux rencontres avec lui avaient été coincées entre des rendez-vous avec des patients.

Andres était un ami de longue date de Chronis, son associé d'affaires et son colocataire. Il avait l'air d'un homme calme et rempli de sagesse. Il parlait peu mais, lorsqu'il le faisait, les gens étaient extrêmement touchés par la profondeur de ses paroles.

Comme que je l'ai déjà mentionné, Andres revenait d'un voyage en Inde, où il avait reçu les enseignements d'un avatar renommé et vécu parmi les adeptes de ce dernier pendant sept ans. Cet avatar était reconnu, entre autres, pour ses capacités à faire apparaître des objets de nulle part, à pratiquer la bilocation, à faire disparaître son corps, à léviter et à guérir miraculeusement les gens. Pendant ses années auprès de l'avatar, Andres avait appris beaucoup sur les mécanismes de la guérison.

— L'avatar m'a enseigné que certaines couleurs peuvent conduire à la guérison, dit Andres. Vous visualisez ces couleurs autour de la personne que vous soignez, ou de vous-même si vous avez besoin d'être guéri. Vous pouvez aussi invoquer les couleurs en leur demandant d'entourer le corps de la personne.

Andres nous dit que l'avatar lui avait communiqué les enseignements suivants :

- la lumière violette peut guérir le cancer et tuer les virus ;
- la lumière blanche referme les blessures du corps astral et physique ;
- la lumière bleu pâle, à l'instar de l'eau, nettoie et désintoxique le corps ;
- la lumière dorée ouvre le troisième œil et garde le corps ouvert (après qu'il eut été nettoyé avec les lumières bleu pâle, blanche et violette).

J'ai remarqué que ces couleurs étaient aussi angéliques. La lumière violette, associée à l'archange Michael, enlève la peur de nos corps et de notre esprit. La lumière blanche est l'essence de tous les anges. La lumière bleu pâle, liée à l'archange Raphaël, apporte l'harmonie et la foi dans nos vies. La lumière dorée, elle, est associée à l'Esprit saint et à l'énergie du Christ.

Les mots d'Andres sur la lumière dorée qui ouvre le troisième œil m'ont rappelé la lecture de pages originales et inédites de *A Course in Miracles*. Le terme *vision spirituelle* était généreusement utilisé dans le texte original, mais il avait été plus tard remplacé par *Esprit saint* quand on s'est mis à éditer les ouvrages dans le but de les mettre en vente en librairie. Ainsi, même ce livre associait le Saint-Esprit (qui est la lumière dorée) à la vision spirituelle ou à la clairvoyance.

— Nous ne devrions pas être surpris du fait que la lumière puisse guérir les corps, dit Andres. Après tout, l'éveil ne signifie-t-il pas une émergence dans la lumière ?

— J'ai appris que la lumière jumelée à l'amour mène à la guérison, répondit Chronis.

« La lumière jumelée à l'amour mène à la guérison », me répétais-je avec un sentiment de déjà-vu de la visite d'anges pendant une sieste. La phrase de Chronis semblait étrangement similaire aux messages que les anges m'avaient communiqués dans mon sommeil.

Notre soirée avec Chronis, Andres et Janis se déroula avec des discussions sur la vie en général, et Steven et moi avons dormi particulièrement bien cette nuit-là.

À LA DÉCOUVERTE DE L'ÎLE

Le jour suivant, lorsque Steven et moi nous sommes levés, le soleil resplendissait sur la baie au pied du volcan. Nous avons décidé de nous rendre à pied jusqu'à un marché voisin où l'on vendait du pain fraîchement cuit, des tomates mûries à point et tout un éventail d'olives kalamata. Notre promenade matinale, à monter et descendre les centaines de marches parcourant l'île de Santorin, nous a mis en sueur et ouvert l'appétit.

Rita, la propriétaire de la boutique, nous salua d'un « Kalimera ! » qui, on l'a appris, signifie « Bonjour » en grec. Par contre, les gens disent « Kalimera » jusqu'au coucher du soleil. Donc, on suppose que ce mot a aussi la signification de « Bon après-midi ». Et puis, une fois le coucher du soleil en cours, on dit « Kalispera », ou « Bonsoir ». J'ai aussi appris à le mot « Merci », qui se dit « Efharisto ».

Rita était d'une beauté sans apprêt. Ses cheveux grisonnants étaient adroitement retenus en spirale et sa silhouette de matrone était avantagée par des vêtements en dégradé. Son sourire était si chaleureux et franc qu'il nous faisait fondre.

Steven et moi nous sommes amusés à préparer des sandwiches faits de pain chaud directement sorti du four, de tomates tranchées et tartinées d'olives. Tous les ingrédients avaient tellement plus de saveur, comparativement à tout ce que nous avions mangé jusqu'à présent, et jamais nous nous sommes lassés de ces sandwiches au cours de notre voyage. Pour dîner, j'ai mangé des champignons grecs grillés, appelés *plevrotus*. Semblables aux pleurotes, ils étaient cuits, arrosés de leur jus et sautés dans du vinaigre balsamique, de l'huile et des herbes. Il n'y avait aucun rapport avec les restaurants que nous fréquentions où les champignons ont toujours le même goût et la même texture, comme les steaks grillés d'ailleurs. De plus, avec tous les escaliers que nous avions grimpés, nous n'avons pas pris de poids malgré toute l'huile d'olive que nous avons consommée.

En fait, on a appris que l'alimentation méditerranéenne (les légumes, les fruits, le poisson et l'huile d'olive) améliore la longévité. Selon une étude menée en 1994 et publiée dans la revue médicale britannique *Lancet*, les gens qui ont subi un infarctus du myocarde et qui ont adopté un régime alimentaire méditerranéen voient une amélioration de leur état coronarien pouvant atteindre les 73 pour cent ! En juin 2003, le *New England Journal of Medecine* a publié les résultats d'une étude menée auprès de 22 000 personnes adhérant à une alimentation méditerranéenne. Ceux qui consommaient cette nourriture traditionnelle vivaient plus longtemps. Les auteurs de l'étude ont donc conclu que l'alimentation méditerranéenne traditionnelle est liée à une réduction importante du taux total de mortalité.

De nombreux scientifiques sont d'avis que les acides alphalinoléiques des olives et de l'huile d'olive ont des effets bénéfiques sur le cœur. Ces acides aident à régulariser la pression sanguine, le rythme cardiaque, tout en favorisant la dilatation des vaisseaux sanguins. Nul besoin est de se demander pourquoi, en Grèce, un pays où la cigarette est très populaire, l'espérance de vie des hommes est parmi les plus élevées au monde, soit de 72 à 74,5 ans.

Steven et moi avons décidé de marcher pour faire passer notre déjeuner méditerranéen et d'explorer à pied la région au nord de notre villa. Alors que nous tournions sur le sentier principal, une grosse chienne à poils blonds et frisés s'est jointe à nous. Elle s'est glissée près de nous comme si elle nous connaissait depuis des années. J'ai commencé à l'appeler Molly pour aucune raison particulière, et elle a répondu à ce nom. Nous nous sommes rendus jusqu'à la fin du sentier, où une belle église se dressait sur un terrain boisé. Un prêtre en robe noire sortit de l'édifice et, à sa vue, notre nouvelle amie commença à aboyer furieusement. Molly n'avait émis aucun son jusqu'à présent. Steven et moi avons décidé d'écouter son message et de redescendre la montagne.

Santorin est connue pour ses centaines de petites églises en adobe blanc avec un dôme émaillé d'un bleu lumineux. Les églises reflètent brillamment la lumière du soleil et produisent un contraste frappant, avec l'océan en toile de fond, qui est visible partout dans l'île. Bien que seulement 10 000 personnes vivent à Santorin, il y a 250 églises de confession grecque orthodoxe. Beaucoup de ces constructions sont si petites que seulement dix personnes peuvent s'y tenir en même temps. Et quelques églises sont érigées sur des bords de falaises presque inaccessibles.

« Que se passe-t-il ici ? » nous sommes-nous demandé, Steven et moi. Les villageois nous ont expliqué que les marins qui ont eu la vie sauve construisaient des églises en l'honneur de leurs saints patrons en guise de remerciement. Les hommes de la mer croyaient que le fait d'ériger une église et de lui donner le nom de leur saint préféré plairait à ce dernier. Le saint continuerait alors à protéger le marin et sa famille.

Puisque le marbre était abondamment extrait des montagnes grecques, la plupart des villas de Santorin avaient des paliers et des porches extérieurs faits de ce matériau. Même les entrées extérieures de cabanes délabrées en étaient recouvertes. Nous étions plus accoutumés, Steven et moi, à voir des sols de marbre fin dans des immeubles chic, et nous étions émerveillés de l'utilisation extérieure généreuse de cette pierre dans toute l'île.

Assez tôt, nous avons atteint le périmètre de notre hôtel et dit au revoir à Molly. Durant notre voyage, nous avons eu le plaisir de revoir (et nourrir) notre nouvelle amie tous les jours.

Le soleil avait atteint son apogée lorsque nous sommes retournés à notre villa. En Grèce, il dégageait une lumière qui nous semblait différente de celle à laquelle nous étions habitués. C'était une chape d'or définie, qui colorait tout d'une flatteuse lueur à la nuance tamisée. Cette lumière dorée se reflétait sur le corps bronzé de chacun.

CHAPITRE 2

À l'intérieur du temple de guérison

La lumière du soleil et la promenade nous avaient beaucoup fatigués et nous avons fait une sieste dans l'après-midi. Profondément endormie, j'ai reçu une autre visite des anges. Cette fois, je me suis souvenue de leurs enseignements sur le pouvoir de guérison de la lumière dorée du soleil. « Expose tes mains à la lumière du soleil et absorbe-la, me dirent-ils, puis pose tes mains sur ton cœur pour activer et réveiller l'énergie de ton chakra du cœur. »

Quand je me suis réveillée, je suis sortie à l'extérieur. J'ai mis mes mains en forme de coupe, sous la lumière du soleil, et visualisé les rayons dorés qui s'y déversaient. J'ai senti mes mains vibrer d'une vie nouvelle. Puis, je les ai placées sur mon cœur et ressenti une brusque bouffée d'extase comme si mon être s'ouvrait largement au comble de l'amour.

Ce soir-là, juste avant le coucher du soleil, Steven et moi nous sommes promenés jusqu'à une petite montagne appelée Skaros, qui avançait dans l'océan. Skaros s'accroche à l'île de Santorin par l'intermédiaire d'une petite péninsule. Ce lieu nous semblait l'endroit idéal pour regarder le coucher de soleil. Alors que nous commencions à avancer sur notre chemin, nous avons croisé plusieurs touristes américains. Rouges, transpirants et haletants, ils nous signalèrent que la montée de Skaros était une véritable épreuve. Après avoir échangé des regards interrogateurs et envisagé l'espace d'un instant de changer nos plans, nous décidâmes d'aller de l'avant. Après tout, notre jogging quotidien de trois kilomètres nous avait procuré une condition physique suffisante pour entreprendre une montée sportive. De plus, la montagne était si jolie, parsemée de belles fleurs sauvages, d'herbes hautes et de rochers plats. Nous devions faire cette randonnée !

Alors que nous approchions, nous avons réalisé que la montagne n'était finalement qu'un monticule de terre. C'était une ancienne forteresse située sur une colline, envahie par la mousse et couverte de terre ! Steven grimpa plus près de la structure. Étant un double Capricorne, il pouvait marcher d'un pas assuré le long des amoncellements de rochers menant à l'entrée du château. Pendant ce temps, je regardais la scène, assise confortablement sur une pierre douce et plate.

Je me suis étendue et la pierre irradiait la chaleur du jour, ce qui produisait un merveilleux contraste avec l'air frais du soir. Alors que le soleil descendait au bord de l'océan, Steven m'a rejointe. Les rayons jaunes, roses et orangés du soleil couchant illuminaient le château et les collines environnantes. À ce moment-là, on pouvait facilement croire que ce décor magique avait déjà été celui de l'ancienne Atlantide.

Les premières références qui ont été consignées sur l'Atlantide ont paru dans deux dialogues de Platon : *Critias*, rédigé en l'an 370 av. J.-C., et *Timée*, écrit en 360 av. J.-C. Platon a reçu l'information concernant l'Atlantide de Critias le Jeune, petit-fils d'un dirigeant grec nommé Solon, qui, lui, avait appris l'existence de l'Altlantide lors d'une visite en Égypte en 590 av. J.-C.

Platon a écrit dans *Timée :*

À ce moment-là, sur l'île de l'Atlantide, il existait un grand et merveilleux empire qui a dominé toute l'île et plusieurs autres, diverses régions du continent, et plus encore. Les hommes de l'Atlantide avaient soumis les régions de la Libye, depuis les colonnes d'Hercule jusqu'à l'Égypte, et de l'Europe jusqu'à la Tyrrhennie. Ce vaste pouvoir, rassemblant ses forces, tenta d'assujettir d'un seul coup notre pays et le vôtre, et toute la région à partir du détroit ; et puis, Solon, votre pays, rayonnait par la supériorité de sa vertu et de sa force, parmi toute l'humanité. Il était prééminent par son courage et ses aptitudes militaires, et il était le meneur des Hellènes. Lorsque les autres se sont effondrés, obligé de se dresser seul et après avoir affronté un danger extrême, il a battu les envahisseurs et préservé de l'esclavage ceux qui n'étaient pas encore assujettis. Il nous a généreusement libérés, nous qui demeurions en deçà des colonnes.

Toutefois, après ces événements, il y eut de violents tremblements de terre et des inondations et, en un seul jour et une seule nuit de malheur, tous vos guerriers furent engloutis d'un seul coup dans la terre, et l'île de l'Atlantide disparut de la même manière dans les profondeurs de la mer. Depuis, la mer est à certains endroits infranchissable et impénétrable en raison des hauts-fonds de sable sur le chemin causés par l'affaissement de l'île.

Dans *Critias*, Pluton écrivait :

On rapportait que la cité d'Athènes commandait les combattants d'un bord et qu'elle s'était battue pendant la guerre. Les combattants de l'autre bord étaient dirigés par les rois de l'Atlantide, qui, ainsi qu'on le disait, était *une île plus grande que la Libye et l'Asie réunies*. Cette île fut *engloutie par un séisme* et devint une barrière de sable infranchissable pour les voyageurs qui naviguaient de part et d'autre de l'océan. (L'italique est de moi.)

Les références de Pluton à Athènes et à la Libye plaçaient l'Atlantide dans la Méditerranée ou les régions du Moyen-Orient. J'ai eu de puissantes visions d'une masse de terre s'étendant de la Grèce, de la Turquie et de l'Italie à l'Égypte et à l'Afrique du Nord. Se pourrait-il que cette région englobe maintenant Santorin, la Crête et les autres îles grecques ? Se pourrait-il, en fait, que ce soit l'Atlantide ?

L'emplacement de l'Atlantide faisait indéniablement l'objet de controverses. Ceux qui étudiaient la spiritualité et qui croyaient en la réalité de l'Atlantide adhéraient à plusieurs théories concernant sa localisation. Certains pensaient que cette île était là où est Santorin alors que d'autres la plaçaient en Indonésie, à Bimini (dans les Bahamas), dans le triangle des Bermudes, dans la zone des îles britanniques ou au Mexique. Dans le cas de chaque théorie, les preuves s'appuyaient sur les mots de Platon ou sur ceux de mystiques modernes tels qu'Edgar Cayce, Ruth Montgomery et Dolores Cannon.

La description que faisait Platon de l'Atlantide correspond certainement à celle de Santorin : « Une sorte de pierre était blanche, une autre noire et une troisième rouge », ce qui représente parfaitement les couleurs de la terre et des falaises de l'île. Platon décrivait aussi l'Atlantide comme étant une île circulaire dotée de sources d'eau chaude et froide, ce qui correspond aussi à Santorin. Certains croyaient que le mot *Atlantide* était un dérivé d'océan Atlantique mais, en vérité, il vient de la mythologie grecque. Poséidon avait donné l'île à son fils Atlas et la nomma en l'honneur de ce dernier. « C'est un lien de plus entre la Grèce et l'Atlantide », pensais-je, alors que j'étais assise sur ma pierre chauffée par le soleil.

Le souvenir de l'Atlantide

À travers des régressions vers des vies antérieures et des souvenirs spontanés, beaucoup d'entre nous se rappelaient l'Atlantide comme une société très avancée, où les modes de transport, d'éveil et de guérison étaient actionnés par la puissance de la pensée focalisée, amplifiée par les cristaux. Les guérisseurs atlantes faisaient appel aux énergies et aux cycles de la nature. De plus, ils recouraient à la pensée positive et travaillaient en partenariat avec les anges ou d'autres êtres divins pour parvenir à des résultats miraculeux.

— C'est un temps parfait pour une régression vers une vie antérieure, dis-je à Steven.

— Tu as raison, c'est le cas, approuva-t-il.

En tant que psychothérapeute et métaphysicien, Steven était habileté à mener les gens dans des régressions vers des vies antérieures. Depuis que nous étions arrivés à Santorin, j'avais grandement envie de me rappeler ma vie antérieure d'Atlante dans les moindres détails. Je savais qu'une régression m'amènerait au-delà de mon esprit conscient et ferait remonter d'anciens souvenirs.

Alors que Steven faisait le décompte pour m'amener dans un état hypnotique, je me suis concentrée sur l'intention de retourner en Atlantide pour retrouver l'information sur la guérison physique. Les intentions que nous avons au début de l'hypnose sont une carte routière qui aide l'inconscient à choisir parmi les millions de souvenirs qu'il a emmagasinés. En raison de ma profonde confiance en Steven, j'ai facilement atteint un état profond de relaxation.

Je me suis vue avec mes longs cheveux brun foncé, mes mains et mes bras jeunes et fins. J'étais l'une des gardiennes du temple de guérison. Chacune de nous savait avec certitude que la foi absolue était la clé de la guérison.

Nous, les femmes, chantions des chants pleins de prières pour nous éviter d'être découragées ou distraites. J'ai commencé à chanter dans une langue étrangère avec une douce voix mélodieuse, qui n'était pas la mienne.

Les deux grands prêtres nous décourageaient et nous distrayaient, nous les guérisseuses, de notre travail de guérison. Ils étaient bruyants et avaient une énergie empreinte de rudesse. Leurs manières grossières dissipaient l'atmosphère sacrée du temple de guérison. Nos chants nous gardaient concentrées et aidaient les patients à rester calmes et à se détendre.

Le temple de guérison abritait une pyramide en cristal limpide d'environ trente à soixante centimètres de haut, avec l'image holographique d'un grand œil bleu qui voyait tout et qui rayonnait en son centre. L'œil et la pyramide concentraient et intensifiaient la lumière du soleil, une lumière qui irradiait d'un trou rond dans le plafond, au-dessus de la pyramide.

Nous, les ouvrières, versions de l'huile d'olive sur nos mains et tendions celles-ci vers la lumière. Nous pouvions purifier les chakras de nos mains de façon efficace. Du pain, de l'eau, des olives, des pommes et d'autres fruits étaient posés sur un autel près de la pyramide, où ils absorbaient la lumière. La consommation de ces aliments aidait les patients à incorporer cette dernière.

Steven m'a demandé mon nom, et j'ai répondu sans hésitation : *Domya* (bien que je ne sois pas sûre de l'épellation). Il a voulu savoir de qui venaient la pyramide et l'œil et j'ai répondu instantanément : « *D'Hermès* ». Mes connaissances concernant Hermès étaient limitées ; je ne savais absolument pas, jusqu'à ce que je mène une recherche, qu'Hermès était étroitement associé à la Grèce tout autant qu'à l'Atlantide. Certains écrivains ont dit qu'Hermès et Thot, le dieu égyptien, étaient une seule et même divinité, celle qui a inventé l'écriture et qui était figure importante dans le monde de l'alchimie.

J'avais écrit sur le thème de Thot dans mon livre *Archanges et maîtres ascensionnés* et je me suis promis de faire des recherches concernant les liens entre Hermès et Thot une fois de retour à mon bureau, chez moi. Toutefois, ces pensées me sont venues après ma régression. Pendant la séance, j'étais Domya et j'étais entièrement à l'époque de l'Atlantide, apportant une aide aux patients, dans le temple de la guérison.

Nos patients s'installaient dans un lit fait de cristal de quartz, un lit qui avait la forme d'un U creux peu profond. Sept d'entre nous, les ouvrières, se relayaient pour tenir une grosse pointe de cristal au-dessus des chakras des patients. Chaque travailleuse devait transmettre la couleur correspondant au chakra, et nous nous concentrions sur cette seule couleur. Une fois que le patient en était rempli, l'ouvrière suivante amorçait le travail sur le chakra supérieur. Nous commencions avec le chakra racine et travaillions en remontant. J'étais fréquemment assignée au travail sur les chakras du cœur, de la gorge et du troisième œil. Celui que je préférais était le chakra du cœur parce qu'en plus d'apercevoir du vert qui irradiait du centre je voyais beaucoup de rose qui s'entremêlait et tourbillonnait dans cette couleur, comme si le tout était une jolie rose avec des feuilles.

Un son bourdonnant et tourbillonnant retentit de la pyramide de cristal centrale, comme une génératrice envoyant des étincelles par le biais des pointes de cristal que nous tenions au-dessus des chakras des patients. Je ne peux pas vraiment expliquer comment les étincelles bondissaient jusqu'à nos cristaux, mais tout était parfaitement harmonisé.

Nos patients passaient beaucoup de temps avec nous à flâner dans les jardins, à dormir au soleil sur des chaises longues, à respirer de l'air frais, loin des responsabilités et des soucis du monde. Notre temple de la guérison était une enclave de protection, et toutes les armées le respectaient et le considéraient comme un cocon abritant des dieux et des déesses. Son emplacement se trouvait à la base d'une montagne majestueuse qui semblait nous surveiller et nous protéger. L'après-midi, la montagne projetait des ombres sur le temple, nous préparant à accepter l'approche de l'obscurité.

La majorité de notre travail de guérison avait lieu le jour. C'était seulement au moment de la pleine lune que nous descendions toutes dans l'obscurité. Les soirs de pleine lune, nous nous placions, nous les ouvrières, dans un cercle qui imitait la rondeur de l'astre. En silence, nous rendions grâce à la vie, puis, collectivement, nous invitions l'énergie de la lune au sein de notre cercle pour ensuite nous échanger des mots de bienveillance et de réconfort. C'était en quelque sorte notre groupe de soutien. Ce processus rechargeait sans aucun doute nos piles, et je remarquai que les jours qui suivaient les pleines lunes étaient les moments les plus propices pour soigner les patients. Les cristaux semblaient vivants et chargés de toutes les propriétés. Je ne pouvais m'empêcher de me demander si nos piles rechargées n'étaient pas à la base de la grande efficacité de ce travail.

Nous, les artisanes de la lumière, dormions dans un autre bâtiment, situé sur les flancs d'une colline, près du temple. Nous partagions une grande chambre qui avait plusieurs lits et un espace de rangement commun. Puisque nous portions toutes les mêmes vêtements fourreau, personne ne s'arrêtait à savoir quel vêtement appartenait à qui. Nous agissions la plupart du temps en collaboration et les frictions entre nous étaient rares.

Les hommes étaient notre principale source d'irritation. Les deux prêtres étaient vêtus de robes noires, et ils semblaient avoir beaucoup de temps libre. Par ennui peut-être, ils nous dérangeaient énormément sans se sentir aucunement gênés ni coupables ! Ils parlaient beaucoup trop fort et ils paradaient comme s'ils avaient été des gardes chargés de nous surveiller. Bien entendu, ils se mettaient à la tâche quand un patient mal en point avait besoin d'être remonté sur son lit de cristal ou transporté ailleurs. À ces moments-là, je les excusais de leurs comportements antérieurs désagréables.

J'adorais aller dans les jardins avec les patients et je me portais souvent volontaire pour cette tâche. Je tenais la main des malades et nous restions assis en silence, absorbant les chants des oiseaux, l'odeur des fleurs et les rayons du soleil jouant à travers les feuilles des arbres.

Les patients progressaient vers le mieux-être s'ils avaient la motivation de retrouver la santé. Occasionnellement, un patient pouvait rechuter dans un profond désespoir, et il était toujours évident que ceux qui mouraient avaient renoncé à vivre. Ces derniers étaient fatigués et, en toute franchise, ils voulaient une excuse pour retourner au Pays. Par contre, pour moi, c'était évident ! Je sentais toujours lesquels parmi eux allaient « rendre l'âme ». Leurs teints gris parlaient pour leur comportement sans vie et, en peu de temps, ils se transformaient en cadavres. J'ai toujours pensé que les patients avaient le droit de décider de vivre ou de mourir, et je n'ai jamais essayé de persuader quiconque de rester s'il était prêt à partir.

J'ai quitté l'Atlantide avec réticence, alors que l'air de la nuit me faisait frissonner, me sortant de ma trempe hypnotique. « Ton visage a changé », remarqua Steven, alors que je m'étirais pour me lever. Apparemment, je m'étais transformée pendant ma régression jusqu'à ressembler profondément à mon personnage antérieur.

Sur le chemin de retour à notre villa, j'avais l'impression de flotter. Dès que nous sommes entrés dans notre chambre, j'ai commencé à écrire mes souvenirs de régression. Puisque Steven m'avait interrogée durant la séance d'hypnose et que j'avais répondu à ses questions, il pouvait me communiquer des détails dont je ne pouvais me souvenir consciemment.

Les anges de l'Atlantide

Ce soir-là, l'Atlantide hantait mes pensées, et j'avais des souvenirs de pouvoir de guérison que je possédais en ce temps-là. Il s'agissait d'une sagesse quotidienne que beaucoup de gens de l'Atlantide, notamment ceux d'entre nous qui étaient des guérisseurs, possédaient de façon naturelle. Je me rappelais que je possédais les connaissances suivantes :

> *L'état de santé du corps reflète les façons d'être de l'humain, ce que nous appelons l'âme et la personnalité. L'esprit rayonne toujours, mais l'âme peut crouler sous le poids des responsabilités et des soucis. Elle n'est plus capable de refléter la lumière divine, et tout paraît sombre, comme une ampoule poussiéreuse. En invoquant les anges, on appelle leur lumière qui, elle, intensifie la nôtre. Elle nous aide donc à reprendre le cap, comme un instructeur d'auto-école prend le contrôle du volant temporairement, jusqu'à ce que nous soyons capables de faire nos propres corrections de conduite.*
>
> *En Atlantide, les temples de guérison avaient des pointes de cristal qui étaient dirigées vers la personne traitée. Des cristaux de couleurs variées étaient utilisés pour chaque type de situation et du cristal de quartz limpide dirigeait les*

prismes solaires pour assurer une guérison générale. On retrouve ce même type d'énergie aujourd'hui dans la thérapie Reiki, qui utilise une énergie aux couleurs de l'arc-en-ciel. On peut aussi, par la pensée, envoyer ou recevoir un bain de lumière d'une certaine couleur, ce qui produit le même effet.

Le manque d'énergie et l'absence d'espoir peuvent mener à la maladie et provoquer des blessures. Le remède consiste alors à éliminer l'attitude défaitiste et à faire renaître l'énergie à l'aide d'une infusion de lumière nettoyante. Demander aux anges d'entrer dans votre corps et d'éliminer la baisse d'énergie est comme demander à un ramoneur de nettoyer les cendres d'une cheminée ou à un plombier de curer les blocages. Une démarche qui nous mène à nous concentrer sur l'amour rehausse notre conscience et, quand celle-ci est vivifiée, notre corps suit le pas.

Le jour suivant, je ressentais encore le vertige que m'avait laissé la régression vers ma vie antérieure. Bien que je ne sois pas restée longtemps en transe hypnotique, les souvenirs continuaient à inonder mon esprit. C'était comme si j'avais ouvert la chambre forte d'une ancienne banque de mémoire. Ce jour-là, les anges, en particulier l'archange Michael, m'ont donné pendant mon sommeil des instructions quant à la manière de procéder pour faire revivre les idéaux de guérison de l'Atlantide. « Bien sûr ! » me suis-je exclamée. J'ai pris conscience que *Michael était présent au temps de l'Atlantide*. Lui et les autres anges de l'Atlantide m'ont parlé carrément de la lumière et du rôle que joue cette dernière dans la santé physique et mentale. Leurs paroles m'ont aidée à me concentrer davantage sur la lumière.

J'ai remarqué que, dans les parties du monde où le soleil brille de façon intense, les gens portent des vêtements aux couleurs lumineuses. Dans les climats plus froids (et également en automne et en hiver), les personnes se couvrent généralement de vêtements aux couleurs ternes et sombres. Quand Steven et moi allions en vacances dans des lieux ensoleillés, nous avions tendance à opter pour des couleurs plus claires que lorsque nous allions dans le Nord. La corrélation était évidente. Le soleil stimulait les dispositions et les humeurs lumineuses, ce qui se reflétait dans les vêtements que nous choisissions de porter.

Je me suis demandé ce que nous serions sans le contact de la lumière naturelle, ce qui a déclenché en moi le souvenir d'un temps ou toute cérémonie religieuse ou spirituelle se tenait à l'extérieur. Nous dansions, chantions et priions entourés de verdure, dans l'air frais et par tous les temps. Nous n'étions pas conscients de la pluie ou de la chaleur, puisque nous acceptions les changements de température de la nature comme faisant partie des intentions divines. Quand le sol était humide, nous allions pieds nus. Quand il était brûlant de chaleur les jours d'été, nous nous tenions dans l'herbe fraîchement coupée. Il ne nous venait jamais à l'idée de nous abriter ou de nous protéger de l'environnement.

L'introduction de la religion officielle a changé tout ça. Nos anciennes habitudes étaient étiquetées comme « païennes » et tout ce qui ressemblait vaguement au paganisme était strictement interdit. On a mené des campagnes pour convaincre les gens que le paganisme était le culte du diable dans le but d'en décourager la pratique. Le culte devint formel et basé sur la peur et la culpabilité. Il s'est installé dans des bâtiments humides et froids dotés de petites fenêtres qui laissaient passer très peu de lumière.

Cette nuit-là, Steve et moi nous sommes joints à des centaines d'habitants de Santorin et de visiteurs pour nous réjouir, dehors, du coucher du soleil. Ce rituel nocturne était le témoignage de l'appréciation des Grecs pour les splendides couleurs inondant le ciel. Les couchers de soleil à Santorin sont parmi les plus colorés au monde.

Alors que nous regardions, à l'horizon, le soleil plonger dans l'océan et les nuages exploser dans une féerie d'orange, de rose et de rouge, les anges m'ont dit : « Les couchers de soleil, pleins de couleurs, suscitent des sentiments de beauté. Les couleurs du soleil couchant, surtout l'orange, correspondent au second chakra sacré et elles préparent le corps à une bonne nuit de sommeil. La contemplation du soleil est vitale puisque les couleurs nettoient les résidus du jour dans le second chakra sacré et que le corps peut dormir en paix. »

« Quel bon sens ! » ai-je pensé. Quand nous, les humains, restons enfermés et que nous ratons le coucher du soleil, nos chakras restent encrassés de l'énergie accumulée dans la journée. En utilisant la lumière artificielle, nous tentons de conserver les heures de jour bien après le coucher de soleil. L'insomnie peut être le résultat d'un manque de couchers de soleil, ce qui nous amène à nous tourner vers d'autres aides soporifiques comme les médicaments ou l'alcool.

Les anges m'ont dit que l'invention de l'ampoule a marqué le début de nouvelles maladies pour la race humaine. La lumière artificielle nous pousse à allonger nos heures de veille, comme si nous essayions de créer un jour sans fin. Les ampoules nous poussent à aller au-delà des rythmes biologiques naturels d'éveil et de sommeil que nous vivons entre le lever et le coucher du soleil.

Au problème d'enfermement dans des bâtiments éclairés par la lumière artificielle s'en ajoutait un autre : les rayons du soleil et de la lune étaient filtrés à travers les vitres. Les anges ont déclaré : « Une vie dehors sous les rayons du soleil, des étoiles et de la lune est infiniment différente d'une vie passée à les regarder à travers des lentilles. Votre esprit et votre corps absorbent l'essence pure de la lumière et le spectre complet seulement lorsque vous en faites l'expérience directement. »

MA VIE ANTÉRIEURE ET MES EXPÉRIENCES AVEC LA LUNE

Les paroles des anges à propos de la lune me ramenèrent le souvenir d'une régression vers une vie antérieure réalisée avec Dolores Cannon il y avait environ un an. (Dolores est l'auteure de nombreux livres sur la régression, dont *Conversations with Nostradamus* et *Keepers of the Garden*. Elle mène des recherches historiques par le biais de ses régressions, et j'ai eu la chance de participer à une séance que je raconte ci-après.)

Dolores a compté à rebours pour m'amener en transe hypnotique et je me suis retrouvée dans l'antique Babylone…

J'étais un homme, astronome et prêtre, un parmi de nombreux. Notre temple se trouvait sur une haute colline, et la majorité de notre temps était consacrée à suivre les mouvements des étoiles.

Chaque nuit, nous gravions sur une tablette les positions des étoiles, en relation avec les piliers qui formaient la façade du temple. Ces derniers fonctionnaient comme les lignes verticales d'un graphe et nous nous en servions pour noter les constellations apparaissant près de chacun d'eux. Le temple n'avait pas de toit, mais plutôt une large structure de forme triangulaire qui reliait le haut de tous les piliers à la façade. Nous notions le mouvement des étoiles dans le but d'informer, entre autres, les agriculteurs du village du moment propice pour les labours, les semailles et les moissons.

Pendant la journée, en tant que prêtre, j'avais la fonction de visiter les familles, de leur offrir des entretiens et de leur prodiguer des conseils d'ordre spirituel. Je n'étais pas évangélisante ou critique — j'étais davantage une sorte d'oncle enclin à la spiritualité, un oncle qui débarquait à l'improviste pour souper et qui se lançait dans des conversations édifiantes avec les habitants. J'étais aimé et respecté, et parfaitement heureux de ma vie.

J'étais également clairvoyant, comme tous les autres astronomes et prêtres. Nous faisions usage d'une substance en poudre pour stimuler notre clairvoyance. Nous frottions notre troisième œil avec ce produit. Nous l'appliquions aussi sur nos patients comme baume de guérison. La substance était faite de pierre d'ardoise réduite en poudre, mélangée à du mercure et infusée sous la lumière de la lune. Le mélange de poudre et de mercure était un cadeau de source inconnue, offert à notre enseignant en chef.

Notre enseignant se rendait dans les vallées et les bois isolés et recevait cette substance. Nous nous doutions tous que la mixture était d'origine extraterrestre et je crois qu'elle venait des Pléiades. On nous avait dit de prendre la substance et de la charger le soir précédant la pleine lune. C'était la nuit où la lune agissait comme une mère et nourrissait de son énergie magique et guérisseuse tout ce que sa lumière touchait. C'était aussi une nuit propice pour faire un travail avec la magie.

À chaque coin de notre temple se trouvaient des statues. J'avais donné le nom de « déesse Diana » à l'une d'entre elles. Une sculpture ronde avec le visage de notre chef politique était placée dans un triangle, sur la façade de notre bâtiment, au-dessus des piliers. Des escaliers descendaient la montagne et menaient au village.

Un jour, j'ai eu des problèmes parce que j'apprenais aux agriculteurs à lire et à écrire et qu'on m'a donné l'ordre de ne plus le faire. Vers la fin de ma vie, les villageois ont commencé à se soulever pour protester contre la division des classes. Dans un acte illogique d'autodestruction, ils ont commencé à mettre le feu à leur propre village. J'ai essayé d'arrêter l'émeute, mais le chaos régnait et nul ne pouvait faire quoi que ce soit seul. Quelques jours plus tard, deux soldats m'ont arrêté dans la rue parce que je poursuivais mes activités d'alphabétisation auprès de la population. Les jeunes soldats fougueux ont décidé de faire eux-mêmes justice et ils m'ont tué. Je suis mort dans la rue.

La régression a eu un profond impact sur moi et m'a ouvert les yeux sur le pouvoir guérisseur de la lune. Le jour suivant la régression, j'ai amorcé des recherches sur Babylone parce que j'avais peu de connaissances à ce sujet. Imaginez ma surprise lorsque j'ai appris que Babylone était considérée comme le berceau de l'astronomie et que les astronomes étaient aussi des prêtres ! J'ai fait des lectures sur notre travail de cartographie céleste et j'ai même vu les photographies des tablettes sur lesquelles nous dessinions l'emplacement des constellations en utilisant des symboles sténographiques pour identifier chaque amas d'étoiles.

Pendant la régression, alors que j'étais encore sous hypnose, Dolores m'avait amenée à dessiner les symboles qui figuraient sur les tablettes. Ceux que j'avais reproduits étaient identiques aux photographies archéologiques représentant les signes d'astronomie de l'ancienne Babylone.

Plus tard, en effectuant des recherches pour la rédaction de mon livre *Archanges et maîtres ascensionnés*, je suis tombée sur du matériel renversant concernant Babylone. Il se trouve que les Babyloniens auraient travaillé avec l'archange Haniel pour créer une substance curative appelée « lumière astrale », une substance qui ressemblait miraculeusement à la mixture en poudre dont je m'étais souvenue pendant ma régression.

Après avoir pris connaissance de cette information, j'ai décidé de créer une substance similaire. Puisque le mercure était considéré comme dangereux et toxique, je me suis concentrée sur la poudre et la quasi pleine lune. Après avoir demandé à l'archange Haniel de me guider, j'ai choisi de moudre du cristal de quartz limpide et de le mélanger avec de l'ardoise moulue, puisque j'avais constaté durant ma régression que l'ardoise constituait l'ingrédient de base de la poudre, qui, elle, était chatoyante et scintillante, probablement à cause du mercure. Je pensais pouvoir obtenir les mêmes propriétés avec le cristal de quartz.

J'ai placé la poudre réduite en substance fine dans un bol en argent muni d'un couvercle hermétique. Puis, le soir précédant la pleine lune, j'ai placé le bol ouvert sur mon balcon, dans le sud de la Californie. J'ai regardé la lune et j'ai vu une lumière d'un blanc bleuâtre couvrir mon corps et tout ce qui m'entourait. J'ai placé le bol directement dans la lumière lunaire et, tout au cours de la soirée, je l'ai déplacé pour qu'il continue à baigner dans un maximum de lumière.

J'ai décidé d'apporter la substance à une réunion de praticiens agréés en médecine des anges. Ces gens avaient suivi mon cours de six jours portant sur le développement psychique. Sans informer mes anciens étudiants du contenu de la substance, j'ai frotté la zone du troisième œil de ceux qui le voulaient bien. J'ai également frotté tous les endroits de leur corps où ils éprouvaient des douleurs (mais qui n'affichaient pas de blessures ouvertes).

Puis j'ai demandé aux volontaires de me donner en toute franchise leurs commentaires sur la substance. Presque tous avaient constaté une augmentation de leur pouvoir de clairvoyance et une diminution de la douleur. La mixture semblait conserver son pouvoir sans avoir besoin d'être alimentée, puisque je m'étais assurée que le couvercle était bien fermé lorsque j'avais déposé le contenant sur mon autel. Elle semblait refaire le plein d'énergie et se régénérer d'elle-même, après avoir été chargée et amplifiée par la presque pleine lune. Naturellement, je crois que la substance aurait été à son maximum si elle avait été à nouveau placée à l'extérieur pour être exposée à la lumière lunaire.

La lune est très puissante et, depuis des siècles, les civilisations ont créé des cérémonies pour célébrer ses cycles. Nombre de traditions spirituelles considèrent la pleine lune comme un temps propice à l'éradication des vieilles tendances et des attitudes négatives, et la nouvelle lune (absence de lune) comme un temps propice à la concrétisation et aux moissons.

Bien que les études scientifiques ne s'entendent pas sur l'hypothèse selon laquelle la pleine lune causerait la folie, notamment une hausse des crimes et des accidents, nous savons que cet astre exerce une influence sur le corps. Cette conclusion est logique, puisque la lune règle les marées de l'océan et que le corps est principalement composé d'eau.

En janvier 1986, le prestigieux *New England Journal of Medecine* a publié le compte rendu d'une étude révélant qu'un nombre important de femmes avaient leurs menstruations pendant la nouvelle lune, alors que le taux diminuait à la pleine lune. Les chercheurs ont donc conclu qu'il existait une relation significative entre les cycles menstruels et lunaires.

CHAPITRE 3

Un lien avec le passé

Pendant nos vacances à Santorin, nous avons décidé de visiter, le mardi, la ville d'Akrotiri. Le docteur Chronis nous avait dit qu'il y avait là d'anciennes ruines qui, selon nombre de personnes, faisaient partie de l'Atlantide.

Je me suis mise à rire alors que je regardais Steven sortir notre minuscule voiture de location du terrain de stationnement. Il avait l'air de conduire un jouet ! Pour une raison quelconque, un nombre disproportionné de gros camions sillonnaient l'île et fonçaient à toute allure dans les rues de la ville, en envahissant les deux voies étroites. Notre voiture tremblait quand les camions nous frôlaient et Steven a dû se tasser sur le bord de la route plus d'une fois pour éviter que notre petite auto soit aplatie par ces véhicules.

Sur le chemin d'Akrotiri, nous nous sommes arrêtés à Fira, la capitale de l'île. Beaucoup de gens parlaient un anglais impeccable. C'était probablement à cause de la présence des énormes bateaux de croisière, qui étaient ancrés tout près pour permettre aux touristes de débarquer, faire des courses et manger. Nous avons stationné la voiture sur un petit terrain de terre et avons marché dans la zone commerciale de Fira en vue d'acheter des convertisseurs électriques pour nos ordinateurs portables. Alors que nous passions devant un restaurant appelé

« Mama's », une grosse matrone vêtue d'un tablier nous a appelés d'une voix retentissante : « Ohé les enfants ! Avez-vous faim ? Mama est là ! »

Bien que nous ayons poliment répondu à « Mama » que nous avions déjà mangé, elle insista affectueusement : « Vous en êtes sûrs ? Vous n'avez jamais goûté de la nourriture comme la mienne ! »

Une fois hors de la vue de Mama, nous avons rigolé discrètement de l'apparence et de la voix excessives de cette étrange femme. Nous avons rencontré beaucoup de commerçants qui présentaient leurs articles avec enthousiasme, que ce soit à nous ou à des gens qui étaient de toute évidence des touristes. « Vous allez me briser le cœur si vous n'arrêtez pas voir mes bijoux ! » me dit un détaillant. « Venez à l'intérieur, vous qui avez du goût ! » plaida un autre boutiquier. À bien y regarder, les affaires marchaient bien pour la plupart des points de vente. Les propriétaires semblaient sincèrement s'amuser à crier comme ça pour attirer le plus de gens possible dans leur magasin. Nous avons trouvé que les gens de l'île dégageaient autant de chaleur que la température elle-même.

Après avoir acheté nos convertisseurs électriques, nous sommes repassés devant chez Mama's en espérant que la dame ne nous remarquerait pas. Heureusement, nous sommes restés inaperçus. Nous avons grimpé dans notre petite voiture et avons roulé dans la circulation dense de Fira.

J'avais en main une carte routière, alors que nous roulions dans la campagne. Bien qu'il n'y eût qu'une seule route principale sur l'île, nous avions l'intention de prendre un autre chemin pour atteindre Akrotiri. Le centre de l'île ressemblait à une oasis, avec des champs verts flanqués du bleu de l'océan et de l'azur du ciel. Des vestiges des temps anciens se détachaient sur la mer. Alors que nous approchions d'Akrotiri, j'ai remarqué que les ruines du bord de mer arboraient des sculptures de dauphins, de sirènes et de tritons.

J'avais écrit au sujet des « habitants de la mer » dans mon livre *Healing with the Fairies* et j'avais récemment créé un jeu de cartes divinatoires sur les sirènes et les dauphins. Mes recherches avaient révélé que, partout sur la planète, les anciennes civilisations avaient conservé des statues de sirènes qui remontaient jusqu'au temps de Babylone. Avec toutes ces cultures qui avaient emboîté le pas, il y avait sûrement un fond de réalité dans l'archétype de « l'habitant de la mer ».

Je me suis souvenue d'une vision clairvoyante que j'avais eue pendant la rédaction de mon livre *Healing with the Fairies.* Les images qui m'étaient alors apparues me révélaient que les sirènes et les tritons avaient réellement existé dans le passé et qu'ils avaient consciemment choisi l'extinction pour éviter la douleur et les souffrances que leur imposaient de cruels marins. Un mystique m'a parlé aussi d'une vision où les gens de l'Atlantide étaient devenus des tritons et des sirènes qui avaient nagé pour quitter leur terre en vue d'éviter la destruction. Il m'a révélé que ces habitants de la mer étaient devenus les dauphins d'aujourd'hui.

Je pensais à tous ces termes qui contenaient le mot « mer ». J'ai alors réalisé que les noms de famille de mon mari et de mon éditeur (Farmer et Kramer respectivement) et que les noms des déités Merlin et Mercure contenaient le suffixe « mer ». Puis j'ai remarqué, sur une ancienne carte du monde, qu'on donnait aux océans le nom de « Mara ».

Une recherche dans des dictionnaires de langues m'a montré d'intéressantes significations du radical « mer » et de ses dérivés « mar », « mara » et « mir ». Les mots *ocean* et *mother* en anglais sont apparentés en français (« mère » et « mer »), en allemand (« mutter » et « meer »), en italien (« madre » et « mare ») et en espagnol (« madre » et « mar »).

Le lien entre *mer* et *mère* semblait être une référence de plus à nos anciens liens avec l'océan. Les habitants de la mer étaient-ils nos ancêtres ? Avions-nous émergé des profondeurs de la mer après le naufrage de l'Atlantide ?

VOYAGE VERS UNE ANCIENNE CITÉ

Nous avons trouvé Akrotiri après nous n'être trompés qu'une seule fois de direction, et nous avons arrêté notre petite voiture près de deux gros autobus touristiques qui avaient à leur bord des passagers en croisière. Le site en excavation était complètement recouvert de plastique, ce qui lui donnait l'apparence d'une serre géante.

Quand Steven et moi sommes entrés sur le site, nous nous sommes tous deux mis à pleurer. Alors que je regardais mon mari, j'ai su qu'il ressentait la même sensation de retour à la maison. Ces émotions étaient associées à des souvenirs bouleversants d'une cité maintenant tombée en ruine. C'était comme si vous visitiez votre ville natale, que vous la trouviez détruite et que vous vous rappeliez la joie d'y vivre et la douleur de sa disparition. Cependant, un sentiment de sagesse intérieure nous assurait que la fin de cette civilisation avait eu lieu dans la paix et l'amour.

La cité était complètement intacte, bien que nettement vieillie après avoir été ensevelie sous la cendre volcanique pendant des centaines d'années. Les archéologues estimaient que l'explosion volcanique qui avait submergé la plus grande partie de l'île avait eu lieu aux alentours de 1625 av. J.-C. Les habitants de la cité savaient que la destruction était imminente, car on n'avait trouvé aucun squelette lors de l'excavation. De plus, on avait retracé des articles fragiles, délibérément placés sous des lits de bois pour en assurer la protection. Tous les objets de valeur étaient disparus, bien que des peintures révélassent que les femmes portaient des bijoux fins. Les gens savaient qu'il ne leur restait pas beaucoup de temps. Ils avaient donc emballé leurs objets de valeur et s'étaient enfuis de la cité.

Puis, le volcan a explosé, pulvérisant la plus grande partie de Santorin et créant un grand cratère dans le port. La force d'explosion a dépassé celle du Krakatoa. En fait, trois cercles s'étendent jusqu'à l'Irlande et la Californie, des preuves selon lesquelles le désastre aurait causé de grands changements climatiques et un impact important sur une grande surface de la planète.

Pendant les trois siècles qui ont suivi le tremblement de terre, Santorin est restée inhabitée. Ce n'est que dans les années 1960 que les fouilles ont été entamées sur le site. La cité, presque parfaitement intacte, dormait à quatre mètres sous les vignes, recouverte et préservée par la cendre volcanique. Lorsque nous avons visité le site, les archéologues n'avaient découvert que trois pour cent de la cité entière.

Alors que nous marchions dans les rues de la ville, j'ai ressenti la sensation surréaliste d'être présente à deux époques, au même moment : de nos jours et lorsque la ville était peuplée. Alors que je marchais, en transe, j'étais dans la ville d'antan, la voyant et la ressentant comme si nous vivions à son apogée.

Toute la collectivité était pleine d'anges et de déesses qui étaient descendus vivre côte à côte avec la population. Des pointes de cristal de quartz et des lapis-lazulis étaient incrustés partout, et leur énergie était palpable. La totalité de l'endroit était empreinte de prières, de rires et de joie. Il y régnait une énergie non seulement claire et lumineuse, mais aussi très puissante. Le pouvoir de la douceur est bien connu.

Des lis violets et des vignes poussaient partout. Les gens étaient constamment en fête et se régalaient de poissons, de céréales, de raisins et de miel. Il y avait tant d'harmonie et de collaboration ici, un bonheur paisible, où chacun prenait soin de l'autre. Nous nous réjouissions de tout, lézardions sous le soleil infini et étions très heureux. En plus, il y avait tellement d'anges ici !

J'ai mis ma main sur la pierre angulaire d'un bâtiment et j'ai senti un courant électrique envahir mon corps. Était-ce l'Atlantide, ainsi que tout le monde le disait ? Historiquement, l'éruption volcanique avait eu lieu trop récemment, selon les dialogues de Platon, à moins que, ainsi que le pensaient certains érudits, le philosophe et ses traducteurs n'aient commis une erreur quant aux dates. Dans *Timée* et *Critias,* Platon situait la fin de l'Atlantide à 9000 ans avant son époque. Cependant, s'il avait plutôt voulu dire 900 ans, cette époque correspondrait à celle de la destruction de Santorin. Nombre de scientifiques étaient d'avis que le dirigeant grec Solon, qui a appris l'existence de l'Atlantide au cours d'un voyage en Égypte, aurait pu s'être trompé en voyant le symbole égyptien signifiant 900 et avoir pensé qu'il s'agissait de 9000. Puisque Platon avait entendu parler des découvertes de Solon par un tiers (par son petit-fils Critias le Jeune), on peut facilement imaginer que certains détails auraient pu être modifiés lors de la transmission orale de l'histoire.

Les fouilles révélaient des sites qui, tout comme l'île entière, étaient composés de pierre blanche, noire et rouge, comme Platon l'avait décrit. De plus, j'ai remarqué une structure qui avait la forme d'une corne de taureau et qui était faite de pierre. Un des travailleurs du site m'a expliqué que le taureau était l'animal sacré de la civilisation de l'époque. Ainsi, des cornes de ce genre étaient sculptées au sommet des palais. Platon avait signalé la présence de taureaux en Atlantide.

Il n'y avait aucune preuve de l'existence d'édifices en cristal pur, ainsi que l'avaient prétendu certains, et je n'ai pas vu d'aire d'atterrissage pour des véhicules volants. Toutefois, j'ai senti la présence de cristaux partout. Si ce site n'était pas l'Atlantide, il y était sûrement apparenté. L'énergie dont il était rempli a déclenché en moi des flots de souvenirs de ma vie antérieure à cette époque-là, et ouvert davantage le canal de communication divine que j'avais établi avec les anges de l'Atlantide.

CHAPITRE 4

Cristaux et huile d'olive

Le jour suivant, Steven et moi avons visité le Musée préhistorique de Fira, qui exposait les peintures et les objets trouvés sur le site d'Akrotiri.

Des peintures élaborées représentaient des femmes maquillées et portant de fins bijoux d'or et d'argent. On aurait dit des déesses. Comme je l'ai déjà mentionné, aucun objet de valeur ni restes humains n'ont été retrouvés lors des fouilles, ce qui indique que les citoyens connaissaient l'imminence du désastre, qu'ils ont fait leurs bagages et qu'ils sont partis dans l'ordre et le calme. Seuls des gens très intuitifs pouvaient prévoir une telle éruption volcanique — un indicateur de plus de l'existence d'un lien avec l'Atlantide, puisque cette dernière a toujours été tenue comme un modèle idéal de population aux habiletés psychiques hautement développées.

Plusieurs peintures qui ont été trouvées sur les murs intérieurs des ruines d'Akrotiri correspondaient à la fois à mes visions et aux descriptions de Platon. Certaines montraient que la région était couverte de plantes et de luxuriantes fleurs tropicales. D'autres illustraient une flotte de bateaux, avec un arrière-plan où se reflétaient les anneaux concentriques des falaises, ainsi que l'avait décrit Platon.

Une collection de perles de cristal que les archéologues avaient trouvées sur le site constituait une découverte absolument remarquable. Les perles rondes étaient polies et, à l'instar des bijoux modernes, comportaient un trou pour un lacet. Les cristaux étaient les mêmes que ceux dont j'avais senti la présence : quartz limpide et lapis-lazuli. Tous deux sont associés à la multiplication des habiletés psychiques et des capacités de guérison. De plus, on avait exposé des perles de cristal de cornaline orange et d'améthyste.

Aujourd'hui, le cristal de quartz est extrait à travers le monde et le lapis-lazuli est très répandu en Méditerranée. Dans mon subconscient, j'ai vu ces deux pierres s'incrustrer partout sur le site des fouilles d'Akrotiri. Cependant, en nos temps modernes, l'améthyste et la cornaline ne proviennent pas de la Grèce. L'améthyste se trouve en Amérique du Nord, au Royaume-Uni, en Amérique du Sud, en Inde, en Russie, en Afrique, alors que la cornaline est exploitée en Inde, en Europe de l'Est, au Pérou, au Royaume-Uni et en Islande. Comment des perles de cornaline et d'améthyste pouvaient-elles être à Santorin en ces temps reculés ? Avaient-elles été importées par bateau ou la masse de terre s'étendait-elle de la Grèce à l'Égypte, permettant le voyage à pied, ou encore les avait-on amenées d'une autre région de l'Atlantide ?

Les perles de cristal rondes étaient identiques à celles qu'on monte sur élastique pour confectionner les « bracelets de pouvoir » modernes. Lorsque Steven et moi avons regardé fixement les cristaux, nous avons senti une présence formidable derrière nous. Nous nous sommes tournés tous les deux, mais personne n'était visible. Pourtant, j'avais senti la présence de quelqu'un, une personne qui me disait : « Ceux qui portent des cristaux aujourd'hui sont des Atlantes. C'est le signe parmi les vôtres qui vous identifie l'un à l'autre. »

Ce soir-là, nous sommes allés jusqu'à la ville d'Oia pour y rencontrer le docteur Chronis et Andres et y dîner avec eux après le coucher du soleil. Oia a beaucoup plus de villas et de boutiques plus récentes et plus luxueuses que les autres villes de Santorin. Située sur une pointe, elle constitue un endroit parfait pour regarder un coucher de soleil. En réalité, lorsque le jour se termine, tous les habitants de l'endroit cessent leurs activités et se rassemblent pour assister au spectacle donné par les couleurs intenses des rayons du soleil. Je pensais au message des anges selon lequel il est important de contempler le coucher du soleil pour activer les chakras, en prévision de la nuit et du sommeil. C'était certes apaisant de regarder l'astre plonger dans l'océan, laissant un ciel enflammé qui se mêle aux couleurs du crépuscule.

Lorsque la dernière traînée d'orange a fait place à un bleu profond, Steven et moi avons marché jusqu'au Oia Café. Comme c'est le cas pour la majorité des restaurants de l'île, la plupart des tables y étaient placées à l'extérieur, sur le patio.

Chronis et Andres sont arrivés au café au moment où nous nous asseyions. Après de chaleureuses embrassades et d'affectueux mots de retrouvailles, ils ont décrit le patient qu'ils venaient de rencontrer à sa résidence. Les visites à domicile étaient une activité commune dans la pratique médicale du médecin, selon la mobilité du patient et la disponibilité des transports. Si une personne ne pouvait aller à leur bureau, Chronis et Andres lui rendaient visite.

— Comment vous purifiez-vous après avoir vu un patient ? ai-je demandé.

— Je me lave les mains à l'huile d'olive, a immédiatement répondu Chronis.

J'ai sursauté en l'entendant mentionner une pratique que j'avais vue lors de ma régression dans ma vie antérieure, le soir précédent. Je n'avais jamais entendu parler de l'utilisation de l'huile d'olive pour autre chose que la cuisine, et voilà qu'un docteur en médecine me décrivait l'usage qu'il en faisait et qui correspondait exactement à celui que j'avais vu chez d'autres guérisseurs et à l'utilisation que j'en avais moi-même faite dans le temple de guérison atlante. Je me suis souvenue d'une étude scientifique qui associait l'huile d'olive à la longévité. Cette huile semble avoir des propriétés magiques. Peut-être est-ce une des raisons pour lesquelles les rameaux d'olivier sont associés à la paix.

COUCHERS DE SOLEIL ET LUMIÈRE SOLAIRE

Nous avons décrit avec enthousiasme les couchers du soleil que nous avions vus sur l'île et, même si Chronis et Andres avaient été témoins de milliers de couchers semblables, ils buvaient nos paroles. De toute évidence, les habitants de Santorin ne se lassaient pas d'apprécier les merveilles de la nature.

— La lumière du soleil n'est pas seulement apaisante ; elle est également très importante pour la santé physique et mentale, commenta Andres. Rappelez-vous que la lumière dorée ouvre le troisième œil. Eh bien, vous pouvez invoquer cette lumière en méditant sur celle du soleil ou en visualisant cette dernière, ou encore en vous asseyant directement sous le soleil.

J'ai réalisé que mon ange me transmettait ses messages pendant mes heures de veille parce que c'étaient les meilleurs moments pour que j'y porte toute mon attention. Pour quelle autre raison Andres prononcerait-il les mêmes paroles que les anges de l'Atlantide m'avaient livrées, soit de placer mes mains en forme de coupe sous la lumière dorée pour les mettre ensuite sur mon cœur ?

Je me rappelais le temple de guérison de l'Atlantide, que j'avais vu lors de ma régression et dans lequel un trou rond situé au-dessus de la pyramide de cristal dirigeait la lumière dorée à l'intérieur de la pyramide. La lumière du soleil était amplifiée par le cristal lui-même et par les combinaisons de pensées imprégnées de prières et émises par Hermès et les prêtresses qui s'occupaient « du feu sans flamme », à l'intérieur de la pyramide.

J'ai pris note de fouiller la documentation scientifique et d'explorer le lien entre la lumière du soleil et la santé. Je me demandais s'il existait des données démontrant que la lumière solaire avait des bienfaits sur la santé ou si elle était uniquement associée à des effets nocifs pour la peau et au mélanome.

CHAPITRE 5

En route vers Athènes

Déjà nos vacances à Santorin prenaient fin. Le temps était venu pour nous de prendre l'avion vers Athènes, où je rencontrerais mes éditeurs grecs pour leur présenter mon atelier.

Alors que nous roulions vers notre hôtel sur le bord de mer d'Athènes, j'ai remarqué les messages peints en rouge sur les murs de l'autoroute, des messages qui disaient « Assassins, retournez chez vous ! » J'ai demandé au chauffeur à qui le message était adressé et il a répondu d'un ton solennel « Aux Américains ». J'ai eu la gorge serrée. La guerre d'Iraq venait juste de commencer, malgré les protestations mondiales. Durant nos voyages, des personnes nous avaient souvent demandé les raisons pour lesquelles le peuple américain « permettait » au président Bush de déclencher une guerre. Elles ne réalisaient pas que de nombreux Américains s'étaient joints aux autres pays pour protester. J'ai mentalement fait une prière pour que les Grecs soient indulgents et objectifs envers les Américains.

George Kelaiditis et Charitini (prononcez *Har-i-tini*) Christakou, nos éditeurs en Grèce, nous ont rencontrés dans le hall de l'hôtel. (Alors que Hay House était notre éditeur pour les pays de langue anglaise, les éditeurs étrangers obtenaient les droits d'auteur et faisaient traduire les livres avant de les mettre sur le marché.) En cinq minutes, j'ai réalisé que George et

Charitini étaient tous deux intéressés par des sujets ayant trait au Nouvel Âge, ce qui n'était pas toujours le cas parmi les éditeurs. Charitini avait été avocate et son partenaire, George, était un ingénieur. Fatigués de leur principale profession, ils avaient décidé de publier en grec les livres de la série *Kryeon*, que l'auteur Lee Carroll avait livrés par le biais des canaux de distribution. Leur décision les avait amenés à trouver, traduire et publier un certain nombre d'ouvrages portant sur les mêmes thèmes que ceux de Hay House.

Charitini m'a dit qu'elle était en train d'écrire un livre sur sa vie antérieure en Lémurie.

— Pendant que j'ai traduit votre livre *Healing with the Fairies*, j'ai été stupéfaite par ce que vous avez écrit sur les habitants de la mer, dit-elle. Et dans votre livre *Earth Angels*, quand vous avez parlé des gens qui s'étaient incarnés en sirènes, en tritons, en anges de mer, en elfes et en fées de mer, tout a soudain pris un sens ! Je crois que les habitants de la mer sont les Lémuriens et que nous étions l'amalgame entre les dauphins et les humains.

— Et les anges de mer sont une fusion entre les dauphins, les humains et les anges, ai-je commenté.

— Oui ! dit Charitini. C'est ce que j'écris dans mon livre sur la Lémurie.

— Ce pays a également développé une nouvelle forme d'énergie Reiki, basée sur des souvenirs lémuriens concernant les habitants de la mer, a fait remarquer George. Ça s'appelle le Mer-Reiki.

— Je ressens déjà ses vertus aqueuses, ai-je dit.

Instantanément, Charitini et moi avons ressenti un lien, puisque j'avais aussi des souvenirs de l'ancien pays tropical de Lémurie. Quand j'ai partagé avec ma compagne le fruit de mes études portant sur l'Atlantide, elle m'a dit que j'étais venue au bon endroit.

— On a organisé une visite avec un guide spécial qui vous montrera le Parthénon et les alentours demain, Charitini nous a-t-elle annoncé. Cet homme est un psychique, un historien et un auteur. C'est la personne idéale pour vous parler du sens spirituel réel que revêtent les monuments historiques d'Athènes.

L'ÉMISSION *COAST TO COAST*

Le lendemain matin, on m'avait réservée pour une entrevue téléphonique à l'émission de radio *Coast to Coast* (animée par George Noory la semaine et par Art Bell les week-ends). J'étais heureuse de participer à cette émission très écoutée, notamment parce que le fuseau horaire grec signifiait que mon entrevue avait lieu à 8 h, alors qu'aux États-Unis l'enregistrement en direct était fait au milieu de la nuit. Le sujet de la discussion était mon livre *Les enfants cristal,* dans lequel j'ai parlé des jeunes enfants sensitifs et psychiques qui reçoivent souvent de façon erronée un diagnostic d'autisme, alors qu'ils sont en réalité télépathes.

À 8 h, j'étais disponible pour l'entrevue. J'avais médité, prié et j'étais prête pour l'émission. Toutefois, le téléphone ne sonnait pas. Habituée à ce que les producteurs appellent dix minutes après le moment fixé pour faire en sorte que les nouvelles passent à l'heure, je ne m'en inquiétais pas. Par contre, à 8 h 20, on n'était toujours pas entré en communication avec moi. Je savais dès lors que quelque chose n'allait pas.

« Archange Michael, s'il vous plaît, éliminez les obstacles qui entourent cette situation, ai-je demandé. S'il vous plaît, aidez le producteur de l'émission à entrer en contact avec moi. » Quelques minutes plus tard, le téléphone a sonné. Il s'est avéré que le standardiste de l'hôtel, qui parlait un anglais limité, n'avait pas trouvé mon nom sur la liste de clients. Cependant, le producteur de *Coast to Coast*, un homme tenace, avait rappelé continuellement jusqu'à ce que l'employé me retrace.

Pendant ce temps, ma mère écoutait l'émission en direct (mon père était tombé endormi à ce moment-là, car il était une heure du matin en Californie, où ils habitaient). Elle a été horrifiée quand, au début de l'émission, George Noory a annoncé d'une voix dramatique : « Nous ne pouvons pas retracer notre invitée de ce soir, Doreen Virtue. Tout ce que nous savons, c'est qu'elle est quelque part en Grèce, et vous connaissez la situation au Moyen-Orient en ce moment. Après tout, la Grèce est juste à côté de la Turquie… » Ma mère était sidérée en entendant ces paroles, et elle s'est mise à prier. Ses prières et les miennes ont nul doute aidé le standardiste grec à finalement trouver mon nom et le numéro de ma chambre.

Après l'entrevue, qui a duré trois heures, Steven et moi sommes descendus dans le hall de l'hôtel pour notre visite du Parthénon. Nous avons joyeusement embrassé deux de nos amis, praticiens de la médecine des anges du Texas, Jerry et Savroula « Stav » Stefaniak, qui nous avaient rejoints pour la visite du monument et mon atelier sur les anges. J'avais rencontré ces personnes en 1998, lors de la Conférence universelle des artisans de lumière, à Houston, dans le cadre de laquelle j'avais fait une allocution. Ma mère, qui voyageait avec moi, s'est immédiatement bien entendue avec Jerry, en raison du même intérêt qu'ils partageaient pour la formation *Un cours en miracles*. Jerry et Stav, une psychothérapeute accréditée, livraient cette formation, et Jerry était l'auteur de deux livres sur le sujet, dont l'un intitulé *Compassionate Living*.

Stav, originaire de Chypre, parlait donc couramment le grec. Lorsqu'elle et moi avions échangé quelques mois plus tôt, dans le cadre d'un cours de pratique de médecine des anges (où elle faisait partie du personnel), elle m'avait offert de venir avec moi en Grèce et de me servir d'interprète dans mes ateliers. Je sentais que ce service n'était pas seulement un geste bénéfique pour le public, mais aussi sa façon d'offrir quelque chose de précieux à son pays natal.

Nous nous sommes empilés tous les quatre dans un taxi, en direction du Parthénon. Une demi-heure plus tard, Steven s'est exclamé, le souffle coupé :

— Oh là là ! »

— Quoi ? ai-je demandé, puisque je ne voyais rien.

Puis, le taxi a tourné une autre intersection et j'ai aussi laissé sortir un « Oh là là ! »

Le Parthénon était là, devant nous. Bien que j'aie vu un nombre incalculable de photos, d'illustrations et de vidéos de ce monument, j'avais le souffle coupé en le regardant pour vrai. Le soleil illuminait ses piliers d'une lumière dorée et j'ai pratiquement entendu les anges chanter alors que nous nous rapprochions. Nous avions tous faim à cette heure-là, mais nous étions trop excités pour nous arrêter et manger un morceau.

L'HISTORIEN PSYCHIQUE

Alors que Steven nous achetait des barres de céréales pour nous calmer la faim pendant notre visite, j'ai regardé la foule près de la porte. Charitini et George étaient là pour nous présenter notre guide, mais ce dernier n'avait pas besoin de présentation. Je l'aurais repéré dans un stade rempli tant son aura et son être rayonnaient intensément. De plus, il portait une chemise violette qui proclamait « Je suis un adepte du Nouvel Âge ! »

Il m'a d'abord fait jurer que je n'utiliserais pas son vrai nom dans mes écrits et, pour honorer ma promesse, j'ai convenu de l'appeler Nicholas, avec l'espoir qu'un jour il pourrait s'identifier publiquement. Nicholas avait peur que l'information qu'il voulait partager avec moi ne le mette en danger, autant sur le plan professionnel que personnel.

Nicholas était un homme énergique, qui parlait d'une voix aiguë à l'accent nasal, et cette particularité me rappelait Andy Kaufman dans son rôle de « Lakta », dans l'émission télévisée *Taxi.* Il débitait sa connaissance approfondie de l'histoire et de la spiritualité des anciens Grecs plus vite que je ne pouvais écrire dans mon calepin. Souvent, quand je ne pouvais pas comprendre son anglais, il prenait mon bloc et notait ses paroles, qu'il accentuait verbalement.

Nicholas, qui vivait près du Parthénon, avait passé plusieurs années à parcourir le site pendant qu'il méditait ou qu'il recevait des messages psychiques. Il avait également étudié des textes anciens traitant du Parthénon et de ses légendes. De plus, il était l'auteur de plusieurs livres portant sur d'anciens personnages grecs, dont un qui traite de sa vie passée et qu'il avait rédigé comme un texte historique standard.

C'était un passionné de la déesse Athéna, qui avait donné son nom à la ville. J'ai travaillé avec Athéna depuis que j'ai écrit mon livre *Archanges et maîtres ascensionnés*. Par contre, ce jour-là, j'ai développé un lien beaucoup plus profond avec elle.

Alors que nous marchions autour de la plateforme située sous le Parthénon, Nicholas déclara :

— Parthénon signifie *Temple de la Vierge*, et c'est le temple d'Athéna, expliqua-t-il. La plupart des gens prononcent le nom Athéna de façon incorrecte, en accentuant le son « thé », alors que la prononciation correcte est « Athen-AH », en accentuant le ah de la dernière syllabe.

J'allais apprendre beaucoup de Nicholas. Je notais ses paroles rapidement, en essayant de suivre son pas rapide. Steven, Jerry et Stav traînaient derrière, hésitant entre l'envie de se joindre à la leçon ou le plaisir de déambuler plus lentement.

Je devais faire très attention à ce que disait Nicholas en raison de son accent grec très prononcé. J'ai demandé à mes anges de m'aider à bien comprendre ses paroles et, peu de temps après, ces dernières me paraissaient claires.

Nicholas poursuivit :

— Athéna est la déesse de la sagesse. Ses symboles sont l'olivier et le pigeon noir. Beaucoup de gens pensent que son animal est le hibou, qui est l'équivalent de la sagesse. Or, en réalité, c'est le pigeon noir, dit-il en montrant du doigt les nombreux pigeons noirs qui surplombaient le Parthénon. Les colombes blanches représentent la paix, mais les colombes et les pigeons noirs sont symboles de sagesse, ajouta-t-il.

Il m'a montré une ancienne gravure de pigeons noirs, sculptée dans un mur sous le Parthénon. Quand j'ai touché la gravure, j'ai été transportée dans un autre temps. Les alentours bruns et poussiéreux du Parthénon se sont transformés en un jardin luxuriant et coloré. Comme un pont entre le passé et le présent, un papillon s'est brièvement posé sur ma main.

Puis Nicholas a pointé le sommet du Parthénon et a dit :

— Les Anciens ont construit une pyramide éthéréé au-dessus du Parthénon pour empêcher les oiseaux de s'y poser. Les volatiles ressentent le filet d'énergie, comme si c'était une structure solide. La pyramide était appelée « *aornos petra* » ou « pierre sans oiseaux », ce qui signifiait « zone où les oiseaux ne peuvent pas voler ». C'était le cas. Bien que je voyais des douzaines de pigeons dans la région, aucun d'eux n'était près du Parthénon même, et aucun volatile n'y était posé sur le toit. Il y avait là quelque chose qui aidait à préserver le vieux monument.

Le serpent cosmique

Nicholas faisait des signes pour montrer des statues de belles femmes.

— Ce sont les Athéniennes qui veillaient sur la flamme de la déesse, commenta-t-il. Elles étaient les artisanes de la lumière du temple d'Erechtéion, ce serpent qui avait essayé de faire l'amour à Athéna. Cette dernière a été fécondée sans avoir eu de rapport sexuel et elle a donné naissance de manière virginale au dieu du métal.

L'histoire de la maternité virginale et du serpent me semblait familière. Nicholas a expliqué sa théorie.

— Les premiers Athéniens constituaient le peuple serpent des Pléiades. Puis, au 6e siècle av. J.-C., les dieux de l'Olympe ont changé leur ADN et les ont transformés en hommes. Ce processus a été complété au 5e siècle av. J.-C.

Ces paroles m'ont rappelé le livre *The Cosmic Serpent*, de Jeremy Narby, que Steven et moi nous avions lu récemment. L'auteur, un anthropologue, a découvert que tous les peuples indigènes avaient des mythes, des peintures et des dessins qui dépeignaient l'humanité comme étant issue de serpents. Il a émis l'hypothèse que ces anciennes croyances faisaient référence à l'ADN sous la forme de serpents qui auraient pu avoir des origines extraterrestres. Il a aussi émis la théorie selon laquelle les premiers peuples de la terre pouvaient être des êtres reptiliens et que leurs corps pouvaient posséder l'ADN d'aujourd'hui. En d'autres mots, nos ancêtres auraient existé en ayant notre ADN.

En traversant le musée d'artefacts, nous avons vu beaucoup de statues représentant des personnes d'allure serpentine.

— Les serpents sont devenus des démons dans la Bible et dans d'autres textes, dit Nicholas, mais je crois qu'ils constituent nos origines.

Nous avons également vu beaucoup de statues de gens à l'apparence de sirène. Les personnages avaient des corps de serpent, des queues de sirène, ainsi que des torses, des bras et des têtes d'humain.

— Le dieu Poséidon s'est lancé dans des expériences sur l'ADN, expliqua Nicholas, ce qui a créé beaucoup d'anomalies comme les gargouilles, les sirènes, les serpents, les centaures et les monstres marins. Par contre, Zeus a mis fin à cette pratique.

Je me suis souvenue des nombreuses sculptures de sirènes et de tritons que j'avais vues à Santorin, alors que Nicholas ajoutait :

— En grec, on donne le nom de *Gorgones* aux habitants de la mer. Il y a trois cent mille ans, les Pléiadiens, également connus sous le nom d'*Anunakis*, qui signifie « ceux qui sont venus du ciel sur la terre », sont venus sur notre planète. Le serpent, ou la forme originelle pléiadienne, est maintenant notre colonne vertébrale, notre ADN et l'énergie Kundalini. Le corps humain est la forme donnée par les dieux et les anges. Ainsi, les humains découlent du mariage de l'ange et du serpent, ou de leur soi supérieur et inférieur. Cela qui veut dire que nous, les humains, devrions avoir douze segments d'ADN, combinés en six paires. Cependant, des envahisseurs hostiles et contrôlants se sont lancés dans la manipulation génétique et nous ont retiré la capacité de communiquer avec une autorité supérieure, nous laissant avec le double segment d'ADN que nous avons présentement. Ce mauvais sort infligé à notre ADN devait être levé au bout de 300 000 ans, ce qui nous mène au 21 décembre de l'an 2012. À ce moment-là, nos cinq autres paires seront à nouveau liées.

J'ai pensé au calendrier maya, qui se termine en 2012. Beaucoup de peuples croient que c'est le signal d'une prochaine apocalypse. Par ailleurs, les anges m'ont assurée que 2012 serait l'année où l'on cesserait de *mesurer* le temps… non celle où on assisterait à la fin du monde. Les anges m'ont dit que le port de montres et l'utilisation de calendriers nous maintenaient enfermés dans une illusion de temps tridimensionnel. Quand nous cesserons de mesurer le temps mécaniquement, toutes les limites apparentes seront levées en ce qui nous concerne. Nous serons capables d'accéder de nouveau à nos pouvoirs naturellement miraculeux.

Nicholas continua :

— Nous n'avons pas besoin d'attendre jusqu'en l'an 2012 pour relier à nouveau nos autres segments d'ADN. Vous pouvez prier Dieu, l'Esprit saint, l'Univers, l'Amour, qui que ce soit que vous appelez le Premier Créateur. Assurez-vous que vous adressez vos prières au bon endroit, car il existe d'autres créateurs, inférieurs, qui n'apprécient pas la supériorité de la race humaine. N'oubliez pas que les artisans de la lumière sont venus sur terre pour aider les humains à retrouver leurs dons spirituels. Ayez seulement l'intention d'entrer en contact avec le Premier Créateur, et ce sera fait. Puis demandez-lui de vous faire récupérer les douze segments complets de l'ADN et vous les retrouverez complètement en trois mois.

La tombe d'Athéna

Alors que j'absorbais les paroles de Nicholas, nous marchions le long du Parthénon. Puis le guide s'est arrêté.

— La tombe d'Athéna est sous les statues des femmes athéniennes, dit-il.

Ces paroles me firent sursauter. Comme bien des gens, j'avais supposé qu'Athéna n'avait pas de corps mortel. Lisant mes pensées, Nicholas continua :

— Athéna était une superpersonne avec un corps mortel.

Je me suis demandé s'il se pouvait qu'Ignatius Donnelly ait eu raison. Ce dernier avait émis la théorie, dans un livre qu'il a écrit en 1882 et qui est intitulé *L'Atlantide,* que les rois atlantes ainsi que les grands prêtres et les grandes prêtresses avaient quitté l'Atlantide avant sa destruction et qu'ils étaient venus en Grèce, à Rome, dans les pays celtes et en Égypte, où ils avaient été déifiés pour leurs dons divins. Donnelly croyait que les dieux et les déesses de ces cultures étaient en réalité les personnes de haut rang de l'Atlantide.

J'étais indéniablement intriguée. Alors que Nicholas m'escortait vers la tombe d'Athéna, j'ai remarqué la présence de barbelés et de travailleurs de la construction qui les entouraient.

— Ils sont en train de restaurer le Parthénon pour les Jeux olympiques, m'expliqua Nicholas.

J'étais attirée par l'endroit que mon guide décrivait comme la tombe d'Athéna. Nicholas souleva le fil barbelé et je me suis glissée dessous, pendant que Steven, Jerry et Stav regardaient. J'ai accroché ma longue robe aux barbelés, mais je n'y ai prêté aucune attention. L'énergie m'attirait vers la structure en forme de boîte.

— Hé, vous n'avez pas le droit d'être ici ! m'ont crié deux des travailleurs.

Or, j'étais déterminée, irrésistiblement attirée vers l'énergie.

— Je ne toucherai à rien et je ne vais rester qu'un moment, ai-je promis avec toute la féminité que je pouvais conjurer.

Alors que les hommes secouaient la tête et regardaient ailleurs, j'ai appelé mentalement Athéna pour recevoir un message. J'ai écrit rapidement, alors que son message venait :

« Les femmes doivent apprendre à exercer un contrôle sur leurs nombreuses émotions, dit-elle d'une voix douce et affectueuse, saupoudrée de sagesse. Les émotions sont de belles énergies, mais nous devons apprendre à les contenir et à les diriger correctement pour nous assurer d'êtres le plus efficaces possible dans cette tâche que nous avons de guider cette terre et ses habitants sacrés vers un retour à l'ordre.

« Le rôle de l'essence divine féminine est d'instaurer une harmonie et un équilibre auprès des hommes et des femmes. La femme trouve sa force dans la bonté dont elle peut faire preuve et dans la capacité dont elle est douée pour prendre soin des êtres, mais cela doit commencer par son propre soi sacré. »

En d'autres mots, nous, les femmes, avons besoin d'être aussi généreuses envers nous-mêmes que nous le sommes envers les autres.

Un son retentissant et perçant m'a fait sortir violemment de ma transe. Le visage rouge, un homme en uniforme, soufflant avec colère dans un sifflet, me criait :

— Sortez d'ici avant que je ne vous arrête !

J'ai rampé à toute vitesse sous les barbelés, et nous nous sommes dépêchés de quitter le coin. Jerry plaisanta :

— C'est le temps de mettre nos capes d'invisibilité d'Harry Potter !

CHAPITRE 6

Pythagore et Hermès

Alors que nous quittions le musée et que nous admirions la vue depuis la colline, Nicholas m'a demandé :

— Voulez-vous savoir comment les gens ont fait pour monter toutes ces pierres sur cette montagne ?

— Oui, répondis-je en opinant de la tête.

— Les Anciens annihilaient la force de gravité avec le pouvoir de la musique, expliqua Nicholas. Les prêtres utilisaient la vibration de la musique pour faire lever les pierres. Dans le combat entre les Grecs et les Perses, les Grecs étaient minoritaires. Ils avaient très peu d'hommes et très peu de bateaux, alors que les soldats perses leur tombaient dessus par milliers. Cependant, ce sont les Grecs qui ont gagné le combat. Comment cela a-t-il pu être possible ? demanda Nicholas pour la forme. Les Grecs savaient comment créer le feu avec des flûtes et des incantations magiques. Le feu ne s'est dirigé que sur les bateaux perses et les a anéantis.

— Est-ce en relation avec les théories musicales de Pythagore ? ai-je demandé.

Juste à ce moment-là, comme si l'univers me répondait, trois papillons sont passés à toute vitesse en s'entrecroisant en plein ciel. Ce fut pour moi un signe, parce qu'en langue grecque ancienne le mot pour *papillon* et *âme* est le même : *psyche.*

Selon la sagesse antique, nos âmes prenaient la forme du papillon pendant qu'elles cherchaient une nouvelle incarnation.

— Pythagore était un *elohim*, dit Nicholas, un dieu de l'Atlantide qui a pris une forme humaine.

Alors que le philosophe grec Pythagore est célèbre pour sa formule mathématique permettant de trouver l'hypoténuse de l'angle droit du triangle rectangle ($a^2 + b^2 = c^2$), il a apporté beaucoup plus au monde. Philosophe et enseignant spirituel, Pythagore est né vers 580 av. J.-C., sur l'île de Samos. On dit qu'il tenait son nom du python — un autre lien avec le serpent primaire.

Selon la légende, Pythagore aurait appris énormément lors de ses voyages avec son père à travers l'Égypte et l'Inde. Après l'avènement de soulèvements politiques qui heurtèrent ses principes moraux, il quitta la Grèce pour le sud de l'Italie. Là, il a fondé une école traitant des mystères spirituels et philosophiques. Les aspirants étaient soumis à une enquête et surveillés pendant trois ans avant d'être admis à cette école. Les initiés devaient être végétariens, faire vœu de silence et s'abstenir de participer à la vie politique. (Une des règles de Pythagore se lisait comme suit : *Ne touchez pas aux haricots*. Elle faisait référence au fait que les gens votaient avec des haricots en ce temps-là.) Des étrangers ont attaqué le maître et son école, et beaucoup d'étudiants ont été exécutés pour leurs croyances. On dit que Pythagore s'est suicidé à la suite de ces événements tragiques.

Il y a quelques années, j'ai fait un rêve dans lequel ma grand-mère, Pearl, me disait clairement : « Étudie Pythagore. » J'ai suivi son conseil et j'ai constaté que le philosophe grec croyait que toutes les choses dans l'univers, y compris la musique, étaient mathématiquement précises. Les découvertes de Pythagore selon lesquelles certains accords et certaines notes étaient associés à la guérison de maladies précises ont mené à l'introduction de la musicothérapie dans les premiers hôpitaux grecs, que l'on avait nommés en l'honneur du dieu grec de la guérison, Asclépios. Mes études sur Pythagore m'ont incitée à explorer la numérologie, ce qui m'a amenée à étudier le tarot et à l'utiliser. Lorsque j'ai remarqué que nombre de mes clients qui venaient me consulter pour une lecture de tarot étaient effrayés par les images qu'ils voyaient sur les cartes, j'ai su que je devais créer un jeu de cartes divinatoires qui serait axé sur les anges et qui ne contiendrait aucune image terrifiante. C'est ainsi qu'est né mon premier jeu de tarots, le *Healing with the Angels Oracle Cards*.

De plus, j'ai découvert deux livres sur les philosophes présocratiques, tous deux publiés chez Oxford University Press, contenant une référence sur Pythagore qui m'a abasourdie : « Héraclide de Pontus mentionne que Pythagore avait coutume de dire de lui-même qu'il était déjà né en tant qu'Aethalide et qu'il était tenu comme le fils d'Hermès. » Hermès a dit à Aethalide qu'il pouvait choisir ce qu'il voulait sauf l'immortalité. Aethalide a demandé de pouvoir retenir, dans le monde des vivants et celui des morts, la mémoire de ce qui s'était passé. Donc, il se souvenait de tout pendant ses vies et, lorsqu'il mourait, il conservait les mêmes souvenirs. Plus tard, il est né en tant qu'Euphorbe.

Il y avait, dans les livres *The First Philosophers* et *The Pre-Socratic Philosophers*, la référence qui suit :

> Euphorbe disait toujours qu'il était né jadis en tant qu'Aethalide et qu'il avait reçu le don d'Hermès. Il relatait le voyage de son âme et de toutes ses migrations, racontait toutes les plantes et toutes les créatures dont il avait été le prolongement et décrivait son existence à Hadès et les expériences vécues là-bas par les autres âmes. Quand Euphorbe mourut, son âme est allée en Hermotime qui, lui aussi, voulait prouver ce qu'il disait. Ce dernier s'est donc rendu à Branchidé, a pénétré dans le sanctuaire d'Apollon et

montré le bouclier que Ménélas avait consacré sur ces lieux…

Quand Hermotime mourut, il devint Pyrrhus, le pêcheur de Délos, et de nouveau il se rappelait tout : comment jadis il avait été Aethalide, puis Euphorbe, puis Hermotime et puis Pyrrhus. Et quand ce dernier mourut, il devint Pythagore et se rappelait tout ce qui vient d'être raconté.

Le lien avec Hermès était de nouveau là.

Retour vers Asclépios

— Aimeriez-vous aller sur le site de l'hôpital Asclépios et du temple de la guérison ? demanda Nicholas.

— Vous voulez dire qu'il est ici ? ai-je répondu avec hâte et excitation.

— Il est juste là, me dit Nicholas, en pointant vers l'arrière de la colline du Parthénon.

Pendant que Nicholas nous faisait visiter tranquillement les lieux par des chemins détournés, j'avais hâte d'arriver sur le site du temple de la guérison. Le guide nous arrêta devant un côté de la colline, où la terre brute et les pierres étaient mêlées aux herbes mortes.

— Que voyez-vous ici ? me demanda-t-il.

J'ai fermé les yeux.

— Je vois une autre ville sous celle d'Athènes, une ville propre et brillante qui rayonne d'une lumière blanc jaune.

— Exactement ! s'exclama Nicholas. Sous le Parthénon, il y a des tunnels qui mènent à une ville. Il est interdit à quiconque d'en parler parce que le pouvoir de la ville souterraine pourrait être manipulé et utilisé pour détruire.

J'ai entendu parler de la « théorie de la Terre creuse ». Selon mes lectures, des êtres spirituellement puissants vivent profondément à l'intérieur de la terre. J'ai toujours pensé que cette affirmation relevait de la science-fiction. Toutefois, ma vision de la deuxième ville était tellement réelle et si totalement spontanée que j'ai juré de garder l'esprit ouvert à ce sujet.

— Je vais vous montrer les entrées secrètes, dit Nicholas à voix basse, mais vous devez me jurer de ne jamais révéler leurs emplacements.

Pas très sûre de savoir où je mettais les pieds et me sentant comme un personnage dans un roman d'espionnage, j'ai suivi Nicholas jusqu'à un petit tunnel sur le côté de la colline.

— La Terre creuse a de nombreuses entrées, m'expliqua-t-il, et c'est juste l'une d'elles. Vous remarquerez ces toutes petites églises construites un peu partout autour d'Athènes. Beaucoup d'entre elles sont plus petites que des toilettes extérieures et pas plus de trois personnes peuvent y prendre place, debout, épaule contre épaule. Ces églises ont été délibérément construites au-dessus des entrées de la Terre creuse pour éviter que les gens les découvrent.

Alors que ces mots résonnaient à mon oreille comme une sorte de théorie de la conspiration, j'ai écouté avec l'esprit ouvert pendant que Nicholas continuait. Après tout, c'est un fait historique que le christianisme et le catholicisme ont adopté des cérémonies et des croyances païennes tels Ostara, qui est devenu Pâques, et le solstice d'hiver et Yule, qui sont devenus Noël. Aussi les paroles de mon guide étaient-elles assez vraisemblables pour être prises en considération.

— Cinq ou six races d'êtres vivent dans la Terre creuse, précisa Nicholas, dont les nains, les fées, les Atlantes qui possèdent la connaissance de la haute technologie et les extraterrestres qui ne sont pas des Pléiadiens.

« Cela semble directement sorti du *Seigneur des anneaux* », ai-je pensé, en rejetant immédiatement les mots de Nicholas. Cependant, en y réfléchissant, j'ai réalisé que *Le Seigneur des anneaux* s'appuyait peut-être sur des fondements historiques.

De nouveau, je me suis juré de rester ouverte à ces concepts. Nicolas poursuivit :

— Ceux qui connaissent la Terre creuse ont une fête annuelle au printemps qui s'appelle Kalikantzaroi, en signe de respect pour les êtres qui résident là. La cérémonie honore les elfes et les autres forces de la nature. On peut dire que Kalizantzaroi est comme un petit Halloween que l'on célèbre pour honorer les morts.

Alors que nous étions débout devant le tunnel, Nicholas a expliqué que celui qui y entrait était transformé et passait d'un être tridimensionnel à un être quadridimensionnel. Il m'a dit que les tunnels étaient branchés aux vortex et aux « lignes énergétiques », des lignes parcourant toute la terre.

Alors que Stav regardait dans le tunnel, elle s'est exclamée, le souffle coupé :

— Hier, lors de ma méditation, j'ai eu une vision de moi alors que j'entrais dans un tunnel comme celui-ci !

Finalement, après ce qui semblait avoir été une éternité, avec tous ces arrêts que nous avait fait faire Nicholas au cours de la visite, nous avons atteint le site du temple de la guérison.

— Enlevez vos chaussures, ordonna Nicholas.

Alors que nous nous tenions pieds nus sur les pierres de l'ancienne Atlantide, je sentais l'énergie remonter par mes pieds. Je reconnaissais l'énergie Kundalini, qui partait de mon chakra racine et remontait tout le long de mon corps jusqu'à ma couronne.

Tandis que nous marchions vers le lieu du temple de la guérison, je me suis mise à pleurer. Une fois que nous avons été rendus sur le site, alors que j'étais entourée des fondations et des murs de pierres en ruine, j'ai été transportée dans le passé. Les jardins débordaient de belles-de-jour, de vignes et d'oiseaux colorés et chantants. Le temple de guérison était au pied de la montagne, exactement comme je l'avais vu dans ma régression à Skaros.

— C'est l'un des sites des temples de guérison atlantes, dit Nicholas. L'hôpital Asclépios y a été construit plus tard. Au temps de l'Atlantide, les prêtresses vierges faisaient des guérisons au moyen de cérémonies, de pyramides, de la lumière, des couleurs et de l'huile d'olive.

Mon corps était couvert de frissons alors que Nicholas décrivait exactement le contenu de ma régression vers ma vie antérieure d'Atlante.

— Comment savez-vous ça ? lui ai-je demandé intensément.

— J'étais un grand prêtre au temple de la guérison, répondit-il calmement.

Je le regardai fixement. Ce n'était pas étonnant que je l'aie immédiatement reconnu et que certaines de ses actions me l'ont rendu sympathique et que d'autres m'ont irritée. Après tout, il *était* la même âme !

— Dans une vie postérieure à l'Atlantide, j'étais le poète épique Omiros, dit Nicholas. J'ai été rendu aveugle par les prêtres qui m'ont puni pour avoir révélé dans mes écrits des secrets sacrés.

Omiros était l'ancien nom grec du poète Homère, qui a écrit l'*Iliade* et l'*Odyssée*. Ces livres traitaient autant de philosophie grecque que des dieux et des déesses. Cette donnée m'a aidée à comprendre le désir que Nicholas avait de demeurer anonyme pendant qu'il transmettait cette information ésotérique. Son âme se rappelait la douleur qu'il avait éprouvée lorsqu'il avait été mutilé pour avoir enseigné des secrets spirituels à un degré plus profond. Il avait peur que les choses se reproduisent.

J'ai informé Nicholas et les autres membres de notre groupe que j'avais besoin d'un moment de solitude. J'ai donc marché jusqu'à un coin du jardin du temple de guérison et je me suis assise, mon calepin en main. Puis, dans le temps de le dire, j'étais de nouveau transportée dans le passé et j'ai écrit ce qui suit :

Je suis dans le temple de guérison, sentant un amour profond monter en moi. L'essence de la guérison, c'est la bienveillance et la compassion pour la détresse et la souffrance d'autrui. Branchez-vous à une personne souffrante à travers sa douleur et aidez-la à se relever. Vous ne pourrez pas l'aider sans l'avoir d'abord rejointe dans sa propre réalité. Donnez-lui un instant pour se réchauffer à votre amour, et puis relevez-la tendrement, comme une mère qui embrasse, prend dans ses bras et réconforte un enfant qui pleure.

En écrivant, je pensais ceci : « Il y a beaucoup de fantômes de mon passé ici ! » Puis je me suis sentie triste lorsque j'ai réalisé que l'ancienne beauté de ces lieux avait été remplacée par des herbes brunes et desséchées ainsi que par des arbres sans couleurs. Cependant, les prières du temple de guérison imprégnaient si profondément le sol que la vraie beauté ne pourrait jamais être enlevée. L'amour qui imprégnait les pierres de l'Atlantide était profond, éternel et vrai.

J'ai eu des visions de dragons et de géants mi-bêtes, mi-hommes, qui déambulaient en Atlantide, et j'ai compris que le sphinx d'Égypte était façonné à l'image de ces êtres fabuleux. La culture atlante s'étendait largement, incorporant la Grèce, l'Inde, l'Égypte et probablement l'Indonésie, l'Amérique du Sud et le Mexique. Lorsque l'Atlantide a sombré, ses habitants ont émigré vers ces pays et ont propagé leur sagesse, leurs légendes et leurs connaissances.

J'ai vu le légendaire Minotaure, mi-taureau, mi-homme. C'était donc vrai ! Je me suis souvenue des cornes de taureau gravées dans les bâtiments des ruines d'Akrotiri, ainsi que des paroles de Platon qui décrivaient les taureaux dans les rues de l'Atlantide et la façon dont ceux-ci étaient sacrifiés pour plaire aux dieux et les apaiser.

DANS LA LUMIÈRE

Quand je suis revenue au temps présent, Stav, Jerry, Nicholas, George, Charitini et moi nous sommes tenus par la main pour former un cercle autour du temple de guérison. J'ai demandé à mes amis de se joindre à moi pour procéder à ce que j'avais vu dans mes régressions de vie antérieure. Nous avons fait un cercle à l'endroit où était la pyramide de cristal et, collectivement, nous avons mis nos mains dans la lumière. Puis nous avons tenu celle-ci dans la coupe et chacun a placé ses mains sur son cœur.

L'œil dans le centre de la pyramide était un tourbillon d'amour universel. C'était une représentation multidimensionnelle de la très haute unité du soi avec Dieu. Je me suis rappelé mes régressions et me suis souvenue que la lumière qui venait d'Hermès prenait sa source dans un tourbillon d'énergie souterraine. Une ligne énergétique venant des profondeurs de la terre projetait de la clarté jusqu'à la base de la pyramide, et la lumière solaire plongeait vers le bas, à l'intérieur de la pyramide. Ces lignes se croisaient au milieu, où l'œil bleu regardait fixement, de manière holographique, dans toutes les directions.

Nous avons comparé nos notes sur ce que nous avions vu, et constaté la présence d'un dénominateur commun : nous avions tous visualisé une lumière d'un blanc laiteux dans la pyramide. Cela m'a rappelé quelque chose qu'Andres avait dit quand nous étions à Santorin : la lumière blanche *était* le lait de l'univers. Ma propre expérience montrait que cette lumière était une entité vivante, aimante et intelligente. Quand nous nous en entourions et que nous en entourions nos êtres chers et nos possessions, nous invoquions vraiment les anges. Puisque la lumière blanche constituait notre propre essence et notre véritable substance, nous n'avions qu'à y ajouter l'amour pour obtenir les bases de toute vie.

Puis, ceci m'est venu à l'esprit : « Si la théorie de Nicholas sur les serpents fusionnés aux anges était vraie, se pourrait-il que les derniers représentent l'amour et que les premiers soient le signe de la lumière ? » Après tout, le serpent était un être qui vibrait et qui avait besoin de lumière et de chaleur pour exister. De plus, les anges n'étaient-ils pas de purs êtres d'amour ? Peut-être notre origine, soit la lumière combinée à l'amour, contribuait-elle à faire en sorte que cette formule menait à la guérison. Cette combinaison représentait ce que nous étions : des êtres guéris, entiers et parfaits sur tous les plans. Quand nous y faisions appel, nous faisions en réalité référence à notre soi supérieur pour qu'il se manifeste et chasse toute illusion de maladie et d'obscurité.

Nicholas, qui s'était approché, est venu s'asseoir près de Steven et moi. Je lui ai parlé de ma vision du Minotaure déambulant dans le temple de guérison. Il m'a donné des précisions au sujet du monstre légendaire :

— Sur l'île de Crête, qui était dirigée par le roi Minos, il y avait une créature connue sous le nom de Minotaure. Les Minoens vouaient un culte au taureau en tant que symbole de la déesse de la lune, puisque les cornes de cet animal sont en forme de croissant. Isis, la déesse égyptienne, avait des cornes de taureau sur sa coiffure parce qu'elle était liée à la demi-lune.

Je me demandais si je ne devais pas prendre connaissance de certains pouvoirs secrets liés à la demi-lune, au-delà de ceux qu'on associe aux pleines et aux nouvelles lunes, étant donné le fait que j'étais née sous le signe du Taureau. J'ai découvert plus tard que le U de la corne du taureau, qui correspond à la forme d'un croissant de demi-lune, est un symbole de pouvoir. À l'instar de l'animal du même nom, c'est le propre du Taureau d'aller courageusement de l'avant pour atteindre ses objectifs. Les cornes du taureau et les croissants de lune cueillent les fruits des manifestations, de la même manière qu'un chariot élévateur ramasse des objets avec ses fourches.

Les paroles de Nicholas m'ont rappelé que les symboles des déesses, liés au démon, avaient entraîné nombre de persécutions. Par exemple, on a associé les treize cycles lunaires de l'année au nombre 13, qui est vu comme un symbole de malchance. Les femmes ont treize saignements menstruels par année. Était-ce la raison pour laquelle les taureaux, symboles de la lune et des déesses, étaient sacrifiés en Atlantide ? *Cette société avancée avait-elle peur à ce point du pouvoir des femmes ?*

Alors que je communiquais mes impressions à Nicholas, il m'interrompit :

— Le système numéral de l'Atlantide était fondé sur le chiffre 13. Ce dernier est un nombre féminin, comme vous le savez. Il y a treize univers, et les ordinateurs atlantes étaient basés sur un fonctionnement axé sur treize nombres.

Ainsi, l'Atlantide tenait plus compte des femmes que ne le fait notre système actuel, qui exclut le treizième étage dans les hôtels !

— Dans le temple de guérison, vous les prêtresses, vous aviez l'habitude de chanter pour ouvrir énergiquement les vortex, continua Nicholas.

Puis, il a commencé à fredonner la mélodie que j'avais chantée lors de ma régression dans mon passé atlante. Steven et moi nous regardions l'un l'autre, complètement abasourdis face à cette autre preuve qui corroborait en tous points la réalité de ma régression.

— Vous ne devez pas enseigner cette chanson à quelqu'un qui serait susceptible d'en faire un mauvais usage, m'avertit Nicholas. Si une personne malfaisante parvenait à la connaître, elle pourrait acquérir des pouvoirs lui permettant de causer du tort à de nombreux êtres, dans plusieurs dimensions.

Puis, il sourit et ajouta :

— Cependant, la chanson en général est très bénéfique pour chacun de nous. Il s'agit d'une activité qui peut sans nul doute augmenter nos habiletés de guérison.

Ce soir-là, alors que Steven et moi regardions le coucher du soleil à partir de la chambre d'hôtel, les anges se sont adressés à moi en ces termes : « Les couchers de soleil n'évoquent pas seulement des sentiments agréables à cause des belles couleurs. Ils vous inondent de lumières colorées qui activent les chakras du bas, ce qui vous aide à vous ancrer à la terre. C'est pourquoi les humains exercent en soirée des activités liées à ces chakras, des activités relaxantes comme se nourrir, boire et faire l'amour. En baignant dans la lumière du couchant, vous pouvez vous activer plus naturellement et vous ancrer ainsi à la terre. Il est très important de regarder les couchers de soleil à partir de l'extérieur et de baigner dans leur lumière, ou du moins de rester près d'une porte ouverte ou d'une fenêtre d'où vous pouvez vous imprégner de cette lumière sans être incommodés par les effets filtrants des baies vitrées.

« La lumière de la lune et des étoiles active les chakras de la nuit profonde dans le champ de l'aura, y compris le troisième œil et le chakra de la gorge qui sont utiles pour activer la guérison au cours des rêves. Ce processus inclut l'ouverture à des enseignements psychiques pendant la phase de rêves. La lumière du lever du soleil active le chakra du cœur et réveille les niveaux d'énergie et les sens psychiques, générant ainsi l'intuition diurne. Le jour, la lumière du soleil favorise la communication entre les chakras du haut et du bas, ainsi que leur synchronie. »

En entendant les paroles des anges, j'ai noté mentalement que je devais effectuer des recherches plus approfondies sur les bénéfices de la guérison par le soleil. Je me suis posé cette question : « Les peurs qu'on nous fait par rapport à notre santé ne sont-elles qu'une autre façon de nous priver de notre pouvoir ? »

J'ai pensé à la vie insulaire. Steven et moi avons passé un grand bout de temps sur les îles hawaiiennes et avons remarqué que les plus petites d'entre elles offraient l'expérience de voir à la fois les levers et les couchers de soleil, et leurs reflets sur les eaux de l'océan. La réfection dans l'eau créait des couchers extraordinairement colorés, projetant d'éclatantes nuances d'orange, de rouge, de rose, de violet et de jaune.

C'est peut-être la raison pour laquelle plusieurs jeunes « enfants cristal » (des enfants sensitifs et psychiques) sont si fascinés par la lune, le soleil et les étoiles. Un nombre incalculable de parents m'ont écrit alors que j'effectuais des recherches dans le cadre de la rédaction de mon livre *Les enfants cristal* pour me dire à quel point leurs plus jeunes passaient des heures à regarder la lune. Une femme m'a même affirmé que le premier mot de sa fille avait été *lune*. La petite avait prononcé ce mot alors que sa maman était sortie dehors avec elle un soir de pleine lune.

Le fait de rester enfermé, loin de la lumière naturelle, n'est-il pas une raison pour laquelle les enfants n'aiment pas l'école ? Les recherches sont claires à ce sujet : la lumière des fluorescents dans les salles de classe oscille à un taux qui crée un sentiment latent d'anxiété et des problèmes de concentration chez la plupart des étudiants.

Je pensais à un cours que j'avais récemment donné dans une nouvelle salle de classe, un cours portant sur le développement des habiletés de médium. Auparavant, je prodiguais cet enseignement dans une salle de bal d'hôtel, donc dans un endroit où la lumière naturelle était quasi absente. J'ai par la suite transféré mes activités à l'hôtel Inn, à Laguna Beach, en Californie, dans une salle complètement munie, du sol au plafond, de fenêtres avec vue sur la mer. La plupart du temps, nous ouvrions les portes pour laisser entrer l'air frais. Nous laissions les lumières éteintes lorsque la lumière du soleil éclairait suffisamment la pièce.

Le niveau d'énergie que j'avais après une journée d'enseignement dans cette pièce était totalement différent. Alors que j'étais habituellement fatiguée et vidée à la fin d'une journée, je me sentais maintenant énergisée, fraîche et dispose grâce à l'atmosphère remplie de lumière naturelle et d'air frais dans laquelle j'avais baigné.

Tunnels de lumière

Steven et moi avons très bien dormi cette nuit-là. Le matin, nous avons découvert que nous avions chacun fait des rêves où nous volions. Or, j'en avais fait un autre qui m'a beaucoup donné à réfléchir.

Dans ce dernier rêve, j'étais avec ma plus grande amie d'enfance, Anita, et d'autres personnes que je ne pouvais identifier. Nous étions tous contrariés parce qu'il y avait des blocages dans les tuyaux de canalisation chez nous et dans la ville. Bravement, Anita s'était portée volontaire pour aller dans les canalisations et essayer de les nettoyer.

Alors qu'elle se risquait sous terre, nous étions tous inquiets à son sujet. Heureusement, Anita a refait surface quelques minutes plus tard, arborant un large sourire. Elle n'était ni mouillée ni sale, et elle s'écria :

— Oh ! Il y a une ville entière là-dessous ! C'est la plus belle chose que j'ai jamais vue !

Mon rêve m'a fait comprendre que je devais faire attention au symbolisme des tunnels que Nicholas m'avait montrés. J'ai pensé aux parallèles entre les tunnels et les serpents, puisque les premiers s'apparentent aux seconds.

Mes pensées m'ont ramenée à une vision que j'avais eue en 1996. J'enseignais le développement psychique et, pendant que les étudiants de ma classe se donnaient des lectures les uns les autres, j'ai fermé les yeux et été transportée dans le passé. J'ai vu la terre avant qu'elle ne soit habitée par l'humanité. L'eau était partout et j'étais obligée d'y flotter à la surface. J'ai réalisé que j'étais une simple créature tubulaire, un ver.

La voix d'un étudiant m'a fait sortir de ma vision.

— Ça va bien ?

— Oui, je viens juste d'avoir un souvenir d'une vie antérieure, ai-je répondu.

— Eh bien, ça n'avait pas l'air bien agréable, me fit remarquer l'étudiant. Votre visage grimaçait de douleur.

Je n'ai jamais oublié les images et sensations associées à cette vision. Assise sur le balcon de mon hôtel athénien, regardant l'océan, je pensais : « Peut-être les serpents et les vers n'étaient-ils pas les premiers habitants de la terre. Peut-être étaient-ce des tubes éthériques, comme ces tunnels dont font l'expérience les personnes qui viennent de mourir ou qui sont sur le point de trépasser. Ces tunnels sont un pont entre les mondes spirituel et matériel. »

Après tout, ne sommes-nous pas nés à travers le tube vaginal ? À la naissance, notre cordon ombilical est cousu et replacé à l'aide d'un fil d'argent tubulaire, ce qui tient notre âme en contact avec notre corps physique. Une grande partie de mon travail de guérison spirituel implique le sectionnement de cordons éthériques qui sont en pensée des formes de peur.

Ces tunnels éthériques peuvent s'être calcifiés il y a des éternités et ont pu former l'essence originelle de ce qui est maintenant devenu notre colonne vertébrale et les troncs des arbres et des plantes — le véritable Arbre de vie. Peut-être les canalisations de mon rêve, à l'instar des tunnels de la Terre creuse à Athènes, étaient-elles une représentation des origines de la vie.

Je m'interrogeais : « Notre colonne vertébrale est-elle un tunnel pour notre propre cité intérieure de lumière ? Un pont du royaume intérieur, jusqu'au ciel ? Est-ce la raison pour laquelle nombre d'entre nous font l'expérience de sensations lancinantes dans le dos, connues sous le nom d'énergie Kundalini, pendant la méditation ? »

Cela signifie-t-il que les problèmes de dos représentent des blocages spirituels ? J'ai commencé, par visualisation, à envoyer de la lumière dans ma colonne vertébrale et je me suis promis de continuer cette pratique. Auparavant, j'en faisais seulement parvenir vers le centre de mon corps.

La colonne vertébrale pourrait-elle être le corps du serpent, et sa tête notre cerveau reptilien, aussi connu sous le nom de *moelle allongée* ? Le cerveau reptilien opérait-il encore selon nos vieux instincts, dont celui de protéger notre corps en attaquant les prédateurs ? Et s'il était vrai que notre essence reptilienne était fusionnée avec notre essence angélique supérieure, aurions-nous encore besoin du vieil instinct d'attaquer pour nous protéger ? Ça me rappelait les fois où j'agissais de façon agressive et que je le regrettais plus tard. Était-ce la concrétisation de mon conflit « ange » et « démon » ainsi que la mythologie le dépeignait ? Cela expliquerait-il pourquoi nous nous sentons insultés lorsqu'on nous traite de « serpent » ou de « ver » ?

Je me demandais si nous pouvions reconfigurer nos instincts de façon à nous tourner systématiquement vers nos anges lorsque nous nous sentons en danger. Je me suis souvenue d'études menées sur les moines bouddhistes dont les signes vitaux ne faiblissaient pas quand leurs corps étaient sous pression. Les scientifiques en concluaient que les pratiques de méditation des moines résultaient en un esprit imperturbable. Peut-être pourrions-nous atteindre les mêmes états de paix en pratiquant régulièrement la méditation.

Pas d'inquiétude pour le temps

Le temps que j'ai passé à Santorin m'a appris que les Grecs sont très décontractés en ce qui concerne les horaires. Selon les anges, il s'agit d'une saine attitude parce que le mesurage du temps nous maintient dans des limites tridimensionnelles.

Selon l'horaire, mon atelier du samedi matin devait commencer à 9 h 30, dans une salle à quinze minutes de route. Aussi, quand George a dit que la voiture passerait me prendre à 9 h 30 pour m'amener à mon atelier, Steven et moi avons été surpris.

— Les ateliers grecs ne commencent jamais à l'heure, dit George en réponse à ma question non formulée.

Le matin suivant, Stav, Jerry, Steven et moi attendions notre voiture devant l'hôtel. Le chauffeur est arrivé à 9 h 35. Steven était crispé à l'idée d'être en retard parce que le respect des engagements, donc de l'heure des rendez-vous, revêt chez lui une grande importance. J'ai toujours admiré son intégrité à ce sujet. Toutefois, j'étais plus décontractée et je m'amusais à observer les différences culturelles dont nous étions témoins en Grèce et à les comparer à celles d'autres endroits où j'avais donné des ateliers.

Sur le chemin, j'ai remarqué un nombre incalculable de panneaux publicitaires de café Nescafé et de diverses marques de cigarettes. Comme beaucoup d'Européens, les Grecs semblaient très friands de cigarettes. Bien entendu, quand nous sommes arrivés à la salle, l'auditorium était vide. Les quelque trois cents participants étaient à la cafétéria à fumer et à boire du café.

« Comment pourrais-je leur enseigner le développement psychique s'ils sont tous excités par des stimulants ? » pensai-je. J'étais inquiète, mais j'ai confié la gestion de mes craintes à l'archange Michael.

George m'a annoncé que l'atelier allait bientôt commencer et il m'a escortée jusqu'à un bureau où je pourrais me reposer quelque peu et laisser mes effets personnels. Il était 10 h 10 lorsque le cours a commencé et personne n'a même levé un sourcil à cause du retard.

Un homme et une femme installés dans une cabine au-dessus de l'auditorium traduisaient mon discours de l'anglais au grec. La traduction était transmise en simultané et ceux qui ne comprenaient pas l'anglais, c'est-à-dire les trois quarts des gens, pouvaient l'entendre à l'aide d'écouteurs. Pour donner une chance aux traducteurs, je devais donc parler un peu plus lentement que d'habitude. C'était un contraste avec les ateliers que j'avais donnés en Allemagne, l'année précédente. J'avais voyagé alors avec une traductrice qui s'appelait Angelika. Nous parlions en alternance : je disais quelque chose en anglais, j'arrêtais, et Angelika traduisait mes paroles en allemand. Cette méthode prenait deux fois plus de temps, et encore plus lorsque les personnes de l'auditoire qui étaient bilingues se mettaient à discuter avec Angelika de son choix de mots lors de la traduction.

Les membres du public étaient des gens adorables, et ils ont ouvert leur cœur en toute confiance pour voir et entendre les messages des anges dans la journée. Quand ils se sont jumelés et que je les ai guidés à travers les étapes d'une lecture des anges psychiques, j'ai constaté que la joie, la confiance et l'amour qui avaient place dans leur cœur favorisaient la réussite de leurs lectures.

Stav et Jerry donnaient des précisions à ceux qui se posaient des questions. Stav, quant à elle, s'était portée volontaire pour offrir des lectures privées à peu de frais après l'atelier. Son horaire s'est rempli immédiatement et des dizaines d'autres personnes voulaient se joindre au groupe. Aussi, Jerry, qui ne parlait pas le grec, s'est organisé pour venir à la rescousse de Stav. Il a requis les services d'un traducteur et a commencé à donner aussi des lectures. Stav et Jerry ont travaillé pendant trois jours ! C'était une tâche exigeante, qui demandait beaucoup de dévouement de leur part. Par ailleurs, j'ai senti que c'était pour Stav une façon de redonner à son pays quelque chose en guise de remerciement. C'était pour elle une expérience de guérison.

Steven et moi sommes retournés à temps à notre hôtel pour nous asseoir dehors durant le coucher du soleil et profiter ainsi de notre dernière soirée en Grèce. Le matin suivant, nous prenions l'avion pour Londres, où nous devions livrer d'autres d'ateliers et offrir des séances de signatures dans des librairies. Depuis le début de notre voyage, Steven traînait avec lui son *didgeridoo*, un instrument à vent australien fait d'une branche d'arbre creusée.

Steven transportait son *didgeridoo* dans une valise noire. Les gardes de sécurité des aéroports ne manquaient pas de s'informer du contenu de celle-ci. À l'aéroport d'Athènes, les choses n'ont pas été différentes. Quand les agents de sécurité ont demandé « Qu'est-ce que c'est ? » j'ai donné ma réponse habituelle, « C'est une flûte », ce qui semblait une façon succincte de décrire l'instrument exotique à ceux qui ne le connaissaient pas. Steven me corrigeait toujours en disant, « Non, c'est un *didgeridoo.* » Il paraissait ravi de faire connaître l'instrument aborigène à diverses cultures. À un aéroport, les gardes lui ont demandé de jouer du *didgeridoo* pour prouver que c'était bel et bien un instrument de musique, et Steven s'est exécuté avec le plus grand des plaisirs.

CHAPITRE 7

Le pays de l'enchantement

En atterrissant à l'aéroport d'Heathrow, je me sentais excitée à l'idée de passer du temps en Angleterre. Ce pays m'avait toujours semblé magique et enchanté. Il me rappelait un recueil de contes illustrant des fées, des châteaux, des cygnes, des saules pleureurs, des acres de verdure ondoyante, une architecture chargée, de beaux jardins de fleurs sauvages. J'aime l'Angleterre : entre autres, j'apprécie l'heure du thé, les manières et les accents anglais, Stonehenge, la ville de Glastonbury et le magasin Harrods.

La directrice générale (Megan Slyfield) et la directrice des ventes (Jo Lal) de Hay House United Kingdom (UK) nous ont accueillis à l'aéroport, ce qui, en ce samedi matin où la plupart des gens dormaient, semblait bien au-delà de leurs obligations professionnelles. Tout au long de notre séjour, Megan et Jo nous ont montré à quel point elles étaient dévouées envers les auteurs avec qui elles collaboraient. Elles avaient travaillé de longues heures pour nous aider, Steven et moi, à faire connaître nos livres respectifs et toutes deux semblaient sincèrement contentes de leur travail.

Le soir de mon premier atelier, nous avons rencontré Megan et Jo, ainsi que Michelle Pilley (directrice de rédaction) et Emma Collins (adjointe à la publicité) de Hay House UK. Il y a longtemps que Michelle étudie le Nouvel Âge qu'elle effectue des recherches sur le sujet. Comme je l'avais vécu avec Megan et Jo, j'ai ressenti un lien particulier avec Michelle et Emma. Je me disais ceci : « Tout va toujours très bien quand je suis en Angleterre. » Puis je me suis posé la question suivante : « Pourquoi cela est-il vrai pour certains endroits et pas pour d'autres ? »

Ce soir-là, j'ai fait une allocution à la St. James Church, un beau et vieux bâtiment victorien avec un orgue et des balcons. L'événement était parrainé par Alternatives, un organisme spirituel à but non lucratif dirigé par trois hommes généreux : Steve, Tom et Richard.

Mon exposé devait commencer à 19 h pile et, puisque Alternatives ne pouvait utiliser l'église que jusqu'à 20 h 30, l'atelier devait démarrer rapidement. Deux minutes avant le début, Tom regarda sa montre et entreprit le décompte des secondes qui restaient avant que je me présente au public. Quel contraste avec l'attitude nonchalante de mes débuts de présentation en Grèce !

Je me demandais si la situation ensoleillée de la Grèce faisait une différence dans les attitudes de ponctualité en comparaison avec les cieux relativement sombres du Royaume-Uni. Je pensais aux rendez-vous à Hawaii, qui sont pris approximativement, selon « le temps insulaire », ce qui signifie qu'un rendez-vous à 15 h n'aura pas lieu avant 16 h 30. Le soleil et le temps chaud créaient-ils une attitude plus décontractée relativement aux horaires ? Puisque les anges disaient que le mesurage du temps créait des limites, était-ce là la confirmation des bienfaits du soleil dont les anges m'avaient parlé ?

L'atelier avait commencé et s'était terminé aux heures prévues, à la minute près, et tous étaient contents. Pendant notre première semaine en Angleterre, j'ai présenté des conférences tous les soirs et j'ai signé des livres dans des magasins partout au pays. Jo voulait toujours prendre le volant parce qu'elle était une conductrice pleine d'assurance et qu'elle connaissait bien les routes. Souvent, nous roulions de deux à quatre heures pour nous rendre à une librairie et je prenais plaisir à regarder les beaux paysages. Sur le chemin du retour, nous mangions les mets végétariens que Jo avait préparés pour l'occasion.

Au cours de notre deuxième semaine, Steven et moi avons pris des dispositions pour visiter la ville magique de Glastonbury, dans le sud de l'Angleterre, avec Michelle et Megan. Michelle, qui était très au fait de la spiritualité entourant Glastonbury, a donc été notre guide pour la journée. Alors que nous roulions, elle nous a parlé des lignes énergétiques qui couraient sous l'Angleterre. Comme je l'ai mentionné plus tôt, les lignes énergétiques sont des lignes ou des réseaux d'énergies souterraines qui transportent l'énergie spirituelle.

— Nous allons monter sur le Tor de Glastonbury aujourd'hui, dit Michelle.

Le Tor était une butte qui, à Glastonbury, était considérée comme une montagne.

— Il y a une ligne énergétique qui s'étend du mont Saint-Michael, sur la péninsule de Land's End en Cornouailles, à l'église Saint-Michael, sur le sommet du Tor, expliqua Michelle. Tous les lieux saints consacrés à l'archange Michael parcourent une ligne droite, qu'on appelle la « ligne de l'ange ». Il y a une ligne énergétique qu'on appelle la ligne énergétique de Marie, qui recoupe la ligne énergétique de Michael sous le Tor et qui s'ajoute à cette énergie.

Michelle précisa que la ligne de l'ange était droite, alors que celle de Marie était torsadée et ondulante, et que c'est pour cette raison qu'on l'appelait la « ligne énergétique du serpent ».

J'étais stupéfaite d'entendre à nouveau parler d'un lien entre les anges et les serpents ! De plus, le fait que les anges étaient regroupés sous une énergie masculine alors que les serpents étaient associés à une énergie féminine était des plus intéressants. Cela me rappelait le serpent qui avait tenté Ève au jardin d'Éden, alors que c'est la femme qui a porté le blâme parce qu'elle avait succombé.

Je partageais ces pensées avec Michelle, Megan et Steven lorsque Michelle a ajouté :

— En fait, il y a deux voies qui mènent de l'église Saint-Michael au Tor de Glastonbury. L'une est droite et rapide. L'autre est comme un serpent, encerclant le Tor. Cette dernière voie, plus longue à parcourir, est généralement réservée aux femmes. Elle se prête merveilleusement bien à la méditation ambulante pendant la montée du Tor.

La circulation avait ralenti en raison d'un accident de voiture. Alors que les ambulances et les remorqueuses arrivaient, elle s'est arrêtée complètement.

— Regardez ! dit Steven. C'est Stonehenge !

Notre parcours lent et détourné nous avait menés devant l'ancien cercle de pierres dressées verticalement. Nous étions tous d'avis que nous avions été ralentis pour une raison précise — admirer et absorber la beauté de Stonehenge.

— Stonehenge est sur la ligne énergétique de Michael, expliqua Michelle, comme je notais ces mots dans le journal que je tenais depuis Santorin.

J'étais vraiment très reconnaissante de l'information qu'elle partageait.

L'ÎLE D'AVALON

Lorsque nous sommes entrées dans Glastonbury, mon souffle s'est accéléré. Le remarquant, Michelle a émis un commentaire :

— On appelle Glastonbury le « chakra du cœur » du monde pour de bonnes raisons, n'est-ce pas ?

C'était vraiment un pays magique ; voilà une des raisons pour lesquelles Steven et moi y retournions tous les ans. Deux tombes gisaient à l'ombre d'une vieille église partiellement en ruine, connue sous le nom d'abbaye. Elles portaient des inscriptions indiquant que le roi Arthur et la reine Guenièvre étaient enterrés là, côte à côte.

Les qualités romantiques et mystiques de Glastonbury, ses nombreuses boutiques d'un charme exquis et ses merveilles naturelles en abondance faisaient en sorte que l'on pouvait facilement imaginer le roi Arthur, Merlin le magicien et l'archange Michael. La légende disait de l'île d'Avalon, rendue célèbre par les histoires du roi Arthur et le livre *Les Brumes d'Avalon*, qu'elle était située à Glastonbury, juste derrière l'abbaye.

— Oui, ça ouvre sûrement le cœur d'être à Glastonbury, ai-je acquiescé, alors que nous entrions dans le stationnement de Chalice Wells (les Puits du Calice), un jardin botanique doté de puits contenant des eaux aux propriétés de guérison.

L'oncle de Jésus, Joseph d'Arimathie, a apporté le Saint-Graal dans l'île d'Avalon. Quand il est arrivé à Glastonbury, il a planté son bâton de marche en bois dans le sol. Le bâton a pris racine à l'endroit où était situé un puits du Calice et a poussé en une aubépine épanouie qui fleurit chaque année pour Noël. Normalement, cette essence d'arbuste (*Crateagus Monogyna Praecox)* ne se trouvait qu'au Moyen-Orient. À côté de la sainte aubépine, deux sources ont jailli : l'une à l'eau rouge ferreuse, et l'autre à l'eau claire et blanche. Les pèlerins s'abreuvent à ces eaux réputées pour leur pouvoir de guérison.

Nous étions surpris d'être les seules personnes à Chalice Wells, qui est habituellement un endroit très fréquenté à la fois par les touristes et les habitants de la région. Nous avons passé du temps à méditer, à nous réjouir de la beauté des sources, des fleurs et de l'énergie. Et nous avons bu avec cérémonie les eaux guérisseuses rouge et blanche des deux puits.

Des nuages menaçants commençaient à envahir le ciel. Nous avons donc décidé de visiter le Tor avant la tombée de la nuit ou de la pluie. Comme des gouttes commençaient à tomber, nous avons pris le chemin qui grimpait tout droit sur la colline. Des ouvriers avaient couvert l'église Saint-Michael d'échafaudages pour la nettoyer et la réparer. Même si les échafaudages gâchaient l'apparence visuelle de l'église, l'énergie qui se dégageait de cette dernière exerçait encore beaucoup d'attrait au fil de notre montée.

Au sommet du Tor, des vents froids nous poussaient vers l'église. À l'intérieur de celle-ci, seule une ouvrière de construction travaillait sur les échafaudages. Michelle et moi avons jeté un coup d'œil de plus près.

— Désolée, personne ne doit entrer, dit la femme.

J'ai remarqué son visage féminin et ses cheveux frisés sous son casque de sécurité et sa salopette.

— Ne peut-elle pas entrer juste un moment ? a demandé Michelle de ma part. C'est une auteure américaine qui fait des recherches sur le Tor pour son nouveau livre.

La sincérité et l'énergie de Michelle ont fait fondre la détermination de la femme, qui m'a fait signe de pénétrer dans l'édifice.

— Juste une minute, m'a-t-elle averti.

La première chose que j'ai remarquée, c'étaient les gravures de l'archange Michael et de la déesse celte Bridget. J'ai travaillé avec Bridget après l'avoir rencontrée lors de ma première visite en Irlande. Bridget, une déesse protectrice passionnée et fière, avait vite été adoptée et sanctifiée par l'Église catholique. Je disais toujours aux gens que Bridget était l'équivalent féminin de Michael, puisque son énergie était si chaude qu'elle faisait transpirer les gens quand elle était présente. À l'instar de Michael, Bridget avait l'habileté de renforcer la confiance et le courage, et de protéger ceux qui le lui demandaient.

J'ai toujours associé Bridget à l'Irlande mais, ici, à l'intersection des lignes énergétiques de Michael et de Marie, la reconnaissance des aspects tout autant féminin que masculin du Divin était de mise.

J'ai quitté l'église peu de temps après, par respect pour l'ouvrière, dont l'énergie était nettement celle d'une déesse. C'était, sous son casque et sa salopette, une gardienne du temple.

Lorsque je suis sortie, le vent a balayé mes cheveux et les pages de mon journal. J'ai senti la présence aimante et puissante de Michael autour de moi ; j'ai marché jusqu'à un coin de l'église d'où j'étais protégée du vent et j'ai noté les mots prononcés par l'archange :

« Cette église, qui porte mon nom en mon honneur, est construite sur l'énergie d'Avalon, sur l'ancien site du palais de guérison. Je crée un pont entre les deux mondes en amenant les anciennes traditions de guérison dans la chrétienté et dans les autres religions organisées, avec un pied dans l'ancienne dimension sur laquelle repose le fondement des religions organisées, que je soutiens, patiemment et sans jugement. Un pied dans le vieux monde et un pied dans le nouveau, comme un pont.

« Les énergies de votre cercle de guérison d'Avalon sont toujours présentes ici, dans la croûte de la terre, et l'énergie a été transférée dans les cercles de pierres de guérison qu'on appelle Avebury et Stonehenge. Ces pierres ont été transférées de la dimension vibrationnelle d'Avalon jusqu'à leurs sites actuels. On a fait vibrer leurs molécules pour les transporter par un processus de pensées à hautes vibrations.

« Comme les chapelles grecques couvrent les vortex de l'Atlantide, celle du Tor bénéficie d'anciennes énergies. Ce n'est pas une conspiration ; c'est une ancienne directive angélique transmise aux maçons qui ont construit cette église pour nous afin d'assurer la continuité des prières sur ce site, lesquelles se mêlent au sang de la terre.

« Les lignes énergétiques sont les artères qui assurent le lien entre les chakras de la terre, comme le fait le serpent Kundalini entre les chakras de votre corps. »

J'ai à peine eu le temps de capter les paroles de Michael que la pluie s'est mise à tomber et nous nous sommes empressés de redescendre la colline. J'ai tenu mon journal bien serré sous ma veste pour le protéger de la pluie.

Des vibrations d'énergie

La semaine suivante, Steven et moi avons organisé une excursion privée sur le site même de Stonehenge, et nous avons pu toucher les pierres et nous asseoir à côté d'elles. Steven avait apporté son *didgeridoo* pour jouer une chanson de cérémonie au soleil couchant, alors que j'avais pris mon journal et plusieurs crayons pour noter des messages et des révélations.

Notre guide à Stonehenge, Phillip, possédait beaucoup de connaissances, autant générales qu'ésotériques. Il nous expliqua que Stonehenge avait à l'origine 56 mâts de bois qui entouraient les pierres. Ce nombre était significatif, car c'était le double de 28, représentant les 28 jours du cycle lunaire. Phillip apporta des précisions :

— Selon les estimations des historiens, les poteaux mesuraient 10 mètres de haut et étaient faits de chêne. Ils étaient utilisés pour mesurer les cycles de la lune à des fins d'agriculture.

Cela m'a rappelé ma vie passée à Babylone en tant qu' « astronome-prêtre », alors que je nous suivais le mouvement des constellations contre les piliers du temple. Notre guide a poursuivi :

— Treize différentes lignes énergétiques se croisent à Stonehenge, ce qui est significatif puisqu'il y a 13 pleines lunes dans une année.

Une fois de plus, l'énergie de la déesse de la lune était manifeste.

Phillip nous a expliqué le fonctionnement de la grande pierre de *Heel*, qui marquait la position céleste du solstice d'été, et celui des deux pierres plus petites, qui indiquaient les équinoxes de printemps et d'automne.

— Il y a beaucoup de spéculations sur la manière dont les pierres sont arrivées à Stonehenge, dit Phillip. Une légende dit que Merlin les a fait voler depuis l'Irlande. Les pierres bleues de Stonehenge se trouvent seulement au pays de Galles et en Irlande, à 385 kilomètres de Stonehenge. Il n'y a pas de voie facile à emprunter pour amener les pierres à Stonehenge puisque les montagnes et les rivières entre le pays de Galles et Salisbury, le site de Stonehenge, sont nombreuses.

Une peinture, représentant des centaines d'hommes luttant pour tirer de grosses pierres avec des cordes, était posée au mur, à l'entrée de Stonehenge. Toutes les spéculations concernant Stonehenge et les pyramides égyptiennes semblaient basées sur la connaissance actuelle qu'a l'humanité des objets matériels. Les scientifiques ne semblaient pas prendre en compte les connaissances métaphysiques qui nous permettaient de contourner les « lois » physiques terrestres.

Je me rappelais le message que m'avait transmis l'archange Michael au Tor de Glastonbury au sujet de la position des pierres : « Ces pierres ont été transférées de la dimension vibrationnelle d'Avalon jusqu'à leurs sites actuels. On a fait vibrer leurs molécules pour les transporter par un processus de pensées à hautes vibrations. »

Bien que cela semblait sortir tout droit de l'émission *Star Trek*, ne pouvait-on pas former nos pensées pour exercer une influence sur les objets matériels ? Après tout, des études scientifiques ont démontré que la psychokinésie, qui implique des pensées affectant des objets matériels, fonctionnait réellement. J'ai lu d'innombrables études où les pensées de certains sujets avaient des effets sur des machines à boules, des ordinateurs, des générateurs de nombres aléatoires, etc. Pourquoi des gens qui étudiaient la métaphysique, qui n'étaient pas soumis aux diversions des temps modernes comme la télévision et les emplois de bureau, et qui concentraient tous leurs efforts vers un même objectif, n'auraient-ils pu canaliser ce pouvoir pour développer l'habileté de dématérialiser et rematérialiser des pierres ?

Je me suis aussi souvenue de ce que Nicholas m'avait dit en Grèce : « Les Anciens annihilaient la force de gravité par le pouvoir de la musique. Les prêtres utilisaient la vibration de celle-ci pour faire lever les pierres. » L'affirmation selon laquelle la musique oscillait à une vibration plus haute que des pierres compactes était plausible. Si les scientifiques s'entendaient pour dire que tous les objets matériels étaient vraiment composés d'énergie atomique, pourquoi ne pourrions-nous pas réorganiser les atomes en utilisant des influences vibratoires comme la musique ou les pensées ?

Pendant que je rédigeais mon livre *Les enfants cristal*, deux parents m'ont dit que leurs enfants avaient réussi à faire léviter leurs jouets. Les nouveaux enfants cristal, qui étaient très sensitifs et très psychiques, avaient une foi tellement absolue que leur confiance totale leur permettait d'accomplir des miracles, comme la lévitation et la guérison spirituelle instantanée d'êtres chers. Elle leur permettait aussi de tomber de haut sans se blesser.

La foi inébranlable et les intentions limpides de ces enfants produisent des miracles. Écoutez cette ancienne sagesse du maître enseignant, Jésus, qui a dit à maintes reprises : « Que votre volonté soit faite. » Les nouveaux enfants cristal nous montrent le chemin de ce qui est possible, nous aidant à nous rappeler les habiletés que nous avions dans les temps anciens de l'Atlantide et d'Avalon.

Messages de guérison de Stonehenge

Debout au milieu du cercle de Stonehenge, j'ai enlevé mes chaussures et promené mes orteils dans la mousse du sol noir. Le soleil commençait à se coucher et je pouvais sentir des centaines d'anges et les anciens sages m'entourer avec beaucoup d'amour. Une agréable énergie tourbillonnante émanait du cercle et j'entendais les pierres chanter un mantra à voix basse.

Les pierres me parlaient de toutes les douleurs que les gens avaient endurées à Stonehenge, des douleurs que les pierres avaient absorbées. Je pouvais clairement voir les yeux, les nez et les bouches à l'intérieur des pierres. J'y apercevais les traits du peuple à qui se confiait les prêtres et des prêtresses.

Les pierres me chantaient des mélodies sur les anciens astronomes qui enregistraient les mouvements des étoiles sur des plaques de pierre verticales. Grâce à la télépathie, les astronomes connaissaient les souffrances de tous les gens. Ils étaient au courant de la pauvreté, de la mendicité, de l'hystérie et du gaspillage des précieuses ressources naturelles de l'humanité.

Les secrets de Stonehenge s'étaient transmis à travers les générations de travailleurs qui étaient affectés au service du cercle de pierres. Il y avait même eu un grand massacre des prêtres-druides qu'on appelait « païens », tués pour leur paganisme, alors que les âmes de ces prêtres hautement évoluées étaient capables de revenir dans une vie terrestre en entrant dans le corps d'autres gens par le biais d'un programme d'échange d'âmes basé sur le consentement et non pas sur l'appropriation.

Pendant que la musique du *didgeridoo* de Steven résonnait en écho à travers les pierres dans le soleil couchant, j'étais assise et j'interrogeais les pierres : « Quel est le lien entre Stonehenge et la guérison ? »

Elles m'ont immédiatement répondu : « L'énergie de guérison émise par les anciens peuples continue à envelopper ce pays (l'Angleterre) en faisant de lui un sanctuaire de guérison. C'est pour cette raison que vous et beaucoup d'autres gens aimez tant l'Angleterre. Ce pays vous attire par son énergie soignante maternelle.

« L'archange Haniel était ici et elle existe encore dans plusieurs mondes. Elle est un ange de lumière de lune qui a été adorée ici sous les noms de Diane ou de Déméter. Vous avez été en relation avec Haniel et ses aspects de déesses bien des fois dans notre histoire aussi. »

Leurs mots m'ont rappelé des souvenirs de ma vie antérieure à Babylone. Dans le temple, une des statues de déesse ressemblait justement à Diane. De plus, mes recherches avaient lié l'archange Haniel à Babylone et à la substance en poudre de lumière astrale que nous utilisions. Maintenant, les pierres levées me disaient que Haniel et Diane étaient une seule et même entité ! Naturellement, puisqu'elles étaient toutes deux des déesses de la lune ! Et le lien avec Déméter, la déesse grecque des récoltes abondantes, était aussi un des aspects de l'archange Haniel. Bien entendu, je savais que celui-ci nous aidait à attirer l'abondance, ce qui était aussi concordant.

Je me posais les questions suivantes : « Les anges étaient-ils présents en Atlantide ? Si c'est le cas, avaient-ils aussi les aspects des dieux, des déesses et des déités appartenant aux cultures et religions du monde ? »

Pendant que je réfléchissais à ces questions, j'ai interrogé les pierres concernant leurs origines et la manière dont elles avaient été transportées à Salisbury.

Elles ont répondu :

— On vous a déjà donné cette information quand vous étiez à Glastonbury. Nous, les pierres, sommes arrivées parfaitement intactes à travers le portail d'Avalon et de l'Atlantide, qui étaient des civilisations de la même époque. Ces civilisations contrôlaient les configurations des pensées de l'humanité en évolution lorsqu'elles ont commencé à découvrir et à créer des armes et d'autres moyens de sévices et de destruction. Nous, les pierres, avons été désintégrées en des particules de formes de pensée et reconfigurées aux intersections de ce vortex qui va de Glastonbury à Jérusalem.

— Comment Atlantide et Avalon avaient-elles pu être présentes en même temps ? ai-je alors demandé. L'Atlantide n'existait-elle pas bien *avant* le temps de Jésus, et Avalon bien *après* ?

— Ceci est une leçon sur les réalités simultanées, par exemple celles qui sont parallèles ou qui se chevauchent, ont répondu les pierres. Avalon est un ancien pays, aux frontières définies, qui chevauchait l'Atlantide, à la fois sur les plans géographique et temporel. Après la chute de l'Atlantide, la géographie d'Avalon a été sérieusement modifiée, mais l'essence de cette civilisation a persisté dans ce que vous considérez comme le « temps arthurien ». L'ancienne énergie d'Avalon nous a été transférée, à nous les pierres, pour que nous assurions sa continuation pour l'éternité. Nous sommes les messagers indestructibles de la lumière qui a toujours été avec nous, une lumière qui a été condensée et concentrée dans notre forme.

— Êtes-vous semblables à l'arche d'alliance qui, en tant qu'objet fini, transporte le feu éternel ? me suis-je informée.

— Fini n'est pas le meilleur terme pour décrire ni l'arche ni notre structure, de dire les pierres. Cependant, nous partageons de toute évidence certaines qualités et similitudes.

Juste à ce moment, Steven est venu vers moi pour me dire que notre guide, Phillip, lui avait montré une sculpture gravée sur l'une des pierres, une sculpture illustrant une dague et portant des caractères grecs. Il me dit :

— La dague elle-même est associée à la Grèce.

Très intéressant ! J'ai demandé aux pierres si Stonehenge est aussi lié à Athènes.

— L'introduction des puits de guérison coïncide avec une pratique de l'hôpital Asclépios, bénir l'eau et la verser sur les malades, m'ont-elles répondu.

Ensuite je me suis informée de qu'il en était de la guérison avec la lumière, les cristaux et les couleurs.

— Nous sommes des monuments représentant le pouvoir de la nature, ont répondu les pierres, ce qui inclut sans aucun doute le pouvoir de guérison des cristaux qui font partie de la nature et de notre royaume. Ne pouvez-vous voir que nous sommes la même énergie que vous-même ? Nous sommes lumière et amour dans un format plus dense, ce qui fait que nos mouvements sont moins perceptibles que les vôtres. Nous avons été placées de sorte à capter le maximum de lumière du soleil et de la lune, une lumière qui, lorsqu'elle imprègne n'importe quel être, peut déclencher des propriétés de guérison. Nous, qui sommes alimentées par l'énergie dégagée par le soleil et la lune, pouvons libérer cette énergie pour servir un être qui aurait été enfermé depuis trop longtemps. Ceux qui sont malades doivent chercher à communier avec la nature en silence, comme nous le faisons. Ne sous-estimez pas le pouvoir de la lumière émise par le soleil, la lune et les étoiles, ainsi que celui de l'air frais ! L'eau est un élément essentiel qui lave les moisissures accumulées lorsque le corps a respiré trop d'air stagnant. Les cristaux peuvent certainement amplifier les énergies de guérison naturelles du soleil, de la lune, des étoiles, de l'air et de l'eau, mais ils ne sont pas nécessaires. En fait, mettre trop l'accent sur l'appareil de guérison gêne le flot d'espoir et de confiance qui vient simplement du fait d'être à l'extérieur. Les anciens temples de guérison et lieux de culte étaient toujours à l'extérieur. C'est votre ancienne église catholique qui a inventé les temples sombres avec des toits, destinés soi-disant à vous protéger des éléments.

— Les anciens lieux de cultes bouddhistes n'étaient-ils pas extérieurs ? » demandai-je.

— Les bouddhistes passaient plus de temps dans les jardins des lieux de culte et ils étaient plus en accord avec le caractère sacré de la nature que les pratiquants des religions conventionnelles et modernes de l'Occident. La construction de vitraux dans les lieux modernes de culte est une manifestation de votre passé. Les vitraux filtrent la lumière du soleil à travers les couleurs guérisseuses du verre. Il serait encore mieux d'avoir le spectre complet des couleurs de la lumière solaire, incluant celle des levers et couchers du soleil.

Ainsi, c'était le même message que j'avais entendu en Grèce sur le pouvoir de guérison de la lumière naturelle. Une fois encore, je me suis promis de fouiller les études scientifiques traitant des effets de la lumière du soleil sur la santé. Après tout, la plupart des gens percevaient la lumière solaire comme un danger et non un bienfait pour le corps.

Puis j'ai demandé aux pierres :

— Quel message aimeriez-vous nous donner, à moi et à ceux qui vont lire ces mots ?

— Réappropriez-vous immédiatement vos capacités et pouvoirs de guérison ! répondirent-elles instantanément. Les pratiques religieuses ont dissuadé les individus de rechercher le pouvoir en leur collant des étiquettes d'hérétiques et de traîtres.

La culpabilité et la peur sont profondément ancrées dans votre subconscient. Cela comprend la peur de se tenir debout et d'être unique et distinct. Vous avez associé cette attitude à la vulnérabilité. Vous vous êtes donc sabotés vous-même, encore et encore, en ne dénonçant pas publiquement les vérités et les problèmes que vous voyez. Vous vous mettez des freins et à la moindre attention qu'on vous porte, vous courez vous cacher derrière des mécanismes de protection.

Après un court instant, les pierres ont poursuivi :

— Faites circuler cette information : l'énergie de guérison est disponible gratuitement, et ce, pour chacun. Personne n'est particulièrement doué. Il y a seulement ceux qui choisissent librement de mettre à profit leurs forces intérieures ou ceux qui fuient ces dernières. Le monde est plus froid et plus noir chaque fois qu'un individu tremble à la pensée de parler tout haut. Même si votre message n'est pas bien reçu, les propriétés qui y sont liées se répandent partout dans le monde pour toute l'éternité. Pour chacun d'entre vous, les paroles, les pensées et les sentiments sont de la pure poésie. Ne vous empressez pas de les cacher ou de les diminuer, mais comptez plutôt sur eux pour vous rendre plus forts les uns les autres. Vous évoluerez avec plus d'énergie et de façon bien plus rapide en partageant et en échangeant des pensées et des idées. Aussi, parlez-en ouvertement et agréablement. N'ayez pas peur de vous produire en public pour offrir vos témoignages et livrer des enseignements.

Les pierres ont repris :

— Bénissez tous ceux que vous voyez, peu importe la façon dont ils vous traitent. Votre vitamine quotidienne spirituelle viendra de cette pratique : visualisez des bénédictions courant dans votre sang, nettoyant et revitalisant votre corps. Emplissez régulièrement votre esprit, vos poumons et votre être entier de la lumière du soleil.

Ces paroles me firent réfléchir. J'avais encore tellement de questions à poser.

— Qu'en est-il de l'avancement de la science, incluant l'usage du savon pour éradiquer les bactéries et le fait que l'espérance de vie des humains est plus longue aujourd'hui ? me hasardai-je à demander.

— C'est ce que vous supposez, de répliquer les pierres. En réalité, beaucoup d'anciens peuples du monde ensoleillé vivaient en bonne santé pendant trois ou quatre cents ans, et même plus. Les gens étaient heureux et vigoureux pendant toute leur vie. Vous savez sûrement que vos scientifiques disent que le corps humain est fait pour durer aussi longtemps. L'âge industriel, qui devrait à juste titre s'appeler « l'âge de l'enfermement », a engendré de nouveaux malaises et les maladies infantiles. De plus, les morts accidentelles proviennent d'inventions industrielles comme les voitures et les armes.

— Même la peste ? ai-je demandé.

— Regardez vos livres d'histoire. Ce fléau se passait pendant l'âge de l'enfermement. À Babylone, vous passiez votre vie dehors, dans des temples sans toit ni murs. Durant cette vie-ci, vous devez aménager votre horaire de façon à pouvoir passer du temps dehors. Au moins, essayez de porter l'extérieur en vous, avec beaucoup de portes et de fenêtres ouvertes en tout temps.

Les mots des pierres m'ont rappelé les nouveaux enfants cristal qui réclamaient de passer leur temps dehors. En fait, les seuls moments où ces enfants sont d'humeur maussade, c'est quand ils restent à l'intérieur trop longtemps. Une fois dans la nature, ils passent des heures à contempler les arbres, les plantes, les insectes et les animaux.

La guérison en Écosse et en Irlande

Notre voyage au Royaume-Uni nous a emmenés à Édimbourg (prononcez *Edin-bur-oh*), en Écosse, où j'ai donné un cours d'une journée intitulé « Guérison avec les anges ». L'atelier était complet et les participants comptaient beaucoup de guérisseurs intéressés par de nouvelles façons de traiter la maladie, d'aider leurs clients.

Le séminaire était fondé sur mon livre *Guérir avec les anges*, qui réunissait des études de cas aussi bien que mes expériences de guérison spirituelle. J'avais reçu des milliers de lettres de lecteurs qui avaient vécu des expériences de guérison après avoir lu cet ouvrage (beaucoup de leurs histoires apparaissent dans la deuxième partie du présent livre). Je savais dès lors qu'on pouvait enseigner les méthodes présentées dans *Guérir avec les anges*. De plus, j'avais planifié d'enseigner des techniques qui n'avaient encore jamais été publiées dans mes travaux antérieurs.

Tout d'abord, j'ai mené mes auditeurs dans des guérisons avec les anges pour qu'ils puissent eux-mêmes faire l'expérience des méthodes présentées. Ensuite, je leur ai expliqué ces méthodes pour qu'ils puissent en noter les étapes. Une des techniques que m'ont apprises les anges est de guérir des souffrances causées par une attaque psychique provenant d'une personne qui éprouve de la colère à notre égard, qui nous maudit ou qui nous souhaite de la souffrance ou du mal. En guidant mon public dans l'apprentissage de cette méthode intitulée « Abolir le mauvais sort et retirer la dague » (dont je parle dans la troisième partie), j'ai entendu plusieurs personnes pleurer et j'ai vu leur expression changer.

Après cette expérience, de nombreux membres de l'auditoire ont témoigné que ce processus avait instantanément adouci leurs maux de dos et de tête, des malaises chroniques. J'avais déjà entendu de tels commentaires dans d'autres ateliers où j'avais enseigné la méthode. Toutefois, dans ce groupe, presque tous m'ont dit que la pratique de ma technique leur avait apporté un sentiment de légèreté et de positivisme. Comme mon travail en tant que guérisseuse spirituelle et ancienne psychothérapeute était conçu pour aider les gens à se sentir plus heureux et en meilleure santé, cette méthode me semblait un outil des plus efficaces.

Le matin suivant, Steven et moi nous sommes aventurés dans Édimbourg à la recherche du château, ainsi que d'un monticule appelé « siège d'Arthur ». En marchant dans la ville, nous trouvions que *tout* avait l'air d'un château. « Est-ce que c'est ça, le château ? me demandait Steven.

« Peut-être, bien que ce bâtiment là-bas ressemble assez à ce que pourrait être un château, lui répliquais-je. » Finalement, nous avons marché jusqu'au coin et nous avons aperçu un bâtiment gothique construit sur le flanc d'une colline envahie par la végétation sauvage. Cette fois, nul doute : nous avions trouvé le château d'Édimbourg.

Nous avons passé un moment merveilleux dans le bâtiment, mais mon désir profond était de monter sur le siège d'Arthur. (La légende dit que, lorsque le roi Arthur était inquiet au sujet de son royaume, il grimpait la colline qui surplombe Édimbourg pour réfléchir clairement.) Ce jour-là, la colline était recouverte de charmantes fleurs sauvages jaunes. Steven et moi nous sommes assis au sommet et nous y sommes sentis en paix. Je m'attendais à être inspirée d'idées profondes ou à recevoir des révélations, ce qui ne fut pas le cas. J'ai alors réalisé que la colline était un lieu de retraite, un endroit où l'esprit et le corps pouvaient se détendre en toute quiétude.

Par la suite, nous avons voyagé en Irlande et j'ai donné le cours « Praticien de thérapie des anges » dans une banlieue de Dublin, appelée Newtownmountkennedy. Au lieu de s'écrire

New Town Mount Kennedy, le nom était en un seul mot ; c'était le nom le plus long de toutes les villes irlandaises. Nous avons tenu la réunion à Druid's Glen, une charmante partie de la ville.

Steven et moi demeurions dans une belle maison constituée d'un seul étage, sur la plage du comté de Wexford, à environ une heure de route en direction sud. L'usage de cette maison était un cadeau que nous avait offert un merveilleux couple irlandais — une guérisseuse, mariée à un homme d'affaires prospère. Nous faisions la navette jusqu'au séminaire tous les jours dans une voiture louée, que Steven conduisait.

Comme beaucoup d'entre vous le savent, la conduite se fait à gauche sur les routes du Royaume-Uni, au contraire des États-Unis, où elle se fait à droite. Aussi Steven démarrait-il toujours en se répétant « Côté gauche, côté gauche », pour se rappeler la règle établie. Il n'y a dérogé qu'une seule fois alors qu'il a pris un virage en sens contraire de la circulation. Tous les jours, nous invoquions l'archange Michael et les autres anges pour qu'il nous protège sur la route. De ce fait, notre navette quotidienne était une expérience agréable, durant laquelle nous pouvions réellement jouir des paysages irlandais sur notre chemin vers Druid's Glen.

Comme nous restions dans une maison plutôt qu'à l'hôtel, je pouvais cuisiner des repas santé végétariens pour Steven et moi. Même si mon mari n'était pas un adepte inconditionnel de ce mode d'alimentation, il en trouvait la nourriture savoureuse. Pour préparer les repas, j'avais besoin des ingrédients adéquats. Nous sommes donc allés chez Tesco, une épicerie du voisinage.

Nous y avons trouvé de beaux produits biologiques, du lait de soya et d'autres aliments. La seule autre denrée dont j'avais besoin était le tofu mais, lorsque nous avons demandé aux employés du magasin où ils le mettaient, ils ont dit ne jamais avoir entendu ce mot. Finalement, Steven a demandé à la directrice du Tesco si elle savait où nous pourrions en acheter et la dame nous a suggéré de nous rendre à une nouvelle boutique de produits santé, dans un village voisin.

Dans tous ses états

En entrant dans le magasin de produits santé de Mme Bee dans le village de Gorey, j'ai su que nous étions au bon endroit. L'énergie de la petite boutique propre, gérée de manière efficace, paraissait magique. Au cours de nos voyages, Steven et moi avions remarqué que le terme « boutique de produits de santé » signifiait habituellement un endroit qui offrait des vitamines mais peu de nourriture, sinon aucune. Cependant, la boutique de Mme Bee était bien approvisionnée en noix, haricots, jus et mélanges séchés. De plus, la dame avait du tofu dans son réfrigérateur ! Elle vendait aussi des produits de lavage biologiques, que j'ai mis avec plaisir dans notre panier. La pensée de polluer les belles eaux de l'Irlande avec des détergents chimiques m'ennuyait beaucoup. J'ai aussi choisi une lotion pour la peau à base d'huile d'olive, puisque j'avais appris les vertus curatives et purifiantes de l'huile pendant mon séjour en Grèce.

En remplissant notre panier d'épicerie, Steven et moi avons marché dans une allée remplie de produits rappelant les anges : des statues, des décorations murales et, à ma grande surprise, mes propres livres et jeux de cartes d'oracle ! J'ai immédiatement pensé à me présenter à Mme Bee. Habituellement, lorsque je m'affaire à mes activités quotidiennes comme les courses, le dîner ou l'exercice, j'ai tendance à vouloir passer inaperçue. Toutefois, je ne sais pour quelle raison, j'ai décidé ce jour-là d'être plus ouverte avec Mme Bee. Peut-être était-ce parce qu'elle ressemblait beaucoup à ma mère ou que son aura était remplie d'amour. Il y avait quelque chose en elle qui m'inspirait confiance.

Ainsi, quand j'ai posé mes articles épicerie sur le comptoir, j'ai dit :

— Merci beaucoup de vendre mes cartes d'anges et mes livres.

— Êtes-vous Doreen Virtue ? me demanda-t-elle en rougissant.

— Oui, c'est-moi, répondis-je après avoir hésité un instant.

Mme Bee poussa un cri si perçant et m'embrassa si fort que j'ai brièvement regretté de m'être présentée. Or, sa réaction n'était qu'un cri de pure joie enfantine.

— Oh, je suis dans tous mes états ! s'exclama-t-elle.

Puis elle m'a raconté une histoire qui m'a fait comprendre son excitation :

— Ce matin, il n'y avait pas un seul client dans le magasin. Aussi ai-je regardé sur le mur l'image de l'archange Uriel et l'ai-je supplié : « Uriel, s'il te plaît, envoie des clients dans ma boutique. » C'était il y a juste une demi-heure, et vous voilà !

La dame m'embrassa de nouveau et poursuivit :

— Vos livres m'ont appris à demander l'aide des anges et regardez ce qui arrive !

Alors que Mme Bee, Steven et moi étions en conversation, le magasin a commencé à se remplir d'autres clients. La dame m'a demandé de dédicacer mes livres et mes jeux de cartes, ce que j'ai fait avec plaisir pour quelqu'un d'aussi adorable. Quand nous sommes partis, la boutique de Mme Bee était bondée de clients.

Le groupe *Angel Earth*

J'avais hâte à mes ateliers pour faire part à mes étudiants des connaissances que je venais d'acquérir sur l'Atlantide et les temples en ce qui concerne les activités de guérison et d'apprentissage. Mark Watson et Shaun Wise, d'un groupe de

Détroit nommé Angel Earth, avaient voyagé jusqu'en Irlande pour jouer de la musique dans notre cours de « Praticien de thérapie des anges ». Tous les étudiants étaient couchés sur le sol, sur des couvertures et, pendant que Mark jouait au clavier, je les ai guidés dans une méditation en puisant dans mes souvenirs de lits de guérison en cristal de l'Atlantide.

Je regardais comment les déchets psychiques sortaient des corps de chacun et flottaient jusqu'au plafond, mais j'ai remarqué que la crasse noire ne sortait pas de la pièce ! Puis j'ai réalisé que le personnel avait psychiquement scellé l'endroit pour le protéger des intrusions d'énergie venant de l'extérieur. Cependant, le sceau empêchait aussi les déchets psychiques de *sortir* de la salle. Les membres du personnel se tenaient en cercle, entourant les étudiants, et je leur ai fait signe de laisser l'énergie sortir par le plafond. Quand ils l'ont fait, le sceau s'est ouvert et la pièce s'est éclaircie.

La méditation du temple de guérison atlante était si puissante que tout le monde m'en a demandé des copies sur cassette ou cédérom. La méditation, avec la musique de Mark Watson, est maintenant disponible sous le titre *Angel Medecine : A Healing Meditation CD* (également publié par Hay House).

Le groupe Angel Earth travaillait avec moi périodiquement depuis trois ans. Les musiciens et moi avions voyagé ensemble partout en Amérique du Nord et nous étions devenus de très bons amis. Au début, Angel Earth avait un troisième membre, Michael Wise, que j'avais rencontré la première fois à Pittsburgh, aux alentours de 1998.

Michael travaillait dans une usine de Détroit, mais il voulait vraiment se consacrer à la musique et aux études spirituelles. Aussi avait-il demandé aux anges de lui envoyer un signe. Ce jour-là, il avait vu sa date de naissance et ses initiales sur une plaque d'immatriculation et il avait su que les anges lui disaient d'aller de l'avant. Michael avait quitté son travail le jour suivant et est devenu musicien à temps plein.

Michael et son fils Shaun, ainsi que Mark, le meilleur ami d'enfance de Michael, avaient voyagé avec Steven et moi dans le cadre de nos ateliers au Canada et aux États-Unis. Ils avaient loué une caravane motorisée et fait de petits détours par le Grand Canyon et d'autres endroits magiques. Michael, un adepte de Paramahansa Yogananda, travaillait aussi étroitement avec Jésus et l'archange Michael. Il a écrit la plupart des textes des chansons du groupe, qui étaient tous inspirants et remplis de spiritualité.

De tempérament égal et doux, Michael était toujours de bonne humeur. Il conduisait pendant des heures, installait l'équipement du groupe et échangeait avec les membres du public, et tout ça sans jamais se plaindre. Il parlait toujours de son rêve de quitter Détroit pour s'installer au bord d'une plage ensoleillée. Cependant, il trouvait difficile de laisser sa famille et ses amis. La mélodie *Oceans*, chantée par le groupe, reflétait la passion de Michael pour la mer.

Puis, en août 2002, pendant que Steven et moi dirigions une retraite de guérison hawaïenne à Kona, j'ai reçu un courriel de Mark. En titre, on pouvait y lire « Avec nos sincères condoléances ». Je me suis dépêchée de lire le courriel et j'éprouvai un choc en apprenant que Michael était mort le matin même. Il était dans sa cour et lisait un livre sur les extra-terrestres. Rendu à un chapitre intitulé « Passer de l'autre côté », Michael s'est tout simplement écroulé en poussant un dernier soupir. Il était mort lorsque sa femme Sandra, qu'il aimait depuis l'adolescence, l'a retrouvé. Il avait seulement quarante-huit ans, n'avait jamais eu de problèmes de santé, ne fumait pas, ne buvait pas et ne prenait pas de drogue. Deux rapports d'autopsie n'ont pu déterminer la cause de sa mort.

Michael est venu me voir dans plusieurs rêves éveillés et m'a fait savoir qu'il était très heureux dans le monde spirituel.

Il était avec ses bien-aimés Jésus et Yogananda, et il m'a dit : « C'était mon temps. »

Chaque fois que les membres restants du groupe Angel Earth s'exécutaient, je voyais clairement Michael debout, jouer de la guitare et chanter de tout son cœur. Il incarnait la joie que inspirait sa passion. Michael a vécu ses dernières années selon son idéal, au lieu de se compromettre à occuper un emploi qu'il ne pouvait pas supporter. (Vous pouvez voir des photos de Michael et en apprendre à son sujet en vous rendant sur le site Web du groupe : **www.AngelEarth.org**).

Cette nuit-là, après le cours, j'ai trempé dans un bain auquel j'avais ajouté le sel de mer acheté chez Mme Bee. (Un bain prolongé d'eau et de sel de mer est un moyen rapide de se ressourcer et de se purifier à la fin de la journée.) Le sel de mer absorbe les déchets psychiques et les autres toxines ; de plus, il laisse cette sensation de tranquillité dont on fait souvent l'expérience en nageant dans la mer.

Mes lectures étaient toujours plus claires quand j'étais proche de l'eau salée. Par exemple, dans l'un des ateliers que j'ai donnés à Hawaii, j'ai fait des lectures individuelles à tous les participants alors que j'étais assise au soleil, près de la mer. Mes lectures étaient si détaillées et si claires que j'en étais sidérée. Selon moi, cette clarté était générée par la proximité de la mer et mes baignades quotidiennes dans l'océan. Après tout, le sel est un cristal, et se tremper dans l'eau salée équivaut en fait à se baigner dans de l'eau cristalline !

Chez Mme Bee, j'avais acheté trois petits cristaux de quartz rose poli et une pierre d'améthyste. En réalité, la charmante dame avait insisté pour me les offrir en cadeau, ce qui rendait leur énergie encore plus exceptionnelle. Les anges m'avaient dit de conserver les cristaux dans une bouteille d'eau potable pendant mon voyage, en guise d'assurance contre l'énergie stressante. J'ai suivi l'instruction donnée et je transférais les pierres lorsque je changeais de bouteille. Bien que mon emploi du temps fusse chargé en Irlande, mes niveaux d'énergie et de santé restaient élevés, et j'en attribue en partie le crédit à ces pierres de cristal. Lorsque nous avons quitté l'Irlande, j'ai mis les cristaux dans un sac spécial et on ne m'a pas amenée à les conserver dans l'eau potable depuis ce temps-là.

J'ai rendu visite à Mme Bee plusieurs fois pendant mon séjour en Irlande et j'ai été ravie d'apprendre que certains diplômés du cours « Praticien de thérapie des anges » allaient faire des lectures dans sa boutique.

CHAPITRE 8

Rapport sur la lumière du soleil

Lorsque Stephen et moi sommes rentrés en Californie, je me suis plongée dans l'exploration des études scientifiques sur la lumière du soleil. J'étais résolue à demeurer impartiale quoi que m'aient dit les anges. Après tout, je désirais écrire de manière responsable sur le sujet et non transmettre des opinions non corroborées par des faits précis.

Cependant, alors que j'effectuais mes recherches, il est arrivé dans ma vie privée quelque chose qui m'a fait prendre le sujet on ne peut plus au sérieux : ma mère a reçu un diagnostic de cancer bénin de la peau du visage.

Une semaine auparavant, elle et mon père étaient venus me rendre visite à la maison pour fêter leur cinquantième anniversaire de mariage. Ma mère avait déjà passé le premier d'une série d'examens et devait en passer d'autres à son retour chez elle. Maman, comme beaucoup de femmes en Californie d'ailleurs, avait toujours adoré le soleil. Elle avait passé ses années d'adolescence à se faire bronzer. À présent, elle le regrettait et s'était juré d'éviter toute exposition au soleil.

Il faisait un temps doux et ensoleillé mais, durant toute sa visite, Maman a porté des lunettes fumées, s'est enduit le visage de crème solaire et a revêtu des vêtements à manches longues, des pantalons longs et des chapeaux à large bord. Mon père était aux petits soins avec elle, s'assurant que sa femme chérie ne serait pas exposée à ce soleil susceptible de provoquer une récurrence de son cancer de la peau. Comme ils avaient prévu des vacances à Hawaii le mois suivant pour célébrer leur anniversaire de mariage, je m'inquiétais du fait qu'ils n'allaient pas profiter des plaisirs du beau temps.

Alors que nous étions assis sur le balcon, mes parents à l'ombre d'un parasol et moi au soleil, mon père m'a demandé quel produit j'utilisais pour me protéger des rayons ultraviolets. Quand j'ai répondu que je n'en utilisais aucun, il a semblé soucieux. Alors, je lui ai parlé des résultats de ma recherche :

— On a diabolisé le soleil en raison de sa corrélation avec le cancer de la peau et la cataracte, ai-je dit. Cependant, dans la communauté scientifique, certains pensent que l'appauvrissement de la couche d'ozone joue un rôle plus important que le soleil dans ces maladies. On recommande aux gens de ne pas s'exposer au soleil, de bien s'enduire de crème solaire et de porter des lunettes fumées. Or, j'ai toujours trouvé que la lumière du soleil me réchauffait l'âme et me mettait de bonne humeur.

— Oui, moi aussi ! s'est exclamée ma mère en souriant.

— Et tout le monde sait que le manque de lumière solaire est associé à la dépression débilitante et aux troubles affectifs saisonniers, ai-je ajouté.

J'ai parlé à mes parents non seulement des études historiques et scientifiques montrant les propriétés de guérison du soleil, mais aussi des méfaits que pouvait causer ce dernier. Après avoir examiné les résultats des recherches, j'en suis venue à la conclusion qu'en fuyant le soleil nous avions collectivement jeté le bébé avec l'eau du bain. Après tout, des articles publiés dans des journaux d'envergure tels *The New England Journal of Medicine* et le *Journal of the American*

Medical Association rapportent que les personnes qui travaillent à l'extérieur sont bien moins susceptibles d'avoir un cancer de la peau que celles qui travaillent constamment à l'intérieur. Ils rapportent aussi que les gens qui s'exposent rarement au soleil risquent davantage d'attraper une insolation. L'une des études dont j'ai examiné les résultats provenait de l'*University of Western Australia*, une institution située dans un pays où l'atmosphère présenterait l'un des plus gros trous pouvant exister dans la couche d'ozone.

J'ai expliqué à mes parents que, selon certaines recherches, les femmes qui vivent sous des latitudes nordiques étaient plus susceptibles de développer un cancer de l'ovaire ou du sein que celles qui vivent dans des régions méridionales plus ensoleillées. Une recherche similaire indiquait que le risque de cancer du sein ou du côlon était beaucoup moins élevé chez les femmes travaillant à l'extérieur. Les scientifiques savent que le manque de soleil entraîne des carences en vitamine D, lesquelles sont en corrélation avec les cancers de l'ovaire, du sein et du côlon. Cette vitamine protège contre certains types de cancer. De plus, la carence en vitamine D est associée à la perte osseuse et aux fractures.

Mes parents m'ont écoutée attentivement lorsque je leur ai dit :

— Les scientifiques ont aussi découvert que les personnes ne s'exposant pas chaque jour au soleil ne reçoivent pas assez de vitamine D par rapport à la dose quotidienne recommandée. En fait, deux études portant sur les femmes du Moyen-Orient — qui vivent sous des climats ensoleillés — ont établi que ces dernières souffraient de carence en vitamine D parce que leurs survêtements empêchaient leurs organismes de transformer la lumière du soleil en vitamine D.

J'étais bien partie ; mon discours était un peu improvisé, mais ma passion a retenu l'attention de mes parents. J'ai poursuivi :

— La plupart des études sur le lien entre le cancer de la peau et la lumière du soleil ont été menées sur des sujets à la peau claire et il se peut qu'une plus longue exposition au soleil soit nécessaire pour les races de couleur plus foncée, chez qui l'incidence du cancer est plus élevée. De plus, les études sur le lien entre la lumière du soleil et le mélanome ne comportent pas d'approche cohérente ou de mesures normalisées, ce qui pourrait expliquer pourquoi elles présentent des résultats contradictoires. De nombreuses recherches montrent que l'écran solaire protège des types non mortels de cancer de la peau, mais qu'il n'apporte aucune protection significative contre le mélanome, un cancer pouvant entraîner la mort. Autrement dit, la question n'est pas encore tranchée et il reste à déterminer si, ou dans quelle mesure, la lumière du soleil a une incidence sur le mélanome.

— Es-tu en train de dire que chacun devrait passer davantage de temps au soleil ? a demandé ma mère.

— Je dis que les recherches montrent que la lumière du soleil est une épée à double tranchant, à la fois nécessaire à une bonne santé si on en use avec modération et mauvaise pour celle-ci si on en abuse, et ce, en particulier pour les personnes à la peau claire. Les gens devraient résolument éviter les coups de soleil, mais aussi passer au moins une heure par jour dehors pour respirer l'air frais et s'exposer directement au soleil.

Je me suis tue un instant, puis j'ai continué :

— Après avoir examiné tous ces résultats de recherches, je crois vraiment qu'il est plus sain de sortir au soleil le matin ou en fin d'après-midi, sans porter de protection pour les yeux ou d'écran solaire. Après tout, c'est par les yeux que les rayons qui sont bons pour la santé pénètrent dans notre corps. Les gens au teint clair devraient limiter leur exposition à une heure par jour et ainsi développer graduellement un bronzage à base de mélanine. Je pense également que nous avons besoin d'être à l'extérieur au lever comme au coucher du soleil et de sortir la nuit pour absorber la lumière de la lune et des étoiles.

J'ai donné à mes parents un exemplaire du livre de Richard Hobday, *The Healing Sun*. Dans ce livre, l'auteur britannique fait référence aux toutes dernières études scientifiques sur la relation, d'une part, entre la lumière du soleil et la santé, et, d'autre part, entre la lumière solaire et la maladie. Le fait que Richard Hobday soit un docteur en génie m'a donné à penser que mon père accorderait une certaine crédibilité à l'ouvrage.

Une semaine avant la date à laquelle mes parents avaient prévu de partir en vacances à Hawaii, j'ai demandé à ma mère si elle était plus tranquille à l'idée de s'exposer au soleil.

— Nous n'avons pas fini de lire le livre, m'a-t-elle répondu, mais nous nous sentons déjà beaucoup mieux en ce qui a trait au soleil. Je pense toujours que je devrais prendre des précautions en ce qui concerne mon visage et ne pas exposer le côté qui a pris un coup de soleil et où j'ai des points. Nous profiterons du soleil, mais suivrons à la lettre le conseil de modération. Il dit beaucoup de choses sensées, ce livre. En le rapprochant de *A course in Miracles*, je pense vraiment que toute la publicité négative faite au soleil engendre un sentiment de culpabilité et ce pourrait être le véritable responsable (plutôt illusoire) de ce qui m'est arrivé !

Je pense que, si nous ne passons pas assez de temps au soleil, il nous faut prendre des suppléments de vitamine B12. Si notre corps manque de B12, nos oreilles bourdonnent — ce qui est le son que produisent nos anges lorsqu'ils nous envoient des messages ou nous élèvent en s'harmonisant avec nous.

Trouver la lumière dans le noir

Nous étions en route pour Toronto, où je devais donner un atelier en soirée et où Stephen en donnait un le jour suivant.

L'agent de bord avait demandé de baisser tous les rideaux des fenêtres pour permettre de mieux voir le film qui serait projeté à bord, mais je ne pouvais supporter d'exclure totalement la lumière du jour et les belles vues qu'offraient les nuages. Après tout, le vol depuis la Californie jusqu'à Toronto durait toute la journée. De plus, avec le décalage horaire, nous allions atterrir à la nuit tombée. Alors, j'ai gardé mon rideau à mi-hauteur pour profiter au moins en partie de la lumière du jour.

À un certain moment, j'ai entendu l'hôtesse dire :

— Le commandant de bord nous a informés que nous allions entrer dans une zone de turbulence et qu'il allumait la consigne lumineuse pour les ceintures. Vous êtes priés de rester à vos places et de garder votre ceinture bien attachée.

J'ai soupiré et fait appel aux anges pour qu'ils soutiennent notre avion et le maintiennent fermement en l'air. J'ai vu des dizaines d'anges près du ventre de l'appareil, le soutenant avec leurs épaules. Cela faisait des années que j'invoquais les anges pour qu'ils nous aident dans les turbulences et mes prières avaient toujours été exaucées. (Beaucoup de membres de mon public m'ont raconté des histoires semblables.) Il en a été de même cette fois-là et bientôt l'agent de bord a annoncé que nous pouvions « nous déplacer dans la cabine ».

À Toronto, mon atelier s'étant bien passé, j'appréciais mon séjour au Canada. *The Learning Annex* nous avait réservé, à Stephen et à moi, un merveilleux hôtel. On y servait de la nourriture végétarienne et il y avait un grand gymnase, deux choses qui rendaient le fait de voyager infiniment plus supportable. Le soir suivant, celui du 14 août 2003, Stephen était prêt à donner un atelier sur son cinquième livre, *Sacred Ceremony*. Au cours de la soirée, les participants effectueraient une cérémonie de groupe avec construction d'un autel, tambourinage, danses et exploration de différentes manières de prier et de méditer.

À 16 h 11, Stephen se détendait avant son atelier lorsque les lumières et la musique de l'hôtel se sont éteintes. Nous avons pensé à une panne d'électricité dans notre établissement. À ce même moment, nous avons entendu un son strident, puis le haut-parleur de notre chambre a diffusé une voix féminine annonçant que la ville entière était privée d'électricité. Quelques minutes plus tard, le même son attirait notre attention sur l'annonce suivante :

— Il s'agit d'une panne d'électricité de grande envergure, touchant une bonne partie du nord du Canada, ainsi que les États de New York, du New jersey, du Connecticut, de l'Ohio et du Michigan.

La voix expliquait qu'il y avait eu une défaillance à la centrale proche de Buffalo, dans l'État de New York. Il n'y a pas eu un mot sur le moment où la lumière serait rétablie. Les ascenseurs étaient en panne, tout comme l'eau courante, qui était pompée électriquement pour alimenter les chambres de l'hôtel.

Le soleil était encore haut dans le ciel du nord ; alors, Stephen et moi sommes sortis pour aller aux nouvelles. Nous sommes entrés dans un café Starbucks voisin, qui ne pouvait pas offrir de boissons chaudes mais où il y avait des jus et de l'eau en bouteille. À l'intérieur du café, les gens bavardaient nerveusement, spéculant sur la manière dont allait évoluer la panne. Stephen et moi avons remarqué à quel point la tragédie unissait ces étrangers, puis nous sommes sortis en emportant l'eau que nous avions achetée.

Les lieux étaient étrangement calmes. Dans le centre-ville, les acheteurs étaient assis sur les trottoirs, réfléchissant au moyen de rentrer chez eux. Les taxis, les autobus et les limousines étaient dans l'incapacité de fonctionner, les ordinateurs de leurs bureaux principaux étant arrêtés ; tous les services de transport en commun étaient donc suspendus. De plus, les voitures n'étaient plus autorisées à circuler en ville afin d'empêcher les pillards de s'y rendre pour profiter de la situation.

Aucune livraison ne pouvant avoir lieu, notre hôtel a restreint ses services de restauration aux clients qui avaient une réservation, de manière à conserver ses provisions. Au souper, le menu s'est limité à des sandwiches, des salades et d'autres plats ne nécessitant pas de cuisson. Au coucher du soleil, alors que le restaurant était éclairé aux chandelles, Stephen et moi avons mangé des salades en priant pour que les anges interviennent.

Tout en gravissant les dix étages menant à notre chambre, je disais silencieusement merci car nous étions tous deux en bonne forme. N'étant pas habitués à l'effort, beaucoup des clients de l'hôtel soufflaient et haletaient en montant l'escalier. Les anges nous avaient dit, à Stephen et à moi, combien il était important d'être en excellente santé pour surmonter les situations qui pourraient exiger force et endurance. Tout en montant le dernier étage, nous étions heureux de les avoir écoutés.

Stephen avait apporté des bougies pour son atelier *Sacred Ceremony*, lequel avait été annulé en raison de la panne d'électricité. Le cœur rempli de gratitude, nous les avons allumées tandis que l'obscurité envahissait notre chambre.

— Voilà comment la vie s'est déroulée durant bien des années, avant l'invention de l'ampoule électrique, ai-je fait remarquer à Stephen.

— Oui, avant que les ampoules ne prolongent artificiellement la lumière du jour jusqu'au petit matin, a-t-il acquiescé.

Nous avons parlé de la manière dont, chez l'humain, tous les rythmes circadiens sont établis de façon à ce que les gens se réveillent avec la lumière de l'aube et s'endorment peu après le coucher du soleil. J'ai découvert par la suite que des maladies modernes telles que le diabète, le cancer et la cardiopathie avaient précisément fait leur apparition à l'époque où l'usage des ampoules électriques s'était répandu dans les maisons et les bureaux, dans les années 1920.

Les études que j'avais menées auparavant m'avaient enseigné que notre cerveau produisait des substances chimiques importantes, en particulier la sérotonine, pendant notre sommeil. Si, en tant que collectivité, nous étions privés de sommeil à cause de la lumière artificielle, il était logique que nous soyons aussi privés de sérotonine. Le fait que cette dernière régule notre humeur, notre énergie et notre appétit (en particulier pour des glucides comme ceux contenus dans les sucreries et le pain) nous porte à penser que la lumière artificielle pourrait être responsable de l'épidémie de cas d'obésité, de dépression et de maladies compromettant la vie.

Assis là, dans cette chambre d'hôtel de Toronto faiblement éclairée, parcourant du regard un paysage plongé dans l'obscurité, il était facile d'imaginer les temps anciens, alors que les gens allaient se coucher beaucoup plus tôt parce qu'il n'existait pas d'outils électroniques comme la télévision ou le courriel pour les stimuler et les garder éveillés. Après le souper et éventuellement une conversation auprès du feu, il était naturel de s'endormir vers 20 h ou 21 h.

Je pensais à tous les médicaments modernes, délivrés sur prescription, qui provoquaient artificiellement ou imitaient la production de sérotonine — par exemple, le Ritalin, qu'on utilise en cas d'hyperactivité avec déficit de l'attention, et le Prozac, qui sert à traiter la dépression. Je me disais que la carence en sérotonine était également associée au syndrome prémenstruel, à l'énurésie et à l'obésité. « Il semble bien que nous ayons tous besoin de dormir la nuit ! » me suis-je dit. Puis, j'ai eu une idée. J'ai dit à Stephen :

— Chéri, sortons contempler la lune et les étoiles. Profitons de ce que la ville est plongée dans l'obscurité pour observer le ciel nocturne.

Je n'ai pas eu besoin de le demander deux fois à ce fou de nature qu'est Stephen. Nous avons descendu les escaliers en courant jusque dans la rue déserte. Tel un tissu de velours, le ciel obscurci servait de toile de fond aux diamants scintillants des étoiles. Lorsque nous avons tourné le coin de la rue, la lune, quasi pleine, nous a salués avec éclat. Nous avons respectueusement contemplé la lune et les étoiles se détachant sur le ciel ; elles nous semblaient beaucoup plus proches que lorsqu'elles rivalisent avec les réverbères. Bientôt, d'autres personnes ont remarqué que nous regardions la lune. Elles nous ont rejoints et, tous ensemble, nous avons admiré le spectacle de lumière que donnait dame Nature.

De retour à notre chambre, Stephen et moi avons prié et demandé aux anges de nous aider à nous rendre à notre prochaine destination. Je devais parler devant 2000 personnes à Atlanta le samedi matin et il me fallait quitter Toronto le jour suivant, c'est-à-dire le vendredi, pour être sûre de pouvoir prendre la parole. Cependant, l'aéroport de Toronto et tous ceux des alentours étaient fermés, sans compter qu'aucune compagnie de taxis, d'autobus ou de limousines ne pouvait nous conduire nulle part. Nous avions besoin d'un miracle si je devais faire mon intervention.

J'ai pensé à notre dépendance par rapport à l'électricité. Tout, semblait-il, relevait du courant. Je faisais l'expérience de ce à quoi ressemblerait notre monde si l'électricité n'existait pas, ce qui m'a fait comprendre que la panne était un galop d'essai et un signe. Il nous fallait une utilisation soutenue des énergies solaire et lunaire ou nous affranchir de notre dépendance de l'électronique.

À 22 h 45, cette nuit-là, le courant a été rétabli dans une petite partie de Toronto, dans laquelle se trouvait notre hôtel. La lumière était revenue ! Miraculeusement, nous avons trouvé une entreprise de voiturage pour nous conduire à l'aéroport de Buffalo (dans l'État de New York), où les décollages et les atterrissages avaient repris. À l'aéroport, dans la salle d'embarquement, j'ai trouvé une plume blanche sur le siège voisin du mien. « Les anges sont ici, ils nous aident ! » ai-je dit à Stephen en lui en montrant le signe. À notre arrivée à l'hôtel, à Atlanta, j'ai trouvé une seconde plume juste dans notre chambre. Cela ne faisait aucun doute : nos prières avaient été entendues et exaucées.

En quelques jours, le courant est revenu sur le reste de la côte Est, et la plus grande panne d'électricité de l'histoire — elle a touché 50 millions de personnes — était terminée. Toutefois, les signes nous avertissant de chercher d'autres solutions énergétiques ont continué à se manifester : dans les deux mois suivants, Londres et l'Italie ont vécu d'importantes pannes.

CHAPITRE 9

Le magicien de l'Atlantide

Nous étions en septembre, le moment de notre visite annuelle en Australie, terre de magie. Pendant la première partie de notre voyage, j'ai fait une tournée avec trois voyants : un Écossais, Gordon Smith, alias *le barbier aux dons psychiques*, John Holland et Sonia Choquette. J'ai qualifié notre tournée de « procession de voyants », mais Hay House, notre éditeur et commanditaire, l'a officiellement baptisée « la tournée des messagers de l'intuition ». Nous nous partagions la scène, tous les quatre, pour des colloques d'une journée durant lesquels nous donnions à un public tout-venant des lectures et de courtes conférences.

Après le retour des trois autres conférenciers dans leurs pays respectifs, Stephen et moi sommes restés à Brisbane pour préparer le cours d'accréditation de trois jours que je donnais. Version particulièrement condensée de la formation de praticien de thérapie des anges, le cours *Angel Intuitive* était donné à Brisbane, Melbourne et Sydney.

À cette époque-là, je terminais le présent livre. Il m'arrivait parfois de me sentir anxieuse, ce qui, lorsque je pensais à m'asseoir pour écrire, me faisait tergiverser. Finalement, après avoir prié mes anges et en avoir discuté avec eux, j'ai conclu que ces anxiétés étaient liées à des vies antérieures dans lesquelles j'étais morte pour avoir révélé le type d'information présenté ici.

Stephen a travaillé avec moi sur mes vies antérieures et nous avons découvert que j'avais eu la gorge tranchée dans l'une et que j'avais été pendue dans une autre pour avoir enseigné ce genre de cheminement. Immédiatement après qu'il m'eut révélé cela, un profond trait rouge, au tracé incertain et recouvert de peau sèche est apparu autour de mon cou. Il a mis toute une semaine à disparaître et, lorsqu'il est parti, l'anxiété s'en est allée avec lui.

* * *

Durant mon séjour à Brisbane, j'ai fait des recherches sur certains messages venant des anges de l'Atlantide et de ma régression dans ma vie antérieure d'Atlante. Une chose m'intriguait : pendant ma régression, je m'étais souvenue qu'Hermès avait baigné de lumière la pyramide du temple de guérison. « Qui était Hermès ? » me demandais-je. Il semblait être un puissant mortel vivant dans l'Atlantide et la gouvernant avec bienveillance. Il était également connu en tant que dieu grec et supposé être Thot, le dieu égyptien. On lui attribuait la fondation de la « science de l'hermétisme », l'art de la manifestation par la visualisation et l'alchimie. De plus, son œuvre aurait été à la base des connaissances secrètes de groupes telles les sociétés de francs-maçons et de rosicruciens. On disait que la pyramide dans laquelle s'inscrit un œil et qui se trouve au verso des billets de banque des États-Unis venait des francs-maçons, pères fondateurs de la nation américaine. « Comme c'est intéressant que cet œil et cette pyramide soient identiques à ce que j'ai vu dans le temple de guérison de l'Atlantide ! » songeai-je. En m'en rendant compte, j'en ai eu le souffle coupé.

C'est alors que j'ai pensé à Nicholas, l'historien psychique que j'avais rencontré en Grèce, et que je lui ai envoyé un courriel pour lui demander de l'information sur le lien entre Hermès et l'Atlantide, mais je n'ai jamais eu de réponse à ma requête. Mes anges m'ont dit que l'historien avait eu peur de se compromettre en donnant suite à mon courriel. Après tout, il avait beaucoup souffert dans une vie passée pour avoir diffusé des secrets de nature ésotérique.

Alors, par la voie de la méditation, j'ai demandé à Hermès de remplir les blancs. Aussitôt, j'ai entendu une voix masculine, grave, dire que l'Atlantide s'était élevée jusqu'au ciel : « C'est là que se trouvent les châteaux de cristal que tu visites dans tes rêves lorsque ton âme voyage. » Hermès m'a rappelé qu'il avait inventé la formule « Sur Terre, comme au Ciel », une formule qui fait référence au fait que l'Atlantide était une tentative pour amener le Ciel sur Terre. Toutefois, dit-il, n'ayant pu demeurer dans cette énergie dense, l'Atlantide avait dû remonter aux cieux.

Le jour suivant, je donnais à Brisbane un cours à l'intention des diplômés du précédent cours *Angel Intuitive.* J'ai décidé d'entraîner la classe dans la méditation de guérison sur le lit de cristal, une pratique des Atlantes. Pendant que je m'y employais, j'ai vu les sept grandes prêtresses ; chacune était chargée d'irradier de la lumière colorée par les pointes de cristal placées au-dessus des chakras. Puis, j'ai vu psychiquement entrer un grand-prêtre. Mes expériences passées avec les prêtres de l'Atlantide n'ayant pas été tellement positives, j'ai tout d'abord craint qu'il ne perturbe les étudiants dans leur méditation. Or, en examinant son visage, je suis restée interdite. Il n'y avait pas de doute, c'était Merlin ! Ça faisait des années que je travaillais avec lui et je le connaissais bien. Il avait l'air d'un « magicien » et, dans cette vision — que je continuais à décrire à mes étudiants en méditation —, il a étendu les mains au-dessus de la personne se trouvant sur le lit de guérison et l'a libérée de vieilles blessures psychologiques et de résidus toxiques.

Puis, sous mes yeux, il s'est transformé en Hermès ! À nouveau époustouflée, j'ai décrit ce que je voyais à la classe. Merlin et Hermès étaient le même homme !

À peine avais-je franchi le seuil de ma chambre d'hôtel que j'ai commencé un *channeling* et que j'ai demandé à Merlin/ Hermès de m'expliquer.

— Quel est le lien entre Hermès et Merlin ? » lui ai-je demandé.

— Ton retour à l'Atlantide nous a surpris ce matin, a-t-il commencé par dire. Ma métamorphose n'a pas été assez rapide pour te duper ! Je plaisante, ma chérie. Vraiment, c'était une révélation pour le plaisir de ton public. Te souviens-tu que nous t'avons dit qu'Avallon et l'Atlantide étaient contemporaines ? Hé bien, je supervisais les deux traditions, sur les deux côtés de la ruelle, si tu veux.

Après un court moment de silence, il continua :

— Je rendais visite en rêve à Ramsès, le pharaon, qui lui aussi faisait appel à moi. C'est alors que j'ai été invoqué sous le nom dont il m'appelait, Thot ou Radah, et que je suis devenu un personnage mythique parce que je n'apparaissais pas sous ma forme physique, mais sous la forme mystique propre au temps du rêve. De nombreux « dieux » et « déesses » se manifestaient par des apparitions parce qu'ils étaient des êtres vivants particulièrement évolués, s'élevant au rang de mystiques par le rêve et la méditation.

— Et qu'en est-il de la lumière dorée que je vois dans la pyramide du temple de guérison de l'Atlantide ? » lui ai-je demandé.

— C'est la flamme éternelle de la vérité divine, m'a-t-il répondu. Je l'ai renversée puis invoquée et fait pénétrer dans l'écorce terrestre jusqu'au noyau de la Terre pour assurer sa continuation dans les siècles à venir. Elle a été envoyée vers les différents centres d'adoration et de prière, ce que vous connaissez comme les points énergétiques, et c'est pourquoi sa trace — que vous appelez « lignes énergétiques » — conduit à chacun de ces lieux. Ce n'est qu'une manière pour nous tous de nous tenir par la main dans l'unité de l'esprit. N'importe qui, à n'importe quel moment, peut faire appel à la flamme. Aussi appréciai-je ton intérêt à attiser les flammes avec l'intention d'envoyer la lumière dorée qui se trouve en chacun dans l'atmosphère interne de la Terre.

Il poursuivit :

— Souviens-toi que, par le trou aménagé dans le toit du temple, la lumière dorée du soleil se déversait dans la pyramide de cristal. Sur la Terre, comme au Ciel ! La lumière dorée du soleil qui guérit est le miroir de l'amour divin que tu recherches. Baignez-vous, réchauffez-vous et guérissez dans la lumière du soleil, et apprenez à d'autres à ne pas la fuir ni à fuir l'amour qu'ils recherchent.

— L'Atlantide se trouvait-elle à l'emplacement de Santorin aujourd'hui ? » lui ai-je demandé.

— L'Atlantide s'étendait en divers lieux de la Terre, m'informa-t-il. Elle était proche de l'endroit que vous appelez Shambala, situé au large des côtes indonésiennes, et allait jusqu'au centre de Bali. Elle avait également un lien avec l'Australie. Ton impression qu'une péninsule reliait la Grèce et l'Égypte est fondée. Pendant de nombreux siècles, ses habitants ont été les prédécesseurs puis les successeurs des Atlantes. En ce qui a trait à la fonction des humains, c'était une période intermédiaire et les Grecs étaient des idéalistes qui ont propulsé l'humanité en avant dans bien des directions.

Il continua :

— Pythagore était l'un de mes élèves, tant sous sa forme éthérique que physique. Tu l'as bien connu dans l'Égypte ancienne puisque tu as étudié avec lui. Tu étais l'une de ses élèves de bien des façons et dans de nombreuses vies. Pythagore écoutait bien et il ne craignait pas de mettre en pratique la sagesse qu'il avait apprise. J'ai vécu en Égypte bien longtemps après que l'Atlantide eut sombré. À cette époque-là, je pouvais apparaître physiquement dans mon rôle d'alors en tant que Thot, à la surprise de beaucoup de gens qui ne m'avaient vu qu'en rêve auparavant. J'ai emporté avec moi en Égypte toute la sagesse intellectuelle et de guérison que nous avions acquise dans l'Atlantide.

L'ANGE ET LE SERPENT

À Brisbane, notre hôtel était situé près d'un jardin botanique arborant une mare à canards, des ficus centenaires ainsi que de nombreux oiseaux et opossums. Chaque jour, Stephen et moi allions y courir et profiter du soleil et de l'air frais.

Depuis les sermons que j'avais reçus d'Hermès, des anges de l'Atlantide et des pierres de Stonehenge à propos de l'importance de la lumière du soleil, des étoiles et de la lune, mes sorties en plein air étaient beaucoup plus nombreuses. Tant Stephen que moi, nous nous assurions de passer chaque jour au moins une heure dehors sans lunettes de soleil. Lorsque nous étions à l'intérieur, nous ouvrions les fenêtres et les portes des balcons pour laisser entrer l'air ainsi que la lumière non filtrée du soleil et de la lune. Nous avions commencé à ne séjourner que dans des hôtels où nous pouvions ouvrir les fenêtres et respirer le grand air.

J'ai toujours trouvé que, lorsque je courais, l'accroissement du débit d'oxygène renforçait mon lien avec le royaume des anges. Ces derniers m'avaient dit que, sur le vaisseau Terre, leurs messages étaient transportés par les molécules d'oxygène. Plus nous respirions d'air, plus le lien était fort. Aussi n'ai-je pas été surprise, un jour que je courais dans le parc de Brisbane, de recevoir des messages des anges.

« Le corps humain est constitué à la fois de l'ange et du serpent », m'ont-ils dit. C'était un message constant que je recevais depuis près d'un an. « La tête du serpent est la *medulla oblongata*, que vous appelez « cerveau reptilien ». Le corps du serpent est composé de la colonne vertébrale et du tracé des chakras en réseau. Le serpent est votre nature instinctive, une nature qui vous est bien utile puisqu'elle est alignée sur l'instinct de survie. Le serpent a besoin de la lumière et de la chaleur du soleil pour survivre ; alors, prenez-en soin. Il représente votre corps lumineux et est composé de lumière pure.

« Le côté angélique de l'humanité est cette part de chacun qui est pur amour. Peu importe comment une personne agit ou se comporte, souvenez-vous qu'il y a un ange en elle. Cette part, constituée de l'âme et l'esprit, s'épanouit dans l'amour en donnant et en recevant. La santé parfaite est atteinte lorsqu'on prend soin du serpent et de l'ange en soi. N'ignorez aucun des deux côtés et nourrissez-les abondamment de lumière et d'amour.

« Les anciens de l'Atlantide connaissaient la sagesse alliant le serpent et l'ange ; ils symbolisaient cette alliance sur leur médaillon de guérison, le caducée, qui fusionne l'ange et le serpent. »

J'étais incapable de me rappeler ce à quoi ressemblait exactement un caducée. Tout ce dont je me souvenais, c'est qu'il représentait un serpent enroulé autour d'un bâton. Ne pouvant attendre d'avoir fini mon parcours pour me brancher sur Internet et voir ce symbole, c'est en transpirant abondamment que j'ai ouvert une session dans la section « Images » sur Google.com et que j'ai tapé le mot *caducée*.

Tandis que des centaines d'images défilaient, j'ai eu le souffle coupé lorsque j'ai vu apparaître celle qui m'intéressait : sur le caducée, comme vous pouvez le voir ci-après, des ailes d'ange sont placées au sommet d'un bâton autour duquel s'enroulent deux serpents ! Tout comme me l'avaient dit les anges pendant que je courais, le caducée était le symbole par excellence de la fusion du serpent et de l'ange !

Et ô combien excellent était le choix de la communauté médicale, qui l'avait adopté pour symboliser la santé ! Il révélait la sagesse des anciens, qui prenaient soin du soi inférieur comme du soi supérieur, du soi terrestre comme du soi céleste, et qui équilibraient les besoins physiques et spirituels. De plus, le caducée indiquait l'acceptation des zones d'ombre dans l'humain : l'état de parfaite santé impliquait d'admettre le côté sombre de notre psyché, au lieu d'essayer de nier ce dernier ou d'en avoir honte. Ces ombres étaient pulsionnelles par nature, après tout !

En outre, les deux serpents représentent la structure en double hélice de notre ADN. J'ai pensé au livre de mon ami Gregg Braden, *Le code de Dieu* (Ariane, 2004), un livre dans lequel l'auteur a mis en corrélation le code de l'ADN et l'hébreu ancien. Gregg a découvert que, malgré l'unicité de chaque ADN, chaque paire est numériquement codée selon la valeur correspondant au mot « Dieu » en hébreu. En d'autres termes, Dieu avait été codé dans les gènes de chacun.

J'ai alors fouillé dans l'histoire du caducée et découvert que c'était *la* baguette de guérison que portait Hermès dans l'Atlantide et dans l'ancienne Égypte ! La boucle était bouclée. Les anciens secrets des temples de guérison de l'Atlantide avaient refait surface et ils prenaient corps dans les mots simples et pleins de bon sens que m'avait dits le docteur Chronis sur l'île de Santorin :

La lumière jumelée à l'amour mène à la guérison.

DEUXIÈME PARTIE

Médecine des anges : étapes et histoires

CHAPITRE 10

Introduction aux principes de la médecine des anges

Dans cette partie du présent livre, je traiterai de l'application pratique de la formule « La lumière jumelée à l'amour mène à la guérison. » La médecine des anges nécessite une attention à la forme tant physique (lumière) que spirituelle et émotionnelle (amour) de nous-mêmes ou de la personne que nous avons l'intention de guérir. Ces deux composantes existent véritablement et sont d'égale importance pour apporter équilibre, harmonie et santé à un individu dans les dimensions physique, émotionnelle, intellectuelle et spirituelle. Les méthodes évoquées apportant également la guérison dans la vie matérielle ; elles peuvent assainir les finances de quelqu'un et guérir même les objets soi-disant inanimés, comme vous le verrez dans les pages suivantes.

Il existe de nombreuses manières de travailler avec la lumière et l'amour ; vous pouvez donc en choisir une parmi les exemples que je propose. Dans nombre d'histoires présentées dans cette deuxième partie, vous remarquerez que les guérisons les plus impressionnantes et les plus rapides se produisent habituellement lorsqu'on allie plusieurs composantes en relation avec la lumière et plusieurs autres en rapport avec l'amour. Plus vous utiliserez ces composantes et plus efficace sera votre démarche, tout simplement.

COMPOSANTES DE LA GUÉRISON PAR LA LUMIÈRE

La lumière est cette partie de nous qui est branchée à la vie de la Terre. Elle englobe nos instincts, notre corps physique et notre santé, ainsi que nos réseaux de chakras. Étant constituée de vibrations, elle est liée à la guérison énergétique et sert d'outil dans la thérapie Reiki ou le toucher thérapeutique. Comme la lumière est également composée de couleurs, la visualisation de ces dernières dans un but de protection et de guérison tombe aussi dans cette catégorie. La lumière fait référence à nos corps énergétiques.

Voici quelques façons d'introduire davantage de lumière dans la situation lorsque vous effectuez une guérison pour vous-même ou pour d'autres :

- Ayez des intentions limpides quant au résultat escompté.

- Travaillez avec les cristaux.

- Absorbez la lumière du jour non filtrée ou la lumière du soleil levant, du soleil couchant, des étoiles ou de la lune.

- Transmettez de l'énergie de guérison par des moyens tels le Reiki, le pranic, le chi-gong et le toucher thérapeutique.

- Pratiquez la purification des chakras, notamment en coupant les liens éthériques, en libérant l'esprit et en « passant l'aspirateur ».

- Visualisez la lumière et les couleurs ; entourez-vous-en ou entourez-en une autre personne.

Composantes de la guérison par l'amour

L'amour englobe notre âme et notre esprit ainsi que notre corps émotionnel (qui est le pont entre nos soi physique et spirituel). Voici quelques exemples de travail avec l'amour :

- Avoir la foi et faire confiance

- Laisser sortir la peur

- Ressentir de la compassion

- Éprouver de la reconnaissance

- Prier et méditer

- Se comporter avec bonté envers soi-même et envers les autres

Anges d'amour et de lumière

L'une des raisons pour lesquelles l'appel aux anges est un instrument si efficace dans la guérison tient peut-être au fait que ceux-ci apportent à la fois lumière et amour dans toute situation ou à toute personne. Lorsqu'on leur demande de se tenir à côté d'une personne en état de besoin (soi ou quelqu'un d'autre), ils arrivent avec la chaude lueur d'une vive lumière intérieure alliée à un amour inconditionnel et à une nature faite de calme et de foi.

Lorsque des circonstances difficiles nous mettent en état d'alerte, la foi peut être la première chose à s'envoler. Nous pouvons avoir alors recours aux anges pour nous redonner confiance et nous assurer que tout va bien se passer. Nous pouvons puiser dans leur foi en l'ordre divin. Les anges peuvent nous aider à nous libérer de la peur afin de nous remplir de confiance. Comme le maître enseignant et guérisseur, Jésus, l'a enseigné durant sa vie, « Qu'il vous soit fait selon votre foi. »

Dans les chapitres suivants, vous découvrirez comment travailler avec l'amour et la lumière pour apporter la guérison. De plus, vous ferez connaissance avec des gens qui ont vu leur santé guérie et leur vie ressourcée par un appel à la lumière et à l'amour.

CHAPITRE 11

Pour y voir clair : prendre des décisions éclairées

Pour être témoin de toute manifestation, vous devez être certain de ce que vous désirez. L'effet de la médecine des anges peut être instantané et vous pouvez guérir immédiatement. L'essentiel, c'est que vous soyez parfaitement conscient de demander une guérison instantanée. Il vous faut évacuer tout doute ou toute peur et être sur que c'est la bonne chose à faire. Certains s'inquiètent en pensant que le fait de commander au Ciel peut constituer un blasphème ; aussi cette crainte peut-elle court-circuiter une guérison immédiate. C'est la limpidité de vos désirs qui entraîne des résultats.

Notre lumière intérieure provient de cette partie de nous qui est pulsionnelle. Les animaux et les oiseaux ont recours à leur instinct pour survivre. Lorsqu'un serpent fixe sa proie du regard, il a l'intention limpide de manger. Il n'hésite pas en pensant « Et si je ne méritais pas de manger ? Et si ce n'était pas ce que Dieu veut pour moi ? » Sans intention limpide, le serpent mourrait de faim. Nous ne sommes pas obligés de traquer des proies vivantes pour survivre, mais nous devons avoir des intentions limpides pour pouvoir manifester nos besoins terrestres. Il y a encore en nous des instincts qui requièrent respect et attention.

Ce n'est pas la même chose que de nous efforcer de produire un résultat ou de le forcer à se produire. Chaque fois que nous *essayons* de faire arriver quelque chose, nous nous bloquons jusqu'à temps d'avoir atteint l'objectif visé. Pourquoi ? Parce que la négativité associée à la force et à la tension attire exactement ce que nous redoutons. Il peut s'agir d'anxiétés quant à savoir si vous serez capable de parvenir à un résultat, si vous « méritez » le succès, si vous pourrez conserver et entretenir le résultat désiré dans l'avenir, et si les autres apprécieront votre réussite.

Avoir des intentions limpides, c'est avoir une attitude détendue et confiante. Aidez-vous en gardant à l'esprit qu'une fois guéri vous serez en meilleure position pour porter assistance à ceux que vous aimez et aux membres de votre communauté. Une personne forte, en santé et en paix dispose de plus de ressources. Elle peut donner plus librement et le faire avec joie et passion.

Surmonter la peur de guérir

Si d'un côté vous voulez être guéri et que d'un autre vous avez peur de l'être, la manifestation sera bloquée. La guérison implique une intention limpide à l'égard de la santé. Lorsque l'intention est claire, les miracles comme les guérisons instantanées sont possibles.

Il est dit dans *A Course in Miracles* que les guérisons instantanées sont des choses normales, mais que de nombreuses personnes trouvent trop étrange l'idée de guérir immédiatement d'une maladie. C'est parce que la médecine occidentale croit que la guérison n'arrive qu'avec le temps, après des visites régulières chez le médecin et la prise de médicaments pendant des semaines ou même des mois. Autant nous désirons guérir instantanément, autant cette possibilité nous effraie comme la vue d'un fantôme. Par conséquent, pendant que d'un côté nous prions pour être guéris, d'un autre nous prions inconsciemment pour ne pas l'être car nous craignons d'être effrayés si notre prière est exaucée ; en d'autres mots, nous avons un pied sur l'accélérateur et l'autre sur le frein.

Certains clients m'ont déjà fait part de la peur profondément ancrée qu'ils ressentaient à l'idée de ne pas *mériter* la guérison instantanée, une peur qui leur faisait refuser cette dernière lorsqu'elle se produisait. Je me souviens d'une femme qui m'avait demandé de guérir un furoncle qu'elle avait à l'oreille. J'ai placé mes mains sur ses lobes et transmis de l'énergie à son oreille tout en affirmant que les choses étaient rentrées dans l'ordre. Immédiatement, le furoncle s'est mis à couler et à se résorber. Cette femme se tenait l'oreille et n'arrêtait pas de s'exclamer qu'elle ne pouvait pas croire avoir guéri aussi rapidement ! Je lui ai rappelé une histoire connue que raconte Louise Hay et qui abonde dans le même sens.

Louise raconte qu'un jour elle a aidé une cliente à guérir instantanément du besoin de verres correcteurs — c'est-à-dire que cette femme avait retrouvé une excellente vision. Naturellement, la dame était ravie. Toutefois, elle était tellement surprise de l'immédiateté de sa guérison qu'elle ne cessait de s'écrier : « Ah ça, par exemple ! Je ne peux pas croire que je n'ai plus besoin de lunettes ! Je ne peux pas le croire ! » Elle a tellement répété qu'elle ne pouvait pas y croire qu'elle a bientôt manifesté le besoin de porter à nouveau des lunettes.

Pourquoi être effrayé à l'idée de guérir ? À travers mon travail de guérison, j'en ai découvert les raisons. En voici quelques-unes.

— **La crainte de la « volonté divine ».** Certaines personnes craignent que leur mauvaise santé ne soit la volonté de Dieu. Aussi ont-elles peur d'enfreindre une volonté plus grande que la leur.

Toutefois, si nous croyons réellement en l'amour de Dieu et avons foi en sa bonté, pourquoi croire que le Créateur voudrait pour nous autre chose qu'amour et bonté ? Celui qui est tout amour ne nous mettrait jamais à l'épreuve ni ne se servirait de la souffrance pour nous faire grandir. Ne serions-nous pas plus utiles au plan divin en vibrant et en irradiant d'énergie et de santé ?

Lorsque vous priez pour recouvrer ou garder la santé, soyez conscient que *c'est* ce que Dieu veut pour vous. Vous faites partie des légions d'anges terrestres dont notre planète a tant besoin. Tous les bras sont nécessaires pour que le plan de paix de Dieu se déroule en douceur. Quand un artisan de la lumière se désengage de la tâche qui lui est assignée, un autre se retrouve à œuvrer pour deux.

— **L'ambivalence par rapport à la souffrance.** Certaines personnes croient que dans la vie tout n'est que souffrance et que personne ne peut y échapper. Puisqu'on ne peut s'affranchir de la souffrance, se disent-elles, pourquoi s'obstiner à travailler pour y parvenir ?

Bien des gens m'ont avoué croire que la souffrance est la seule voie vers la croissance personnelle et spirituelle. Ils pensent que, s'ils essayaient d'éviter les importantes leçons de vie inhérentes à la souffrance, leur âme en ferait les frais. Or, les anges m'ont dit que, si la souffrance peut sans nul doute nous rendre plus forts, la paix peut nous aider à croître beaucoup plus rapidement.

Lorsque nous vivons dans la quiétude, nous participons de manière significative à la paix *du monde* et notre tranquillité d'âme inspire les autres. Alors que la maladie et les blessures n'ont jamais inspiré personne, il est toujours édifiant de voir quelqu'un transcender les limites physiques ou guérir de leurs effets.

— **La peur du changement.** La maladie ou la blessure chronique peut devenir un mode de vie ainsi qu'un projet à long terme. Être en bonne santé laisserait un vide dont certaines personnes ont peur instinctivement. Il est dit dans le manuel de l'enseignant de *A Course in Miracles* que toutes les formes de maladie, jusqu'à la mort elle-même, sont des expressions physiques de la peur de s'éveiller. En d'autres termes, la mauvaise santé peut garder notre esprit et notre emploi du temps tellement occupés que nous évitons de regarder en nous-mêmes et de voir le but de notre vie.

— **Les gains secondaires**. Admettons-le : lorsque nous sommes malades ou blessés, nous sommes récompensés par beaucoup de sympathie, de cartes et de bouquets. De plus, nous pouvons nous absenter du travail ou de l'école et recevoir une indemnité pour invalidité de longue durée. Il se peut que, désirant inconsciemment continuer de recevoir ces récompenses, nous résistions à la guérison de notre corps.

— **L'estime de soi.** Parmi les personnes que je conseille, plusieurs ont admis que, tout au fond, elles ne croient pas mériter le bonheur et la santé. En outre, elles se demandent pourquoi elles seraient dignes de l'attention du Ciel étant donné que leur vie a été moins que parfaite.

Je les aide à voir que, même si notre vie n'est pas sans tache, nous restons tous des enfants de Dieu à part entière. Nous sommes tous aimés de la même façon, c'est-à-dire inconditionnellement.

— **Les idées fixes à propos de la santé.** Certains croient fermement qu'ils hériteront de leur famille un caractère génétique, que la maladie est inévitable ou que certains malaises ne peuvent être traités. Dans un sens, les médecins jettent un sort à leurs clients lorsqu'ils posent des diagnostics fermes. En effet, si nous adhérons à ces derniers, il se peut que nous montrions des symptômes. De plus, nous pouvons être influencés par la publicité faite aux maladies et aux médicaments et par le battage médiatique autour des épidémies.

DES ATTENTES CLAIRES POUR DES RÉSULTATS CLAIRS

Il est aussi important d'être clair par rapport à son désir de guérison instantanée que d'*accepter* cette dernière. La propriétaire très occupée d'un établissement thermal de San Francisco m'a appris qu'on lui avait diagnostiqué un cancer. Tandis qu'on l'amenait en chaise roulante dans la salle d'opération, elle s'est écriée « Je n'ai pas de temps pour ça ! » Et elle le pensait vraiment : les exigences de son travail la tenaient occupée quotidiennement et elle n'avait pas de temps pour se faire opérer ou pour se rétablir. Les médecins ont procédé à la chirurgie et ont été surpris de ne trouver aucun signe de cancer.

Imposez-vous à l'univers et dictez-lui vos conditions.

« Mais, et la volonté de Dieu ? » demanderont certains. C'est une préoccupation personnelle. Je crois sincèrement que chacun d'entre nous a son « heure » pour retourner au Ciel. Je crois également que nous avons établi le moment de notre mort en accord avec Dieu et nos anges avant de nous incarner.

J'ai la certitude que Dieu est omniprésent en chacun de nous, ce qui signifie que sa volonté est partout et qu'elle chevauche la nôtre. Or, un Dieu aimant ne voudrait jamais vous voir souffrir en aucune manière, exactement comme vous ne voudriez jamais voir souffrir un de vos enfants.

La souffrance peut vous faire grandir certes, mais la paix le peut aussi. Prétendez à la paix, exigez-la, attendez-vous à la recevoir et elle sera vôtre.

Certains ont peur de la santé parce qu'ils ont investi dans la maladie. Une femme avec qui j'ai travaillé avait drapé sa vie entière dans la maladie. C'était son projet, son amour, son enfant. Si elle avait guéri, par quoi ce vide aurait-il été comblé ? L'idée même d'un corps sain la laissait anxieuse. « Comment occuperais-je alors mes temps libres ? » s'inquiétait-elle et « Quel sens aurait ma vie ? » se demandait-elle. Ainsi, avoir du temps libre l'obligerait à chercher un projet valable, ce qui pourrait impliquer l'échec ou la réussite… deux de ses plus grandes peurs.

D'autres clients m'ont avoué assimiler la santé et la paix à une vie ennuyeuse. C'est excitant d'avoir des problèmes ; cela déclenche une bonne décharge d'adrénaline. Cependant, la santé et la paix vous fournissent des occasions d'expérimenter des types différents d'enthousiasme ; par exemple, vous pouvez vous dévouer à servir la cause des animaux de compagnie, voyager ou aider votre famille.

Une femme du nom de V.J. Williams, qui s'est imposée à l'univers, a reçu une guérison instantanée. Le poulain de son voisin avait sauté par-dessus la barrière et se promenait sans attache près d'une route passante. Alors, V.J. l'a fait rentrer dans son pré. L'animal s'est mis à avoir peur et à donner des coups de sabots. « L'un de ses sabots m'a atteinte à la cage thoracique ; je suis tombée à genoux et j'avais du mal à respirer. » Aux urgences, une radio a permis de voir qu'une côte était fracturée.

Les médecins ont bandé les côtes de J.V. et lui ont conseillé de se reposer deux jours chez elle. Elle avait mal et essayait de rester sans bouger. Le troisième jour, elle s'est rendue à son travail. L'entreprise où elle œuvrait ne l'avait embauchée que peu de temps auparavant. V.J. souffrait, quoique encore capable de fonctionner, mais bientôt elle a présenté des symptômes indiquant que sa blessure était plus grave qu'on ne l'imaginait.

« J'ai remarqué que chaque fois que je me penchais pour prendre des documents sur mon bureau puis me redressais, je sentais un gargouillement monter et descendre dans mon dos à la hauteur des poumons. Lorsque je me penchais en avant, le gargouillement descendait, puis il remontait lorsque je revenais à la verticale. Les choses ont continué ainsi du mercredi au vendredi et, sans qu'on me le dise, j'ai su que j'avais un poumon perforé. Cela m'a valu une autre visite aux urgences et de gros frais puisque je ne bénéficiais pas encore de l'assurance maladie dans mon nouvel emploi. »

La première visite à l'hôpital lui ayant coûté 2 500 $, V.J. se demandait déjà comment elle allait payer la facture ; aussi était-elle très anxieuse d'encourir des frais médicaux supplémentaires.

Cette nuit-là, V.J. a préparé son sac de voyage pour l'emporter à l'hôpital. Elle s'est mise à pleurer à gros sanglots et a prié pour recevoir de l'aide. Elle avait besoin d'une guérison miraculeuse, et pas plus tard que maintenant ! C'était tellement clair pour elle pendant qu'elle priait que cela lui a permis d'être pleinement exaucée.

V.J. décrit ainsi ce qui s'est passé ensuite : « Je me suis penchée et il n'y avait plus de gargouillement ! Je me suis penchée plusieurs fois et toujours pas de gargouillement ! C'était fini et ce n'est jamais revenu. Je me suis mise à pleurer encore plus fort que je l'avais fait auparavant, reconnaissante aux anges et à Dieu de m'avoir guérie. Quel miracle véritablement divin ! »

Elle n'a jamais eu d'autres problèmes aux poumons et la guérison de ses côtes a été rapide et définitive. « J'ai appris une précieuse leçon ce jour-là, dit V.J. Nous ne sommes *jamais seuls* dans notre confusion et dans nos ennuis. Tout ce que nous avons à faire, c'est demander. »

Comptez sur un miracle

Les anges *désirent* nous aider, mais ils ne peuvent intervenir que si nous ne leur *demandons* expressément chaque fois que nous en avons besoin. Ne leur dites pas *comment* vous porter secours ; demandez-leur seulement ce que vous désirez. Ayez une idée très claire de ce que vous voulez. Souvenez-vous que les intentions limpides engendrent la lumière qui illumine la manifestation que vous demandez.

Par exemple, si vous saignez, invoquez l'archange Raphaël et dites-lui : « Raphaël, arrête ce saignement immédiatement ! » Ne craignez pas d'être autoritaire, pressant ou irrespectueux. Les anges répondent bien à une demande claire. Selon moi, si vous invoquez ainsi Raphaël tout en faisant pression sur la coupure, le saignement cessera rapidement. Rincez simplement le sang et toute saleté autour de la coupure et assurez-vous de remercier Raphaël.

À seize ans, Alex Woburn souffrait de saignements de nez. Un jour, il a fait appel à ses anges gardiens pour faire arrêter l'hémorragie. « À peine ai-je eu le temps de faire ma demande que ma prière était exaucée ! » raconte-t-il.

Les anges peuvent aussi vous aider à diminuer ou à éliminer la souffrance physique. Abandonnez-vous entièrement à la situation et dites à Dieu et aux anges : « Je mets mon sort entre vos mains. Prenez cette souffrance, moi je ne peux plus la supporter. » Cette tactique donne souvent des résultats rapides.

Alex Woburn raconte encore comment ses anges ont apaisé sa souffrance lorsqu'il leur en a fait la demande.

> « Un jour, à l'école, un énorme trampoline m'est tombé sur le pied ! J'avais les orteils bleus, l'ongle du gros orteil était détaché et la peau était arrachée sur le dessus du pied. J'ai dû rester deux jours à la maison ; je pouvais à peine marcher. J'ai demandé à mes anges gardiens d'intervenir et de me guérir.
>
> « Au bout de dix minutes de prière, le bleu commençait à s'effacer de mon gros orteil, l'ongle devenait plus net et faisait moins mal. J'étais de nouveau capable de marcher correctement, sans boiter. Ce n'était pas une coïncidence ; j'ai reçu une aide divine pour la guérison de mon gros orteil.
>
> « Cependant, l'ongle tenait encore à sa base et il a fallu que la docteure l'enlève. Cette dernière m'a prévenu que l'intervention allait faire mal. Alors, j'ai prié les anges de soulager la douleur. Avant que je m'en rende compte, l'ongle était enlevé, sans douleur ni rien ! Le fait que je ne m'étais même pas recroquevillé a étonné au plus haut point la docteure. Cette dernière a supposé que je devais avoir une très grande résistance à la douleur. Cependant, moi, je savais que mes anges gardiens m'avaient entouré et aidé, et je les ai amplement remerciés. »

Imposez-vous !

Avoir des intentions limpides implique n'accepter que le résultat qu'on désire. Comme je l'ai souligné, vous ne devez pas dire au Ciel *comment* parvenir au résultat que vous souhaitez ; vous n'avez qu'à être très clair sur ce que vous voulez et sur ce que vous n'accepterez pas.

Si nécessaire, imaginez que vous protégez un être cher. En effet, nous sommes parfois plus aptes à nous occuper d'un animal de compagnie ou d'un enfant qu'à prendre soin de nous-mêmes. Si vous ne pouvez pas vous concentrer sur vous-même pour votre propre guérison, souvenez-vous de tous ceux que vous allez pouvoir aider une fois que vous serez guéri.

L'important, c'est que vous soyez très clair et que vous fassiez preuve de fermeté en ce qui concerne vos désirs, à l'instar de Wendy Eidman.

> Un matin, Wendy faisait des gaufres quand, par mégarde, elle a appuyé son doigt directement sur la surface brûlante du gaufrier. La souffrance était terrible et une grosse cloque s'est rapidement formée. Tout en faisant couler de l'eau froide sur sa main, Wendy priait pour que l'archange Michael guérisse sa brûlure. La douleur a cessé temporairement mais est bientôt revenue. Wendy a alors prié de nouveau, avec les mêmes résultats.
>
> Après environ une heure de ping-pong entre souffrance et apaisement, Wendy a fini par s'asseoir et par *exiger* que la douleur s'en aille, disant qu'elle ne permettrait qu'elle revienne sous aucun prétexte !
>
> « Et voilà, dit Wendy, ça a marché ! J'ai été guérie instantanément et la cloque a désenflé. J'ai pu faire la vaisselle et donner le bain aux enfants — et vous

connaissez l'effet de l'eau chaude sur une brûlure : c'est insupportable. Je n'ai rien senti du tout ! J'étais complètement guérie et totalement convaincue que c'était par la grâce de guérison de Michael. »

Lorsque vos intentions sont limpides, vous êtes entièrement axé sur la manifestation de votre désir. Toute votre énergie va dans cette direction et les résultats positifs sont inévitables.

Si vous n'êtes pas sûr de ce que vous désirez...

Que pouvez-vous faire si vous ne savez pas ce que vous voulez ou si vous avez peur de demander la « mauvaise » chose ? Pensez au meilleur scénario que vous puissiez imaginer. Si vous ne pouvez pas vous voir manifester autant de bonté, imaginez un être cher capable de le faire. Ensuite, faites le transfert.

Si vous avez peur de faire un « mauvais choix », n'oubliez pas que vous vous devez de prendre une décision. En d'autres termes, si vous ne le faites pas, c'est que vous préférez garder les choses telles qu'elles sont. La meilleure manière d'affronter cette peur est de penser au meilleur scénario possible et de dire : « Cela ou mieux, mon Dieu. »

De cette façon, si vous vous êtes limité à un choix inférieur à l'excellence, vous laisserez place à l'amélioration. De plus, vous donnerez la chance aux anges de vous aider à choisir les meilleures solutions possibles. Aussi serez-vous en mesure de laisser sortir toutes les peurs de faire un choix peu judicieux et votre assurance vous aidera-t-elle à vous manifester plus rapidement et plus efficacement.

Une fois que votre choix d'avoir une vie saine sous tous les aspects — physique, émotionnel, spirituel, intellectuel, financier, sentimental, etc. — sera clairement fait, tous les efforts que vous déploierez pour trouver des moyens d'introduire lumière et amour dans votre vie seront récompensés. Dans le prochain chapitre, nous aborderons l'utilisation des cristaux pour amplifier la lumière et guérir.

CHAPITRE 12

La guérison par les cristaux

Depuis l'époque de l'Atlantide, et peut-être même depuis plus longtemps, on utilise les cristaux pour accomplir des guérisons. Les cristaux amplifient l'énergie naturelle selon un processus appelé « piézoélectricité ». De nos jours, dans les hôpitaux, on se sert de cristaux de quartz, de microbalances et de capteurs à cristaux piézoélectriques pour poser des diagnostics et pour guérir les gens. De même, on se sert systématiquement des cristaux pour fabriquer des radios, des montres et d'autres dispositifs électroniques.

Lorsque je fais des lectures psychiques par téléphone, je place des cristaux de quartz transparent près de mon appareil pour activer la connexion. Autrement dit, je ne doute aucunement du pouvoir des cristaux pour stimuler l'énergie.

Par exemple, un jour, j'ai acheté un pendentif en sugilite dans une exposition, quelques minutes avant le discours que j'allais prononcer. Je me suis mis le bijou autour du cou tout en pénétrant dans l'auditorium. Iinstantanément, et pour la première fois en public, je suis entrée dans une transe-*channeling* avec l'archange Michael. Depuis lors, chaque fois qu'on me demande de faire un *channeling* avec Michael en public, je porte sur moi de la sugilite puisque j'ai découvert que cette pierre est alignée sur énergie de l'archange.

J'ai également découvert que, si je porte une grosse améthyste ou une pierre aqua aura près de la gorge, mes longues conférences (par exemple, les cours de certification de trois ou six jours, durant lesquels je parle chaque jour) sont beaucoup plus agréables pour moi. Placés près du chakra de la gorge, les gros cristaux en stimulent l'énergie et m'aident à éviter de me fatiguer la voix ou de m'enrouer. Chaque fois que je porte de *petits* cristaux, l'énergie liée à ma parole est inférieure.

Les cristaux peuvent stimuler la lumière et l'énergie de notre réseau de chakras, ainsi que l'énergie de notre corps énergétique. Ils peuvent également guérir les déséquilibres.

Une infirmière australienne, Elisabeth Jensen, a vécu une guérison profonde avec l'aide d'un cristal associé aux anges. Il y a onze ans, elle était extrêmement déprimée et un adénome pituitaire bénin affectait son système hormonal tout entier. De plus, elle souffrait de douleurs dorsales chroniques. Comme si ce n'était pas suffisant, son conjoint était très violent et outrageant avec elle. Lui-même était affecté d'une blessure purulente chronique n'ayant réagi à aucun traitement.

Un jour, Elisabeth, qui avait un don de clairvoyance lui permettant de voir l'énergie et les auras, a acheté un cristal de quartz transparent. Comme elle le montrait à son conjoint, quelque chose de magique est arrivé : le cristal a semblé déclencher un déversement de lumière blanche du chakra de la couronne et des mains d'Elisabeth vers son conjoint.

« Je me sentais très calme et heureuse, dit-elle, et j'ai posé mes mains sur mon conjoint comme si une voix angélique me dirigeait. Au bout d'une demi-heure environ, l'énergie a disparu et nous nous sommes sentis tous deux prodigieusement bien et paisibles. Ce jour-là, lui et moi avons été changés à tout jamais. Le lendemain, sa blessure était complètement guérie; il ne restait qu'une minuscule cicatrice et mon conjoint a totalement cessé de me brutaliser à partir de ce moment-là. »

De plus, en cette unique séance, la lumière blanche irradiant du cristal a fait disparaître l'adénome pituitaire d'Elisabeth ainsi que la dépression et la souffrance qui affligeaient cette dernière. La conscience psychique des anges s'est accrue chez Elisabeth et l'infirmière donne à présent des ateliers sur le sujet.

Les enfants cristal

Les enfants de la toute dernière génération, les « enfants cristal », ont un intérêt et un don naturels pour la guérison par le cristal. C'est l'une des raisons qui a valu son nom à cette génération. Ces jeunes personnes ont une sagesse innée pour déterminer les cristaux à utiliser pour la guérison ainsi que les façons dont elles peuvent mettre en pratique leur savoir.

Stephen et Karen Williams ont remarqué un grand intérêt pour les cristaux chez Sabrina, leur fille de cinq ans. La petite en a rapidement appris les différents noms et en choisissait souvent dans les magasins pour que sa famille les rapporte à la maison.

Un soir, Sabrina a dit à ses parents qu'elle avait besoin d'une guérison par le cristal. Après que la petite eut choisi quelques cristaux, Karen a commencé à lui enseigner la façon de les placer sur les principaux chakras. Sabrina l'a interrompue en disant : « Maman, je sais où ils vont ; j'ai déjà fait tout ça avant. » Et elle s'est mise à disposer les cristaux sur ses chakras pour s'autoguérir.

« Elle a une relation naturelle et aisée avec les cristaux qui va au-delà de cette vie, j'en suis sûre », dit Karen.

Les enfants comme Sabrina ont-ils vécu à l'époque de l'Atlantide et appris alors comment utiliser les cristaux pour stimuler l'énergie des chakras situés le long de la colonne vertébrale ? Tant de tout-petits de la génération actuelle démontrent une si étrange connaissance de la guérison par le cristal qu'on commence à se poser des questions…

Carri Lineberry raconte que sa fille de trois ans, Maia, garde une améthyste sous son lit. « J'ai trouvé la pierre là un jour, dit Carri. Alors, je l'ai mise ailleurs. Cependant, Maia a très vite découvert que l'améthyste n'était plus là, l'a remise à sa place et m'a informée qu'elle devait y rester. »

Extrêmement sensibles, les enfants de la nouvelle génération sont pleinement conscients de l'importance d'un point de vue thérapeutique d'avoir des cristaux à proximité. À trois ans, Maia fait preuve d'une connaissance du travail avec les cristaux qui est normalement réservée aux vétérans aguerris de l'art de guérir.

À cinq ans, Shailyn, la sœur de Maia, a aussi cette connaissance innée de la guérison par les cristaux. Un matin, elle a trouvé le cristal de quartz rose que sa mère avait récemment acheté. Sans y avoir été invitée et sans qu'on lui ait montré la façon de procéder, Shailyn l'a pris et en a placé la pointe au centre du front de sa mère.

Puis, elle a dit : « Maman, je peux guérir les gens avec ça. On peut faire de la chirurgie avec ça, tu sais. »

Où des enfants comme Maia et Shailyn ont-elles eu accès à ce savoir de guérison qu'elles exposent en toute confiance ? Soit elles l'ont appris dans une vie antérieure, soit elles ont reçu l'information en rêve ou encore par un *channeling*. Peut-être la guérison par les cristaux est-elle un savoir inné, connu intuitivement de toutes les âmes et que parfois nous oublions. Peu importe, mais « sortie de la bouche des enfants », l'information concernant la guérison par les cristaux est à prendre en considération.

Entrer en possession de la sagesse ancienne

La guérison par le cristal est une pratique ancienne qui a récemment refait surface. Les guérisseurs commencent à incorporer plus fréquemment l'usage des cristaux dans leurs pratiques. Les souvenirs de la sagesse de guérison des Atlantes poussent de plus en plus de massothérapeutes à placer des cristaux sous leurs patients lorsque ces derniers sont sur la table de massage. Les experts en feng shui suggèrent de disposer certains cristaux dans la maison pour produire un changement positif. En outre, les guérisseurs spirituels utilisent de cristaux sur le corps de leurs patients pour équilibrer et effacer le manque d'harmonie, et guérir la maladie.

K. G., du Nouveau-Brunswick (au Canada), a rendu visite à un guérisseur spirituel pour se faire soulager d'une cervicalgie. Le guérisseur, qui soignait par le toucher thérapeutique et par le Reiki associés au cristal, a diagnostiqué à l'origine de la douleur à la nuque un blocage de l'énergie dans cette région.

Pendant la première séance, le guérisseur a placé un cristal de quartz fumé sous le cou de K. G. en lui expliquant que cela aiderait à asseoir le problème (à le dénouer et à l'équilibrer). La douleur s'est calmée d'emblée mais elle est revenue en quelques minutes. « Le cristal est plein », a dit le guérisseur. Comme un sac d'aspirateur trop plein de poussière, le cristal de quartz fumé avait besoin qu'on le nettoie. C'est ce qu'a fait le guérisseur, puis il s'est remis à extraire l'énergie de souffrance.

En plus du quartz fumé, il a donné à K. G. une pierre de calcite à tenir dans une main et une améthyste dans l'autre. Il lui a expliqué que les cristaux aideraient à faire descendre l'énergie dans son corps et à l'en faire sortir.

« Dès que j'ai commencé à me servir davantage de mes dons de guérison, les choses se sont améliorées, dit K. G. De temps à autre, mon cou me dérange encore ; alors, j'utilise mes cristaux — qui maintenant comprennent aussi l'hématite, le quartz transparent et le quartz fumé — pour dissiper la douleur. » K. G. dit que l'apparition de la douleur lui rappelle qu'elle n'utilise pas assez ses dons de guérison dans le monde. La douleur la motive à prendre des mesures qui, associées aux propriétés de guérison des cristaux, l'aident à guérir son cou.

À l'instar de K. G., j'ai découvert que le quartz fumé est excellent pour se débarrasser des toxines, des débris et entités psychiques de même que des situations non assainies venant du passé. Uniquement en plaçant à mon chevet un cristal de quartz fumé dont la pointe était détournée de moi, j'ai fait certains des rêves les plus libérateurs et les plus thérapeutiques de ma vie. Cette capacité qu'a le cristal d'extraire l'obscurité du corps est sans égale.

Fiona, une Écossaise de seize ans, a utilisé les cristaux pour guérir une céphalée migraineuse. Elle s'est couchée sur son lit, un cristal d'agate verte dans la main gauche et un jaspe sanguin dans la droite. De plus, elle a placé sur son front un cristal de quartz transparent en forme de cœur, cette pierre étant excellente pour nettoyer la région du troisième œil.

Fiona a visualisé autour d'elle un cercle auquel elle a demandé d'assurer une parfaite protection contre toute énergie inférieure. Seules les énergies supérieures de l'amour étaient autorisées à l'intérieur du cercle. Ensuite, la jeune fille a visualisé son agate transmettant la lumière verte de son énergie de guérison à son corps, effaçant ainsi tout ce qui était à l'origine de la migraine. Elle a demandé que toute la douleur et l'énergie négative soient envoyées dans le jaspe sanguin qu'elle avait dans la main droite, puis elle a respiré profondément et calmement. Très rapidement sa migraine a disparu.

Lorsque Fiona s'est relevée, elle a remarqué que le jaspe sanguin était devenu noir ! Toute l'énergie négative et la douleur étaient passées dans la pierre, exactement comme elle l'avait demandé.

Les pierres vertes, telles l'agate utilisée par Fiona ou la malachite, sont de merveilleux amplificateurs de la lumière verte de guérison venant du chakra du cœur… et de l'archange Raphaël.

Les quinze archanges et les cristaux qui leur sont associés

Les archanges sont les superviseurs ou les chefs des anges gardiens. Ils sont extrêmement grands, puissants et aimants. Ils n'ont pas de genre mais leurs spécialités et leurs finalités particulières leur confèrent une énergie soit masculine soit féminine.

Comme tous les anges, ils n'appartiennent à aucune religion et aident toute personne qui fait appel à eux. Ne connaissant ni limites spatiales ni limites temporelles, chacun d'eux peut se trouver simultanément avec beaucoup de gens. Toute personne invoquant un archange, sans exception, obtiendra une réponse à sa demande.

Chacun des archanges irradie d'une couleur aurique particulière, en liaison avec la finalité qui lui est propre. Vous pouvez utiliser certains cristaux pour invoquer chaque archange et établir avec lui une relation plus intime. Pour ce faire, vous pouvez porter les cristaux, les tenir ou les placer à côté de vous.

Je présente dans le tableau qui apparaît aux pages 168 et 169 les quinze principaux archanges, leur propriété de guérison, ainsi que la couleur aurique et le cristal correspondant à chacun. (Pour de plus amples détails sur chacun de ces archanges, vous pouvez consulter mon livre *Archanges et maîtres ascensionnés*. De plus, le tableau qui apparaît à la troisième partie de ce dernier livre présente une information détaillée sur les cristaux à utiliser pour traiter différents maux, états de santé et types de détresse émotionnelle. Dans cet ouvrage sont également indiquées les façons de prendre soin des cristaux et de les nettoyer.)

Chacun possède la compétence et la capacité requises pour faire appel aux archanges ; il suffit d'en avoir simplement l'intention en tête. Vous ne pouvez pas vous tromper en faisant une invocation. Vous pouvez implorer un archange en le visualisant avec vous ou avec un être cher ; en pensant à son nom et en prononçant ce dernier silencieusement ou à haute voix ; en lisant une prière qui le concerne ; en demandant à Dieu de diriger l'archange vers vous ou vers un être que vous aimez ; en priant pour que l'archange vous aide ; en regardant un tableau ou une statue le représentant ou même en chantant à son intention. Ce qui a de l'importance, ce n'est pas *la façon* dont vous demandez mais le fait que vous *demandez* d'une certaine façon. Souvenez-vous que les limites spatiales ou temporelles n'existent pas pour les archanges, que ces derniers peuvent être en même temps avec vous et toute personne les invoquant. Le temps et l'énergie n'ont pas de limites pour eux. Alors, ne craignez pas d'importuner les archanges.

* * *

OBJECTIFS DE GUÉRISON, COULEURS AURIQUES ET CRISTAUX ASSOCIÉS AUX ARCHANGES				
Archange	Signification du nom de l'archange	Propriétés de guérison	Couleur aurique	Cristal associé
Ariel	Lion de Dieu	Guérit et aide les animaux sauvages et la nature	Rose pâle	Quartz rose
Azraël	Celui que Dieu aide	Guérit le chagrin	Blanc neutre	Calcite jaune crème
Chamuel	Celui qui voit Dieu	Guérit l'inquiétude et apporte la paix	Vert pâle	Fluorine verte
Gabriel	Messager de Dieu	Guérit pendant la grossesse et à la naissance de l'enfant ; guérit aussi l'inquiétude par rapport aux projets créatifs	Cuivre	Citrine
Haniel	Gloire de Dieu	Guérit les problèmes liés aux cycles féminins	Blanc bleuâtre	Pierre de lune
Jérémie	Miséricorde de Dieu	Guérit les émotions	Violet	Améthyste
Jophiel	Beauté de Dieu	Guérit la négativité et le chaos	Rose foncé	Rubellite rose ou tourmaline rose
Métatron	Le prophète Énoch	Guérit les troubles d'apprentissage et les problèmes de l'enfance	Raies vertes et roses	Tourmaline rouge

OBJECTIFS DE GUÉRISON, COULEURS AURIQUES ET CRISTAUX ASSOCIÉS AUX ARCHANGES (suite)				
Archange	Signification du nom de l'archange	Propriétés de guérison	Couleur aurique	Cristal associé
Michael	Celui qui est comme Dieu	Guérit la peur et la nervosité et purifie l'énergie	Pourpre royal	Sugilite
Raguel	Ami de Dieu	Guérit les relations personnelles et professionnelles	Bleu pâle	Aqua aura ou aigue-marine
Raphaël	Celui qui guérit	Guérit les maladies physiques et guide les guérisseurs	Vert émeraude	Malachite
Raziel	Secrets de Dieu	Guérit les blocages spirituels et psychiques	Coloration de l'arc-en-ciel	Quartz transparent
Sandalphon	Le prophète Élie	Guérit les tendances agressives	Turquoise	Turquoise
Uriel	Dieu est lumière	Guérit et éloigne le ressentiment et l'absence de pardon	Jaune pâle	Ambre
Zadkiel	Droiture de Dieu	Guérit les fonctions mentales et mémorielles	Bleu foncé	Lapis-lazuli

Il existe une autre manière d'invoquer les anges, c'est de visualiser une situation devant être corrigée ou quelqu'un ayant besoin de guérir et de les entourer de la couleur aurique des anges. Par exemple, si une personne avait besoin d'aide pour des problèmes menstruels, vous pourriez visualiser une lumière blanc-bleuâtre l'enveloppant ou entourant sa région ovarienne. Cela invoquerait le pouvoir guérisseur de l'archange Haniel, un pouvoir associé aux préoccupations liées à la santé des femmes.

Dans le prochain chapitre, nous examinerons plus en détail les couleurs de guérison des auras des anges.

CHAPITRE 13

La guérison par la lumière et les couleurs

Notre corps est composé de particules électriques en mouvement et de vibrations électriques que le tomodensitogramme, la tomographie et d'autres outils diagnostiques permettent de mesurer. Ces instruments font apparaître les variations des oscillations électriques de notre cerveau et de notre corps sous des couleurs différentes ; aussi n'est-il pas surprenant que nous retrouvions aussi le souvenir des propriétés de guérison des couleurs. Dans les hôpitaux, on commence à utiliser des lumières colorées à des fins de guérison. Par exemple, on allume des lampes fluorescentes bleues au-dessus des nourrissons pour permettre à ces derniers de guérir plus vite de la jaunisse. De plus, une récente étude effectuée en Italie a montré que les lampes fluorescentes turquoise sont plus efficaces que les lampes bleues ordinaires lorsqu'il s'agit d'apaiser les symptômes de cette maladie.

Pour accélérer considérablement la guérison, on peut non seulement utiliser de véritables lampes colorées, mais aussi visualiser certaines couleurs ou avoir l'intention de ces couleurs (penser ou sentir au lieu de voir) autour d'une maladie physique.

La lumière de l'arc-en-ciel

Comme nous l'avons vu au chapitre précédent, une couleur différente est associée à l'aura de chaque archange. Faire appel à une couleur peut donc invoquer l'archange associé à cette teinte en particulier.

Par exemple, visualiser la lumière aux couleurs de l'arc-en-ciel autour de vous-même ou de quelqu'un aide à guérir les blocages hérités des vies antérieures ainsi que les déséquilibres karmiques, qui entraînent des tendances négatives. Lorsque vous invoquez toutes les couleurs de l'arc-en-ciel, la guérison profonde intervient simultanément sur plusieurs plans.

La coloration de l'arc-en-ciel est associée à l'archange Raziel, connu comme l'« archange magicien ». Raziel est très sage et empreint d'une grande magie ; imaginez Gandalf, dans *Le seigneur des anneaux*, pourvu de grandes ailes d'ange. Il aide ceux dont les objectifs spirituels sont élevés (par exemple, les enseignants spirituels et les guérisseurs) à se débarrasser de leurs inquiétudes concernant leurs dons — en particulier ceux qui ont été punis dans cette vie ou dans une vie antérieure à cause de leurs capacités psychiques ou leurs habiletés de guérison.

Meredith, d'Australie, n'avait jamais vraiment cru aux anges jusqu'à ce qu'un voyant lui dise qu'elle avait deux anges gardiens. Il lui a décrit en détail un ange masculin et un ange féminin l'entourant. Meredith n'y croyait toujours pas quand, deux jours plus tard, un ami lui a dit qu'il avait vu en méditant un ange masculin et un ange féminin près d'elle. Sa description des anges gardiens correspondait parfaitement à celle qu'avait faite le voyant. Comme Meredith n'avait rien dit à son ami de la lecture psychique du voyant, elle a été surprise et a pensé : « Il y a peut-être quelque chose de vrai dans cette histoire d'anges ! »

Peu de temps après, Meredith a acheté et commencé à utiliser mes cartes divinatoires. Au fur et à mesure qu'elle se familiarisait avec ces cartes, elle acquérait la capacité de sentir, de déceler et même de voir les anges entourant les autres.

La fille de Meredith souffrait d'épilepsie et de troubles d'apprentissage. La petite de cinq ans allait bientôt commencer l'école, ce qui inquiétait sa mère. Meredith se souvient du premier jour d'école de sa fille : « La petite était assise sur mes genoux et je lui ai dit que son ange veillerait sur elle. Soudain, j'ai senti qu'une énergie se tenait à proximité. Lorsque je me suis harmonisée avec elle, j'ai vu le plus beau des anges et j'ai senti son énergie apaisante. L'ange m'a dit s'appeler Mary et que son rôle était de protéger ma fille, ce qui a été d'un grand réconfort pour moi. Depuis ce jour, il y a maintenant presque trois ans, la petite n'a jamais eu de crise d'épilepsie à l'école ! »

Toutefois, l'enfant continuait d'avoir trois à quatre crises par mois à la maison, ce qui, naturellement, préoccupait la mère au plus haut point. Une nuit, lorsque la petite a été endormie, Meredith est entrée dans une profonde méditation. Elle a fait appel à ses anges, à ceux de sa fille et à tous ceux qui étaient disponibles. Elle a visualisé sa fille couchée sur une table, encerclée par des anges envoyant tous leur énergie de guérison.

Meredith a demandé aux anges quelle couleur d'énergie de guérison elle devait envoyer à sa fille. La réponse qu'elle a reçue intuitivement était « les couleurs de l'arc-en-ciel ». La mère a alors eu la vision de l'énergie de guérison de l'arc-en-ciel se déversant des mains des anges et des siennes dans sa fille.

Puis elle a reçu un autre message intuitif des anges. « Je me faisais tellement de souci pour ma fille et je me sentais tellement impuissante, se souvient-elle. Cepen-dant, les anges m'ont dit que ma fille avait choisi cette vie pour finir certaines choses en rapport avec son évolution et que tout ce que j'avais à faire, c'était de l'aimer. Ils ont insisté sur le fait que c'était son affaire *à elle* de s'occuper de sa santé. » Ce n'était pas facile à entendre pour une mère bienveillante, mais les paroles des anges l'ont aidée à remettre entièrement la situation à Dieu.

Le lendemain matin, Meredith a parlé du cercle de guérison des anges à sa fille. Puis elle lui a demandé : « Quelle couleur de guérison crois-tu que nous t'avons transmise ? » Elle s'attendait à ce que sa fille lui réponde « Rose ! », sa couleur préférée. Mais la petite fille a dit : « Les couleurs de l'arc-en-ciel ! »

« Mon cœur a bondi ! J'ai compris que ma fille, jusqu'à un certain point, comprenait ce qui se passait », dit Meredith.

Après la guérison par l'énergie de l'arc-en-ciel, Meredith a suivi les conseils des anges. Elle a cessé de s'inquiéter et s'est mise à simplement aimer sa fille. Cette dernière a passé plus d'un an sans avoir de crise.

La lumière de l'arc-en-ciel est aussi associée à l'énergie de guérison du Reiki, qui est une vibration particulière que les guérisseurs commencent à émettre après s'être harmonisés. L'harmonisation se produit lorsqu'un professeur de Reiki déjà harmonisé enseigne des symboles cryptiques à un étudiant. Le professeur trace du doigt ces symboles sur le chakra de la couronne et sur d'autres chakras de l'étudiant. Ce dernier apprend alors certaines positions des mains pour s'envoyer de l'énergie ou en transmettre à des clients recevant un traitement énergétique. L'enseignement du Reiki se passe en quatre niveaux ; à chacun de ceux-ci sont enseignés de nouveaux symboles. On appelle le dernier niveau « maître Reiki ».

L'énergie Reiki est douce et veloutée comme une douche d'eau douce. Lorsque je rencontre des maîtres Reiki, je vois les bandes de l'arc-en-ciel dans leur aura. Lorsque je vois un groupe d'anges entièrement recouvert des couleurs de l'arc-en-ciel à côté de maîtres Reiki, je les appelle les « anges Reiki ».

Au quatorzième chapitre, je parlerai plus en détail du Reiki, du chi-gong, du toucher thérapeutique et d'autres modes de guérison énergétique. Je vous ferai part d'études scientifiques sur l'efficacité de cette dernière pour soigner les maladies et les blessures.

La lumière vert émeraude

La lumière vert émeraude est associée à l'archange Raphaël, guérisseur en chef parmi les archanges. Lorsque vous faites appel à Raphaël, il répand sa lumière vert émeraude sur la personne concernée. Cette lumière est alors absorbée comme un baume de guérison ou un médicament à action rapide. Inversement, vous pouvez visualiser la lumière vert émeraude autour de vous ou de quelqu'un et obtenir le même pouvoir guérisseur. Invoquer la lumière, c'est comme invoquer un archange, puisque la lumière est la véritable essence de tous les anges.

> Juste avant son rendez-vous avec un guérisseur énergétique, Shannon — qui désirait être guérie sur les plans émotionnel, physique et mental — a demandé à l'archange Raphaël d'être présent durant la séance et de superviser et guider le guérisseur.

Pendant les deux heures qu'a duré la séance, Shannon n'a pas cessé de voir mentalement la couleur vert émeraude et, sans qu'elle la mentionne, le guérisseur a dit : « Je vois toujours cette lumière vert émeraude autour de vous. »

Environ une semaine plus tard, Shannon a acheté *Archanges et maîtres ascensionnés*, un ouvrage dans lequel j'explique que la couleur aurique de Raphaël est le vert émeraude. Elle était surprise !

La présence de Raphaël lors de cette séance a eu de profonds effets sur Shannon, qui dit : « Cela a été l'une des plus puissantes et des plus belles guérisons que j'ai eues. »

Quand Raphaël est à proximité, vous pouvez voir la lumière vert émeraude avec votre œil mental ou des étincelles de lumière verte avec vos yeux physiques. La lumière vert émeraude recouvre la partie du corps blessée ou malade jusqu'à ce que cette dernière soit guérie. Par exemple, à de nombreuses reprises durant mes lectures psychiques avec une cliente, j'ai remarqué la lumière verte qui recouvrait la rotule de la dame. Lorsque j'ai interrogé ma cliente à ce sujet, elle m'a répondu qu'elle s'était blessée là et qu'elle priait pour guérir. La lumière verte à proximité d'une partie du corps indique que les prières de quelqu'un qui a demandé la guérison ont été entendues et ont reçu une réponse.

Envoyer de la lumière colorée sur une blessure ou une maladie est une méthode très efficace. Cela fonctionne particulièrement bien dans la guérison des enfants et des animaux, puisque leur totale confiance accélère la guérison. Les deux exemples mentionnés ci-après peuvent nous apprendre à tous comment devenir aussi confiants que les enfants et les animaux.

Caitlin, la fille de onze mois de Louise Ring O'Hanley, avait une bosse bizarre dans la bouche. Les quatre médecins qu'a consultés la mère ont été incapables de trouver de quoi il s'agissait. Ils ont donc dirigé Louise et Caitlin vers un chirurgien stomatologiste et ce dernier a recommandé de procéder à une opération (sous anesthésie) la semaine suivante.

Louise était terrifiée d'amener sa fille, un bébé, suivre un tel protocole. Heureusement, elle avait lu la veille un livre sur les anges. Elle a donc prié toute la fin de semaine qui a précédé le jour prévu pour l'opération. Elle a demandé à l'archange Raphaël d'envoyer sa lumière de guérison vert émeraude vers la bouche de Caitlin et de guérir complètement sa fille.

Le lundi matin, la bosse ayant entièrement disparu (elle n'est jamais revenue), le rendez-vous en chirurgie a été annulé. Comme le dit Louise à présent : « Je crois dans le pouvoir de la prière ! »

Caitlin, comme la plupart des enfants, était ouverte et réceptive à la lumière d'amour transmise par sa mère et par Raphaël. Lorsque vous désirez guérir, demandez aux anges de vous aider à être ouvert et réceptif. Souvenez-vous que les anges peuvent vous aider en *tout*, notamment à développer votre foi en la guérison et votre réceptivité.

* * *

Donna Mead, de Nouvelle-Zélande, aidait sa meilleure amie, qui venait de déménager en Angleterre, en prenant soin de Daisy, son fox-terrier. Daisy participait à un nouveau programme permettant aux animaux de compagnie d'être en quarantaine chez quelqu'un, avant d'être envoyés par avion au Royaume-

Uni. Donna veillait donc sur elle à son domicile pendant les six mois de quarantaine.

La santé de Daisy était un peu préoccupante, un récent ACV ayant affecté la partie inférieure du corps de l'animal et entraîné des problèmes dermatologiques et la formation de caillots sanguins. Donna s'occupait consciencieusement de la chienne, se servant de shampooings spéciaux pour la peau, l'emmenant chez le vétérinaire pour des examens de santé et la promenant régulièrement. Daisy allait bien mais, le quatrième mois, elle est devenue complètement léthargique. Donna ne pouvait même pas l'attirer hors du lit avec une gâterie pour chiens.

Donna a emmené Daisy passer des examens chez le vétérinaire. Elle voulait connaître les raisons pour lesquelles l'animal avait perdu toute son énergie et sa vitalité. Les résultats des examens étaient graves : Daisy avait un cancer du sang et, selon le vétérinaire, l'euthanasie serait probablement inévitable, surtout si son état empirait. N'étant toutefois pas prête à abandonner, Donna a ramené Daisy chez elle ce soir-là.

Donna a décidé de travailler avec les anges. « J'ai demandé à l'archange Raphaël de guérir Daisy avec sa lumière vert émeraude et sa lumière blanche en se servant de moi comme transmetteur, dit-elle. Ce que j'ai vu était surprenant : une éclatante lumière semblait traverser le corps de Daisy en suivant des mouvements circulaires. Tout d'abord, de grands cercles ont enveloppé le corps tout entier ; puis, la lumière a tourné en cercles plus petits. Intuitivement, j'ai su que les cercles rétrécissaient au fur et à mesure que la lumière chassait la maladie. Puis, j'ai fini par ne plus voir aucune couleur. J'ai ouvert les yeux et vu Daisy qui me fixait.

J'ai remercié l'archange Raphaël et poursuivi ma soirée. »

Le lendemain matin, Donna a déposé Daisy chez le vétérinaire pour un autre examen de santé. Quand elle est revenue à la clinique plus tard dans la journée, Daisy a bondi pour l'accueillir, sautant sur elle et la léchant. Le vétérinaire a dit qu'il ne pouvait ni comprendre ni expliquer le phénomène, mais que tous les examens indiquaient à présent que le sang de Daisy était parfaitement normal.

Par contre, Donna comprenait, elle. Aussi a-t-elle remercié les anges à haute voix au beau milieu de la clinique ! Complètement remise et en santé, Daisy a pu prendre l'avion pour aller en Angleterre retrouver sa maîtresse. Au dire de cette dernière, l'animal a maintenant l'énergie et l'humeur d'un chiot. Lorsque le nouveau vétérinaire a examiné le dossier de Daisy, il a dit que la guérison n'était rien de moins qu'un miracle.

Donna a invoqué à la fois la lumière vert émeraude et la lumière blanche de Raphaël, ce qui a résulté en une belle guérison. La lumière vert émeraude est une couleur de guérison physique ; elle peut servir pour toute maladie du corps. La lumière blanche, quant à elle, est une couleur protectrice ; elle peut aider dans toute situation où il semble qu'une énergie agressive fasse souffrir une personne. Dans le cas de Daisy, il se peut que la lumière blanche ait protégé l'animal du « sort » jeté involontairement par le vétérinaire lorsque ce dernier a diagnostiqué une maladie en phase terminale. En d'autres mots, la lumière blanche a bloqué la représentation mentale du vétérinaire selon laquelle Daisy était condamnée.

La lumière blanche

Lorsque vous visualisez ou invoquez la lumière blanche, vous faites appel à un être vivant intelligent. Cette lumière est la couleur des anges gardiens, alors que les lumières colorées sont les couleurs des archanges et de certains maîtres ascensionnés (telle Kuan Yin, la déesse asiatique de la compassion, dont la couleur est le rouge cerise). La lumière blanche est la lueur auréolant les anges.

Tout ce que vous entourez de lumière blanche est parfaitement protégé, car celle-ci est invincible. De plus, le blanc est une couleur très puissante pour guérir et éloigner les peurs et les maladies profondément enracinées — il agit à peu près comme un nettoyage à la vapeur fait avec un tuyau à débit puissant.

Comme vous allez le voir ci-après, Kaiisha Taylor, d'Australie, a été guérie quand elle a visualisé la lumière blanche purifiant ses chakras.

Il y a cinq ans en Australie, Kaiisha Taylor était gravement malade. Émaciée et vidée de son énergie, elle subissait des examens médicaux complets. Lorsqu'un diagnostic serait posé, Kaiisha pourrait être traitée.

Les résultats des examens devaient être prêts le lundi lorsqu'elle irait voir le médecin. Tandis qu'elle attendait le verdict, Kaiisha était effrayée devant la perspective d'une mort prématurée. Après tout, elle n'avait que 23 ans.

Cependant, au lieu de succomber à la peur et au pessimisme, Kaiisha a décidé de prendre des mesures. Elle s'est mise à méditer une heure deux fois par jour. Elle visualisait alors ses chakras se remplissant de lumière blanche de guérison. Elle imaginait l'énergie de l'amour irradiant de son corps au point de remplir la pièce. Elle s'assurait que l'endroit où elle méditait était un lieu sacré et paisible ; elle gardait des fleurs fraîches, des bougies et des cristaux près d'elle lors de ses méditations.

Le samedi précédant son rendez-vous chez le médecin alors qu'elle connaîtrait les résultats des examens, Kaiisha a prié de tout son cœur pour que tout aille bien pour elle. « Tandis que je priais, se rappelle-t-elle, j'ai commencé à avoir conscience d'une lumière brillante dans la pièce et je sentais que cette dernière se réchauffait. J'entendais une musique douce et belle, et en face de moi se trouvait une immense lumière d'un blanc doré. C'était de l'amour pur sous la forme d'un ange !

« L'ange est venu vers moi, m'a entourée de ses ailes et étreinte. J'ai reçu un message télépathique disant que tout allait bien se passer. J'ai vu deux autres anges derrière moi et l'amour que j'ai ressenti était si surprenant et si puissant que les larmes ont coulé sur mon visage. Lorsque les anges sont partis, je n'avais plus aucun doute : tout irait bien. Je me sentais tellement heureuse de ne pas avoir de cancer comme je l'avais tellement redouté. »

Kaiisha a immédiatement appelé sa mère pour lui annoncer la bonne nouvelle. La mère pleurait de soulagement, car elle s'était également fait du souci. Lorsque Kaiisha est arrivée chez le médecin le lundi matin, elle avait la certitude absolue que les résultats des examens montreraient qu'elle était en parfaite santé. Ainsi, quand le médecin lui a finalement fait part qu'elle n'avait pas le cancer, elle a répondu : « Je sais. »

Remarquez comment Kaiisha a travaillé avec l'énergie de la lumière et avec celle de l'amour pour guérir. De plus, en priant de tout son cœur pour sa santé, elle a montré la limpidité de ses intentions, lesquelles étaient jumelées avec la foi qu'elle affichait en méditant deux fois par jour. Lorsque l'amour est invoqué et qu'il est associé à la lumière et à des intentions limpides, le pouvoir de l'amour et celui de la lumière s'amplifient l'un l'autre. L'amour associé à la lumière est la plus efficace de toutes les médecines.

Lorsque vous travaillerez régulièrement avec la lumière blanche, vous apprendrez à avoir foi en son pouvoir constant de guérison et de protection.

> Lhasa Compton se sert souvent de la lumière blanche, et ses nombreuses expériences soutiennent sa foi dans le pouvoir de cette dernière. Un jour, par exemple, Lhasa a remarqué qu'elle présentait les symptômes d'une angine. Elle a alors joint ses mains autour de sa gorge et imaginé une boule de lumière blanc doré dans cette région. La gêne a disparu en l'espace d'une minute et n'est pas revenue.

Les guérisons les plus spectaculaires interviennent lorsque nous avons des intentions limpides quant à la guérison d'un état, ce qui se produit souvent quand nous voyons souffrir quelqu'un que nous aimons. Toutefois, les gens que nous nous efforçons de guérir avec tant de limpidité résistent parfois à nos efforts de guérison en raison de leur peur ou de leur emploi du temps. Comme je l'ai dit précédemment, les animaux et les enfants ne résistent pas au travail de guérison ; ils l'accueillent et, de ce fait, vivent des guérisons miraculeuses.

> Brenda King a découvert une excroissance sur la gorge de Minnie, la chienne qu'elle venait d'acquérir.

Selon le vétérinaire, il fallait faire des examens puis une chirurgie, ce qui coûterait plus de 400 $. Pour épargner le traumatisme à Minnie et pour s'éviter cette dépense, Brenda a décidé de commencer par un traitement spirituel.

En s'harmonisant avec l'énergie de Minnie, elle a compris que sa chienne avait une soif extrême d'amour. Elle a alors encerclé Minnie de lumière blanche et d'énergie Reiki, puis lui a envoyé beaucoup d'amour. Et puis, la mère de Brenda et son copain se sont joints à elle pour transmettre lumière et amour à Minnie. Après que les trois eurent passé deux heures à entourer Minnie de cette énergie, la taille de l'excroissance avait considérablement diminué. Le lendemain matin, elle était réduite d'un tiers. Du jeudi au dimanche, Minnie a reçu de Brenda, sa mère et son copain des traitements intensifs à la lumière blanche et, le dimanche, l'excroissance avait presque disparu. Finalement, la semaine suivante, elle avait rétréci jusqu'à ne pratiquement plus exister et Brenda a remarqué que Minnie semblait très légère et très heureuse.

« Il y a un certain temps que j'utilise la lumière blanche de guérison, dit Brenda. Toutefois, cette expérience a été une telle preuve de ce qui peut se manifester avec de l'ouverture d'esprit et avec le désir de donner et de recevoir ! De plus, Minnie était très réceptive à la lumière et à l'amour. Il était évident qu'elle voulait s'abandonner, et nous n'étions que les aides de son autoguérison. J'en ai eu le souffle coupé. »

Voici une autre délicieuse histoire de guérison d'un animal par la lumière blanche. Il se pourrait que vous ne voyiez pas dans un rat un animal de compagnie mignon à croquer, mais je crois que vous ressentirez l'amour dans l'histoire d'une mère soucieuse des sentiments de sa fille… et du confort des animaux de la famille.

Aspen, la fille d'Elisabeth Seer, a deux rats domestiques prénommés Zelda et Princess Gimpers. Un matin, elle était angoissée parce Princess Gimpers était malade. Elisabeth a vu que la rate était en fait près de mourir : cette dernière avait le souffle court et rapide, les paupières mi-closes, un comportement léthargique. Elle était également froide au toucher et refusait de manger ou de boire.

Désireuse d'éviter davantage de souffrance à Princess Gimpers et de chagrin à Aspen, Elisabeth s'est mise au travail. Elle a emmené Princess Gimpers dans sa salle de méditation et l'a gardée dans ses mains. « J'ai prié pour que, si elle devait vivre, elle guérisse rapidement, dit Elisabeth. J'ai prié pour que la chaude lumière blanche de guérison des anges l'entoure et l'aide à vivre ce traumatisme manifeste. »

Princess Gimpers a réagi presque immédiatement aux prières et au traitement par la lumière blanche. Elle s'est complètement remise et a recommencé à manger normalement, comme si elle n'avait jamais été malade ou près de mourir. « Je sais que les anges sont venus à nous ce jour-là, dit Elisabeth. La lumière de leur amour, qui englobe tout, a aidé Princess Gimpers à récupérer et épargné à ma fille le profond chagrin de perdre un animal qu'elle chérit. »

La lumière blanche a deux finalités : purifier afin de provoquer une guérison et protéger. L'intention que vous avez en invoquant la lumière détermine la finalité qui se manifestera. Les deux prochains exemples montrent le pouvoir protecteur qui se déploie lorsqu'on entoure une personne ou un objet de lumière blanche.

Kate attendait deux amis à dîner chez elle, en Saskatchewan, au Canada. Le premier est arrivé à l'heure, mais le second était en retard. S'inquiétant du fait que leur ami avait pu avoir de la difficulté à conduire sur les routes enneigées et glissantes, Kate et son ami se sont mis à visualiser de la lumière blanche autour de lui et de sa voiture.

Lorsque l'homme a fini par arriver, il a expliqué que, dans un virage dangereux, sa voiture avait fait une embardée et s'était dirigée vers un profond fossé, puis qu'elle s'était soudain redressée et avait continué sa route comme s'il n'en avait jamais perdu le contrôle. Kate et son premier invité se sont regardés, calculant tous deux que lorsque leur ami avait pris ce virage, ils étaient précisément en train de lui envoyer de la lumière blanche. « Sur le plan physique, cet état de fait apportait un nouvel appui, petit mais solide, au fait que la lumière blanche a un effet tangible sur la vie telle que nous la connaissons », dit Kate.

* * *

Un soir, Shelly Bassett, une Canadienne qui pratique la thérapie des anges, s'est rendu compte qu'elle avait oublié de verrouiller la portière de sa voiture. Il était tard et elle était fatiguée ; alors, au lieu de sortir pour le faire, Shelly a demandé à l'archange Michael de veiller sur son auto et sur le portefeuille qu'elle se rappelait avoir laissé sur le siège. De plus, elle a entouré la voiture et le portefeuille de lumière blanche, les visualisant dans une belle bulle blanche, et a envoyé cette lumière dans son voisinage. Puis elle est allée se coucher sereine, sachant que ses affaires étaient en sécurité.

Le lendemain matin, le voisin de Shelly a sonné à la porte. Il tenait le fameux portefeuille à la main. Il a expliqué qu'il l'avait trouvé sur le toit de sa maison. Shelly s'est étonnée de voir que le billet de 20 $ qui était à l'intérieur avait disparu, mais que son permis de conduire et ses cartes de crédit étaient toujours là avec quelques certificats-cadeaux.

Son voisin lui a expliqué qu'il y avait eu plusieurs vols dans le quartier la nuit précédente et que plusieurs voitures avaient été cambriolées. Mystérieusement, les propriétaires allaient récupérer les objets volés, tous intacts, quelques jours plus tard.

Ayant prié pour la sécurité de tout son voisinage en entourant ce dernier de lumière blanche, Shelly a compris que cette lumière était un champ d'énergie auquel on pouvait témoigner foi, amour et respect. Elle a également compris qu'elle avait reçu exactement ce dont pourquoi elle avait prié : la sécurité de son portefeuille. Elle dit avoir oublié de demander aussi la protection de l'argent que contenait celui-ci. À présent, elle entoure son voisinage de lumière blanche chaque nuit, puisqu'elle a eu la preuve que c'est bel et bien efficace.

On peut aussi invoquer la lumière blanche en cas de danger imminent pour obtenir une protection instantanée.

Le matin du 22 juillet 2003, la ville de Memphis (Tennessee) a été dévastée par des vents violents. Laura Montanaro s'est réveillée en entendant la tempête, a regardé par la fenêtre et a vu des débris emportés par le vent traverser sa cour. Elle a immédiatement demandé aux anges de la protéger ainsi que sa famille et a entouré sa maison d'étincelante lumière blanche. Les vieux chênes immenses qui dominent la résidence, violemment agités par le vent, laissaient présager le pire ! Cependant, Laura se sentait tellement protégée par la lumière qu'elle s'est recouchée et a simplement écouté passer la tempête. Elle se sentait en sécurité même s'il n'y avait plus d'électricité chez elle, tout comme chez des centaines de milliers de résidants de Memphis.

Lorsque la tempête a cessé, Laura a fait un tour en voiture et vu partout des ravages incroyables. Des arbres jonchaient les rues ; certains s'étaient écrasés sur des lignes électriques et d'autres sur de nombreuses maisons, tuant même quelques personnes. Par contre, il n'est rien arrivé à la propriété de Laura.

« Je me sentais tellement bénie et protégée. J'ai pu bénéficier de nouveau de l'électricité 18 heures plus tard, alors que beaucoup d'autres ont dû attendre près de deux semaines… dans la chaleur accablante de l'été à Memphis ! Pour moi, il n'y a pas l'ombre d'un doute que le fait de faire appel aux anges et de s'entourer de lumière blanche assure la protection demandée. Je prie chaque soir pour que la paix règne dans le monde et j'entoure notre planète de lumière blanche, ce que j'encourage les autres à faire. »

L'usage de la lumière blanche est ancien, mais cette méthode — qui nous donne le pouvoir de guérir et de protéger notre personne et les êtres qui nous sont chers, ainsi que celui de préserver nos biens — a bel et bien fait ses preuves. Les anges m'ont récemment transmis un message disant que nous devrions tous visualiser la planète couverte de lumière blanche lorsque nous nous endormons le soir. Ainsi, en raison de la succession des fuseaux horaires, la Terre serait continuellement protégée. Et comme la lumière blanche (à l'instar de toutes les autres couleurs) s'efface avec le temps, ce rituel nocturne assurerait toujours à la Terre une couverture hermétique.

La lumière dorée

La lumière dorée est la couleur énergétique du Christ, pas nécessairement celle de l'homme ou de la religion chrétienne, mais celle de l'esprit de pardon et de la puissance de l'amour inconditionnel. Elle est le signe que tout va bien se passer. Elle signifie ceci : « Aie la foi, parce que tout va bien. » Les gens qui font l'expérience de « voir Jésus » disent l'apercevoir nimbé d'une lueur dorée. Je vois normalement une telle lueur autour de ceux qui travaillent avec Jésus ou qui vivent selon les principes enseignés par ce dernier.

Juste avant un accident, beaucoup de gens voient la lumière dorée. Ils racontent que la lueur vient de nulle part et qu'elle leur apporte un réconfort immédiatement avant la collision.

> Donna Flavell et son amie Ann, qui vivent à Auckland (Nouvelle-Zélande), faisaient chaque mois un trajet de quatre heures pour se rendre à un cours de formation. Normalement, elles entouraient leur automobile de lumière blanche afin de la protéger pendant le parcours. Un jour, cependant, elles ont oublié de le faire. De plus, elles n'ont pas prêté attention à l'avertissement d'un ami qui leur avait recommandé la prudence sur la route. Ce jour-là, une voiture qui roulait très vite a traversé le terre-plein central et s'est dirigée droit sur le véhicule occupé par Donna et Ann. Une épaisse couche de nuages cachait la lumière du soleil ; pourtant, les deux femmes ont vu la lueur brillante d'une lumière dorée entre les deux voitures.

Après la collision frontale, Donna s'est réveillée et a entendu Ann l'appeler. Cette dernière était certaine que son amie était morte et priait pour la faire revenir à la vie. Ensuite, les deux femmes ont été transportées en hélicoptère jusqu'à un hôpital, où on leur a fait passer des tests avant de les mettre au lit. Les scintigrammes et les examens ont montré que Donna avait des traumatismes médullaires et la rate éclatée.

Dans les heures qui ont suivi, Donna a beaucoup prié. Elle a visualisé ses cellules, ses nerfs, ses veines ainsi que son corps tout entier se réparant et se rétablissant lui-même. Donna a été amenée en chaise roulante pour passer un tomodensitogramme dont les résultats ont laissé les spécialistes perplexes ; alors, ces derniers lui en ont fait passer un second. Sa rate était complètement guérie !

Donna a été gardée en observation à l'hôpital jusqu'au lendemain. Pendant ce temps, elle a continué à prier et à raffermir sa santé. Elle regrettait de ne pas avoir ses médicaments homéopathiques avec elle jusqu'au moment où elle a reçu un message psychique lui disant qu'elle pouvait se les administrer elle-même par télépathie. C'est ce qu'elle a fait.

Le jour suivant, ses médecins ayant dit qu'elle devait rester un jour de plus à l'hôpital, Donna a prié afin qu'on l'aide à quitter l'établissement car elle voulait se rapprocher de la nature. Dix minutes après, on la laissait sortir, exactement comme elle l'avait demandé.

Plus tard, son ostéopathe lui a dit qu'il s'en était fallu de moins de deux millimètres qu'elle n'ait la colonne vertébrale sectionnée. De plus, le chauffeur de la remorqueuse a déclaré qu'il ne pouvait pas croire que quiconque ait pu survivre à un tel accident. Donna est convaincue qu'elle doit aux anges le fait d'être encore en vie et d'avoir recouvré la santé.

La foi est un aspect de l'amour, car c'est l'absence de doute et de peur. Ceux qui ont lu les Évangiles se rappelleront que le Christ ne cessait d'attribuer le succès de son travail de guérison à la foi. Ses paroles ont été confirmées à l'époque moderne par de nombreuses études montrant que la confiance des patients dans les compétences des médecins est un critère essentiel à la guérison.

Alors, vous pouvez invoquer la lumière dorée pour lui demander de vous aider à accroître votre foi ou celle de quiconque que vous soignez. Vous pouvez également l'invoquer en même temps que d'autres couleurs. Si vous avez peur et besoin de protection, implorez-la avec la lumière blanche. La lumière dorée soutiendra votre foi et la lumière blanche garantira votre sécurité.

> Lhasa Compton (dont je vous ai parlé précédemment) était au volant alors qu'on annonçait des crues éclair en Arizona. Comme le ciel s'obscurcissait de nuages chargés d'une pluie menaçante, elle a demandé qu'un ange vole en avant d'elle et répande de la lumière blanc doré pour que la voie reste sécuritaire et dégagée. Quand la pluie a commencé à inonder la route, la voiture de Lhasa est passée en douceur à travers l'eau. Une fois arrivée saine et sauve chez elle, la dame a entendu aux informations que les routes étaient infranchissables et que plusieurs automobilistes étaient bloqués dans l'inondation. Elle a remercié la lumière de lui avoir permis de passer en sécurité.

En invoquant les couleurs, vous ne pouvez pas vous tromper et faire un choix erroné. Vous vous demandez peut-être pourquoi ne pas invoquer toutes les couleurs, juste pour être sûr. Cela marchera bien aussi. Toutefois, la meilleure méthode est de prier en demandant la couleur à invoquer ou d'en choisir une en suivant votre intuition. Une fois de plus, vous ne pouvez pas vous tromper. Le véritable pouvoir de guérison réside dans votre intention limpide de guérir tandis que vous envoyez de la lumière colorée jumelée avec l'amour.

Les lumières des anges

La présence des « lumières des anges » vous indique que vos prières de guérison ont reçu une réponse. Ce sont des lumières scintillantes (comme celles des fusées des feux d'artifice) ou des faisceaux de lumière (comme les éclairs des appareils photo). Les lumières blanches sont le scintillement de l'aura des anges gardiens et les étincelles correspondent à la friction engendrée par le déplacement des anges dans l'espace et le temps. Les lumières colorées sont les auras des archanges et des maîtres ascensionnés. Ceux qui n'ont jamais entendu parler des lumières des anges pourraient bien croire à une défaillance oculaire en voyant des lumières scintillantes. C'est ce qui est arrivé à Mélanie.

> Lorsqu'elle attendait son enfant, Mélanie a commencé à voir des lumières blanches et rouges durant la journée. N'ayant jamais entendu parlé des lumières des anges, elle a fait examiner ses yeux par deux médecins. Les deux ont dit que ses yeux étaient en parfait état et que les lumières devaient être une complication liée à la grossesse. Toutefois, Mélanie a continué à voir des lumières scintillantes après la naissance de sa fille.
>
> Un soir, alors qu'elle était assise dehors, regardant les arbres tout proches, elle a vu d'immenses lumières

bleues et rouges voler près d'elle. Ces lumières scintillaient plus que tout ce qu'elle avait jamais vu et Mélanie n'avait aucune explication à ce phénomène. Elle comprend à présent qu'elle voyait des archanges et que les lumières bleues étaient émises par l'archange Michael.

« Ma fille a amené d'autres anges dans ma maison et dans ma vie, croit Mélanie. De plus, je pense que c'est à elle que je dois de m'être ouverte à mes propres dons spirituels. »

Les lumières blanches que Mélanie a vues étaient ces autres anges qui ont accompagné la naissance de sa fille. Les rouges étaient plus probablement celles de la déesse asiatique de la compassion, Quan Yin (également connue comme étant Kuan Yin). Cette dernière est une divinité bouddhiste dont le nom signifie « celle qui répond à toutes les prières ». Elle prend plus particulièrement soin des mères et des enfants ; aussi sa présence dans la vie de Mélanie est-elle logique.

Les lumières blanches apparaissent également chaque fois que les anges s'unissent pour nous protéger de la souffrance, comme l'a découvert Nicole Herrera.

Nicole faisait du *boogie-board* sur le ressac de la mer à San Diego lorsqu'une vague immense l'a emportée et plaquée tête première sous l'eau. Nicole a essayé de se diriger vers la surface, ne sachant plus où étaient le haut et le bas.

Soudain, sa tête a jailli de l'eau et elle a vu des lumières blanches qui étincelaient autour d'elle. Une semaine plus tard, elle lisait que ce type de lumières est associé aux anges.

Les lumières des anges apparaissent également lorsque nous avons besoin d'être réconfortés et rassurés.

Annie, du Queensland (Australie), se souvient qu'étant enfant elle redoutait souvent le moment d'aller au lit, préoccupée par le danger tapi dans l'obscurité. « Alors, ces lumières venaient dans ma chambre et tournaient autour de mon lit. Il y en avait des colorées et aussi des blanches. Ce n'étaient que de petites lumières, pas assez grandes pour remplir la pièce. De plus, j'entendais un bruit dans mon oreille. » Une fois réconfortée par la lumière et le bourdonnement, Annie dormait paisiblement.

Annie parlait des lumières des anges à sa mère, mais cette dernière ne comprenait pas. C'est pourquoi, aujourd'hui, Annie prend grand soin de soutenir son jeune fils : lui aussi raconte qu'il voit des lumières.

Comme l'indique l'histoire d'Annie, les enfants ont une habileté particulière pour voir les lumières. Les anges veulent que nous soyons en paix et viennent à nous chaque fois que nous sommes bouleversés ou apeurés. Alors que l'obscurité semble être véritablement effrayante, ils nous montrent que les leurs lumières sont toujours à proximité. Dans la prochaine histoire, une mère, en priant pour sa fille, attire les lumières des anges auprès de l'enfant.

Lindsey, cinq ans, fille de Tina Markarian, était tombée subitement malade et faisait beaucoup de fièvre. Le soir venu, Tina l'a amenée avec elle dans son lit de manière à pouvoir surveiller la température de la petite. Cependant, Lindsey s'est tournée et retournée en gémissant une grande partie de la nuit, de sorte que ni la mère ni la fille ne pouvait dormir.

Couchée dans son lit, Tina se faisait du souci. Aussi a-t-elle fait en silence une prière pour que Dieu envoie des anges aider son enfant. Elle n'a pas glissé mot de sa prière à sa fille, ne voulant pas que cette dernière se croie plus malade qu'elle ne l'était. Son père étant mort depuis peu d'une crise cardiaque, Lindsey avait peur de mourir soudainement elle aussi.

Quelques instants après la prière de Tina, Lindsey s'est mise à pleurer. Elle a dit : « Maman, j'ai tellement peur. » Tina lui a demandé ce qui l'effrayait, supposant que c'était la crainte de la mort.

Cependant, la petite fille a répondu : « J'ai peur parce que je vois des lumières qui planent autour de ma tête. On dirait des étoiles ou des fées. »

Tina pleurait des larmes de joie en lui expliquant que les lumières étaient des anges qui l'aidaient à aller bien. « Je savais que c'était la réponse à ma prière, dit Tina, alors j'en ai parlé à Lindsey. Ma petite fille a dit qu'elle savait que c'était vrai. »

Alors, la mère et fille se sont toutes deux endormies et ont passé paisiblement le reste de la nuit. Le lendemain, Lindsey se sentait beaucoup mieux et elle n'a plus jamais eu peur de mourir comme son papa.

Tina n'a pas vu elle-même les lumières mais, lorsqu'elle a fait allusion aux anges, Lindsey a conclu que ces derniers étaient là, ce qui l'a suffisamment rassurée pour que la guérison intervienne. Les anges nous guérissent non seulement en soulageant nos peurs, mais aussi en transmettant de la lumière de guérison à nos corps pour les débarrasser de la négativité et des déséquilibres.

Belinda Warren, du Canada, a reçu ce genre de guérison de la part des archanges, lesquels ont montré leurs lumières colorées caractéristiques. Dans le cas de

Belinda, Raphaël, archange de la guérison, est apparu sous la forme d'une lumière verte. L'archange Uriel, « l'oncle sage » qui nous aide à trouver des solutions créatives, a travaillé en tandem avec Raphaël pour accomplir une guérison en profondeur.

L'année 1999 a été difficile pour Belinda. Épuisée par ce qu'exige l'éducation de deux jeunes enfants, elle se sentait entravée sur le plan financier et ne semblait pas recevoir de soutien affectif de la part de son entourage. Toutes ses relations, y compris son mariage, lui semblaient violence affective et contrainte. Juste au moment où elle allait cesser d'espérer, Belinda a commencé à voir la preuve que les anges étaient présents autour d'elle.

Elle les a d'abord vus comme une lumière rayonnante n'ayant pas de forme. Ils entraient dans sa chambre et y répandaient leur amour comme des couvertures de poudre moelleuse. « M'étant toujours sentie en parfaite sécurité en leur présence, dit Belinda, je me suis mise à attendre leurs visites avec impatience. Ils arrivaient toujours à la même heure de la nuit. »

Les anges émettaient une lumière verte et Belinda en voyait certains briller d'un ton jaune. Une fois, réveillée par les lumières vertes, elle a reçu le message intuitif d'arrêter de s'inquiéter pour ses enfants et pour ses finances car tout allait bien se passer. On lui a dit que les anges étaient en train de la guérir de la peine de cette vie et de vies antérieures.

Belinda a observé un être de lumière parcourir son corps, en partant des pieds, comme s'il était en train de nettoyer ses chakras. L'ange a ralenti dans la région du plexus solaire, près du nombril, et il a semblé à Belinda qu'un nœud se défaisait dans son estomac. Puis, la lumière a continué à remonter sa poitrine, sa gorge et son visage. Après cette séance de guérison, Belinda s'est endormie.

Par la suite, la conscience de sa force personnelle et l'estime qu'elle se portait à elle-même se sont améliorées. Belinda a commencé à s'imposer dans ses relations et à se sentir en sécurité, ce qui lui a permis d'être en contact avec les gens. « Peu à peu, je me suis mise à défendre mes intérêts, dit Belinda. C'était très effrayant au début mais j'ai persisté, tout simplement. À présent, je n'ai que des relations merveilleuses et incroyablement tendres dans ma vie, et les anges sont entièrement responsables de ce qui est arrivé. »

Guérir avec les bougies

Vous pouvez invoquer un surcroît de lumière avec les bougies. Fixer une bougie blanche allumée est un moyen merveilleux et efficace de concentrer votre esprit sur vos désirs et de l'éloigner des pensées effrayantes. Fixez attentivement la flamme, imaginez tous vos plus grands souhaits et dites : « Cela ou mieux, mon Dieu. » Faites appel à d'autres anges et demandez-leur de vous conseiller et de vous protéger dans votre travail de guérison et de manifestation.

Jackie Stevens, d'Australie, était assise à l'église et priait pour une guérison. Elle souffrait dans tout son corps et implorait en silence : « Mon Dieu, les anges, comment retrouver mon énergie, continuer mon chemin et me sentir forte et en bonne santé ? » En l'espace de quelques minutes, elle a entendu murmurer distinctement à son oreille : « Regarde bien la flamme du cierge, envoie-lui de l'amour et de la lumière, reçois amour et lumière, puis bénis Dieu et abandonne-toi. »

Jackie a suivi le conseil et s'est concentrée sur le cierge allumé. « J'avais l'impression que la lumière grandissait en moi, dit-elle. Tandis que j'envoyais de l'amour vers le cierge, j'en sentais s'intégrer à moi. Alors que je bénissais Dieu et que je m'abandonnais, j'ai senti les douleurs et la souffrance s'en aller de même que la tension que j'avais habituellement dans les épaules. »

Les globes angéliques

Le plus souvent, c'est sur les photographies que ressortent les lumières des anges. De nombreux membres de mon public me montrent régulièrement des photos sur lesquelles apparaissent des globes blancs et des formes vaporeuses dont les contours ressemblent manifestement à ceux des anges et des fées. La fréquence accrue de ce phénomène est probablement due aux progrès réalisés en matière d'appareils photo et de photographie numérique. Je pense qu'on peut également l'attribuer à « l'amincissement du voile ». Je veux dire que, puisque nous sommes collectivement en train d'ascensionner et de développer notre conscience spirituelle, nous remarquons plus aisément la présence du monde de l'esprit autour de nous.

À dix ans, Ryan Reynolds, de Cincinnati (Ohio), racontait souvent qu'il voyait des anges. Ryan, à qui on avait diagnostiqué une tumeur inopérable au cerveau, a dit à sa famille qu'il avait vu des anges pendant une promenade en charrette à foin. Trois différentes personnes avaient pris des photos de Ryan au cours de cette promenade, avec trois appareils différents. L'une d'entre elles, reporteuse au *Community Press*, le journal local, se servait d'un appareil appartenant à l'entreprise pour un reportage qu'elle couvrait.

Lorsque les pellicules utilisées dans les différents appareils ont été développées, on a vu sur les photos des globes de lumière entourant le petit garçon. Sur une photo, Ryan était entouré de petites taches blanches ; sur une autre, il était accompagné d'un reflet blanc ayant la forme d'un poisson ; sur une troisième, un grand globe blanc se tenait près de lui. Or, dans chaque appareil, on avait utilisé un type de pellicule différent. Aussi la famille ne savait-elle pas quoi penser des taches blanches apparaissant sur les photos.

Ryan a instantanément reconnu les anges sur les photos. Sa mère s'est souvenue qu'il a pointé du doigt le grand globe blanc de la troisième photo en disant : « M'man, c'est pour ça que je me sentais si bien pendant cette promenade. Tu vois, juste là, c'est mon ange gardien… Je savais qu'il serait là. C'est mon ange, maman. Il me parle tout le temps. » Selon sa mère, Ryan parlait fréquemment des anges.

Ryan s'en est allé paisiblement, deux mois après la promenade en charrette à foin, en sachant que ses anges gardiens l'entouraient. Avec tous ces anges autour de lui, on peut se demander pourquoi il n'a pas recouvré la santé et vécu. Eh bien, je pense que la finalité de sa vie était que l'émotion causée par sa mort attire l'attention sur la présence des anges. Son histoire est passée aux nouvelles dans le monde entier ; sa vie a causé tout un remue-ménage dans les salles de presse qui, normalement, ne rapportent pas les événements liés aux anges. S'il avait guéri, son cheminement serait probablement passé inaperçu, étant donné la tendance de la presse à ne se concentrer que sur les récits sensationnels. L'âme courageuse de Ryan Reynolds, en enfant de dix ans, est allée au Ciel pour que dans le monde entier les adultes puissent méditer sur la réalité des anges gardiens.

Les anges apparaissent sur la pellicule parce que les appareils photo sont en mesure de capter la lumière et l'énergie avec une précision et une sensibilité de plus en plus grandes. Dans le chapitre suivant, nous aborderons l'énergie dans sa relation avec la santé et la guérison physiques et émotionnelles.

CHAPITRE 14

Travail de guérison par l'énergie

Notre corps produisant de l'électricité, il est logique que nous puissions faire appel à cette électricité naturelle et la transmettre à d'autres. La guérison est le fruit de l'énergie envoyée avec amour et jumelée avec des intentions limpides. La guérison énergétique est un aspect particulier de la lumière.

Aujourd'hui, dans les hôpitaux et les cliniques médicales du monde entier, on offre sur place ou on recommande des traitements avec « thérapies complémentaires » ou « auxiliaires » incluant le travail de guérison énergétique. Comme le montrent les études présentées ci-après, la confiance en ce travail est bien fondée.

Études scientifiques sur le chi-gong

La pratique de guérison énergétique utilisée depuis les temps anciens par les Chinois et connue sous le nom de chi-gong (prononcer *tchi-gong*) a fait l'objet de beaucoup d'attention de la part de la science médicale. Elle s'appuie sur des mouvements corporels qui poussent le *chi* (l'énergie de la force vitale universelle) à travers le corps, supprimant ainsi les blocages énergétiques qui peuvent provoquer la maladie. Les études, principalement effectuées dans des hôpitaux universitaires de Chine, montrent des résultats significatifs lorsque le chi-gong est utilisé pour traiter la maladie, la douleur et les dépendances.

Par exemple, des chercheurs de la Tongji Medical University (Chine) ont montré que les traitements par le chi-gong inhibaient la croissance tumorale et stimulaient les fonctions immunologiques et antitumorales chez les rats. Ces effets étaient encore plus prononcés quand le chi-gong était associé à la chimiothérapie.

Dans une étude portant sur des hommes héroïnomanes, menée à la Guangzhou University (Chine), le chi-gong a présenté de remarquables résultats de guérison. Quatre-vingt six héroïnomanes ont été répartis en trois groupes. Ceux du premier groupe ont appris à pratiquer le chi-gong (les mouvements sont semblables à ceux du tai-chi ou du yoga). De plus, ils ont reçu des traitements énergétiques d'un praticien confirmé du chi-gong. Ceux du deuxième groupe ont été traités en désintoxication et ceux du troisième n'ont reçu aucun traitement. Les résultats ont été passionnants et statistiquement significatifs. Dans le groupe traité avec le chi-gong, le sevrage a été beaucoup plus rapide et plus facile, s'accompagnant de taux d'inquiétude peu élevés. Plus important encore, au bout de cinq jours de traitement avec le chi-gong, il n'y avait plus trace d'héroïne dans les urines des hommes de ce groupe, alors qu'il a fallu, pour arriver à ce résultat, neuf jours à ceux du groupe traité en désintoxication et onze jours à ceux ne recevant aucun traitement.

Une étude menée à la New Jersey Medical School a fourni des résultats aussi impressionnants. Cette étude comparait deux groupes de personnes souffrant de douleurs chroniques. Un groupe a été formé et traité par un maître en chi-gong, l'autre par une personne non qualifiée. Au bout de trois semaines, la souffrance avait diminué chez 91 % — ce qui est énorme — de ceux ayant été traités avec le véritable chi-gong, en comparaison de 36 % seulement chez ceux du groupe traité avec un « faux » chi-gong.

Le « chi-gong mouvement » est une sorte de méditation en mouvement. Dans une intéressante étude menée à Tokyo (Japon), des patients diabétiques ont été placés au hasard, soit dans un groupe pratiquant le chi-gong mouvement soit dans un autre faisant de la marche traditionnelle. Après une marche faite par les deux groupes dans la demi-heure qui a suivi le repas du midi, les patients du groupe de chi-gong ont présenté une importante baisse du niveau de glucose du plasma.

Voici les résultats obtenus par d'autres études scientifiques :

- Une étude réalisée par la Life University, de Marietta (Géorgie), a montré une amélioration de 20 pour cent de la capacité de ventilation pour l'absorption d'oxygène et la production de dioxyde de carbone après 20 minutes d'exercices de respiration de chi-gong pendant 10 jours consécutifs.

- Une étude a montré une importante diminution du taux de mauvais cholestérol dans le sang de patients hypertendus, s'accompagnant d'une augmentation du taux sérique de cholestérol HDL (bénéfique) parmi ceux qui pratiquaient le chi-gong depuis un an.

- Une étude similaire, effectuée à Shanghai sur des patients hypertendus, a montré l'effet régulateur du chi-gong sur la variation hémodynamique ainsi qu'une amélioration de la fonction ventriculaire gauche.

ÉTUDES SUR LE REIKI, LE TOUCHER THÉRAPEUTIQUE ET AUTRES TRAITEMENTS ÉNERGÉTIQUES

Comme je l'ai mentionné précédemment, le Reiki et le toucher thérapeutique sont des pratiques de guérison énergétique semblables au chi-gong ; la seule différence, c'est qu'au lieu de travailler avec la respiration et le mouvement, on transmet l'énergie de guérison uniquement par les mains. Les deux pratiques ont attiré l'attention des chercheurs des hôpitaux et des écoles de soins infirmiers. Si les résultats du Reiki et du toucher thérapeutique ne sont pas aussi impressionnants que ceux du chi-gong, ils méritent néanmoins d'être remarqués.

Une étude menée au Cross Cancer Institute d'Edmonton (Canada) a montré une réduction très significative des douleurs chez vingt personnes souffrant de douleurs chroniques ayant été soignées avec le Reiki.

Dans un centre du Québec, vingt personnes qui avaient reçu un diagnostic de cancer en phase terminale ont été traitées trois fois par toucher thérapeutique. Elles ont fait état d'une diminution des douleurs, des nausées, de la dépression, de l'inquiétude et de l'essoufflement, et d'un accroissement de leurs activités, de leur appétit, de leurs moments de détente et de leur paix intérieure.

Se pourrait-il que les bienfaits des soins par le Reiki et le toucher thérapeutique soient dus à l'effet placebo ou au surcroît d'attention reçu par les patients des artisans de l'énergie d'amour ? Les résultats d'une autre étude, réalisée à la University of Southern Maine, soutiennent d'un point de vue clinique l'efficacité du travail de guérison énergétique. Dans le cadre de cette étude, des personnes souffrant de douleurs chroniques ont fait une thérapie cognitive du comportement afin d'apprendre comment gérer leurs malaises ; puis, la moitié du groupe a été traitée par toucher thérapeutique. Les patients ayant reçu ces traitements complémentaires ont fait état d'une augmentation de leur efficacité personnelle, ce qui signifie qu'ils étaient plus optimistes quant à leur pouvoir de surmonter la douleur. En outre, ils étaient plus à même de poursuivre leur programme de thérapie cognitive du comportement. Là encore, c'était probablement dû au surcroît d'espoir, de confiance et d'optimisme apporté par le toucher thérapeutique.

Bien sûr, on pourrait soutenir que ces trois études se sont appuyées sur les données subjectives des patients. En d'autres termes, les gens qui ont reçu des traitements énergétiques ont dit aux chercheurs qu'ils se sentaient mieux. Or, se pourrait-il qu'ils aient exagéré les bienfaits obtenus ? À Houston, des chercheurs du University of Texas Health Science Center ont décidé de procéder à des tests biologiques sur des personnes traitées avec le Reiki. Ils ont observé que les sujets recevant un soin de 30 minutes présentaient des baisses significatives de la tension artérielle systolique, une augmentation de la température cutanée et une diminution de l'activité électromyographique (mesure de la tension musculaire) pendant les séances. De plus, les sujets indiquaient une importante diminution de l'anxiété.

Le toucher humain suffit peut-être à déclencher ces effets guérisseurs. Afin de vérifier cette hypothèse, des chercheurs du centre de brûlés de l'University of Alabama at Birmingham (UAB) ont divisé en deux un groupe de 99 patients blessés par brûlures. Un groupe a été traité quotidiennement par toucher thérapeutique pendant cinq jours, tandis que l'autre a reçu un traitement du même genre et de même durée de la part de personnes non formées se faisant passer pour des praticiens du toucher thérapeutique.

Des résultats statistiquement significatifs sont apparus chez ceux qui ont été traités par des praticiens compétents : ces patients ont fait état d'une réduction plus importante des douleurs et de l'anxiété que ceux qui ont reçu un faux traitement. De plus, ceux qui ont été traités par toucher thérapeutique ont présenté une importante baisse des lymphocytes sanguins, ce qui révélait les bienfaits physiologiques du traitement énergétique.

Un point frappant dans la plupart des études sur le chi-gong, le Reiki et le toucher thérapeutique est la manière dont tous trois font diminuer l'anxiété de façon importante. L'anxiété étant une cause et un effet de la maladie mentale et physique, la valeur de l'effet guérisseur du traitement énergétique vient de la capacité à la faire diminuer.

J'ai étudié plusieurs techniques de traitement énergétique : le Reiki (j'ai atteint le niveau Maître) ; le traitement par polarité, fondé sur le travail avec les pôles positif et négatif du corps (comme quand vous utilisez une batterie d'appoint pour faire démarrer votre voiture) et le pranic, qui implique une purification en profondeur des chakras. D'innombrables nouvelles formes de Reiki, de toucher thérapeutique et de travail de guérison énergétique sont apparues. Les méthodes de guérison énergétique donnent aux guérisseurs naturels davantage foi en leurs dons spirituels innés. De plus, elles fournissent des cadres organisés pour mener un travail dans ce domaine.

Évidemment, comme dans n'importe quelle autre profession, certains guérisseurs énergétiques — en raison de leur manque d'intégrité — font une mauvaise renommée à ce genre de pratique. Lorsque vous cherchez un guérisseur énergétique ou un enseignant, votre meilleure carte est d'obtenir des références de gens en qui vous avez confiance et de suivre votre intuition lorsque vous rencontrez la personne et travaillez avec elle. Si vous ressentez un malaise sur le plan physique ou émotionnel en sa présence, si vous avez l'impression que son principal objectif est financier, ou si elle fait pression sur vous pour que vous entrepreniez des séances ou preniez des cours qui ne vous semblent pas pertinents, trouvez un autre praticien.

SPIRITUALITÉ DU TRAVAIL DE GUÉRISON ÉNERGÉTIQUE

Beaucoup de gens s'orientent vers la voie de la spiritualité lorsqu'ils subissent un stress quelconque. Ils décident de chercher un soulagement et des réponses à l'intérieur d'eux-mêmes. Jennifer Hull est l'exemple de quelqu'un qui a trouvé la spiritualité à la suite de souffrances causées par la maladie.

> À 63 ans, souffrant de fibromyalgie depuis de nombreuses années, cette résidente de Hawaii avait essayé différents types de traitement. Un jour, elle est allée chez un nouveau médecin qui lui a conseillé d'essayer le toucher thérapeutique, une sorte de guérison énergétique. L'idée était nouvelle pour Jennifer et son mari.
>
> Le jour de la guérison, Jennifer et son mari avaient été conduits dans une petite pièce où la dame avait immédiatement ressenti une impression de profonde relaxation. Les praticiens, un homme et une femme, étaient mariés l'un à l'autre et travaillaient ensemble, et Jennifer a été frappée par la douceur de leurs voix et de l'expression de leurs visages. Tandis que son mari s'asseyait dans un coin de la pièce, ils ont aidé Jennifer à s'allonger sur la table de massage, faite de coussins et de couvertures confortables et d'un oreiller moelleux.
>
> Les thérapeutes ont expliqué qu'ils allaient faire une courte prière en silence, puis ils ont passé leurs mains au-dessus du corps de Jennifer sans réellement le toucher. Après cette période de réchauffement, ils ont commencé à imposer leurs mains sur le corps. Tandis

que le couple lui transmettait de l'énergie, Jennifer ressentait de petites sensations électriques.

Avec l'imposition des mains, Jennifer a commencé à avoir d'intenses visions. Elle s'est vue dans une scène nocturne à Maui ; il y avait des palmiers partout. Une femme se tenait derrière un arbre. Lorsque Jennifer l'a fixée dans les yeux, le décor en arrière-plan a viré à un ciel bleu clair, puis la femme a disparu.

Jennifer a attendu patiemment pour voir ce qui arriverait ensuite. Quelques minutes après, un autre visage est apparu. Jennifer a dit : « C'était une jeune fille d'environ 12 ou 13 ans, très jolie, avec des cheveux noirs coupés court, un visage en forme de cœur et des traits délicats. On aurait dit qu'une lumière de guérison rayonnait de ses yeux, qui s'accordaient avec le bleu de l'arrière-plan. Elle me souriait et me regardait avec tellement d'amour que cela m'a donné une merveilleuse sensation de bonheur. L'euphorie que je ressentais m'enveloppait et me donnait l'irrésistible impression que la fille comprenait et reconnaissait ma souffrance, et toute la souffrance physique et mentale que j'avais endurée au cours des dernières années.

« Puis mon doux petit ange a disparu, mais pas sans me laisser de quoi penser. Au loin, j'ai vu un petit objet apparaître et venir vers moi comme un objet animé sur ordinateur. J'attendais de voir ce que c'était et, quand j'ai pu le distinguer, j'ai eu une surprise incroyable. C'était une image de Jésus en buste.

« Les deux anges étaient apparus dans des couleurs très réalistes ; cependant, l'image de Jésus ressemblait au négatif d'une photo ou à une gravure, tout en ombres noires, blanches et grises. La vision de Jésus a disparu comme elle était venue, s'éloignant lentement en tournant. Comme je la perdais de vue, le thérapeute m'a demandé de me tourner sur le ventre ; ensuite, je suis restée silencieuse jusqu'à la fin de la séance. »

Lorsque la séance s'est terminée, le mari de Jennifer était en larmes. En sortant de la pièce, il a pris sa femme dans ses bras, lui disant combien il l'aimait et s'excusant d'avoir été si difficile à vivre récemment. Jennifer dit que cette séance a changé sa vie.

Peu de temps après, à la librairie, Jennifer a acheté le dernier exemplaire de mon livre *Healing with the Angels* et, le mois suivant, le dernier paquet de mes cartes divinatoires, *Healing with the Angels Oracle Cards.* Elle les a mis dans un tiroir et n'y a plus pensé. Puis, elle est allée au salon de coiffure, où un praticien de thérapie des anges donnait des lectures avec mes cartes. Il a encouragé Jennifer à utiliser ces dernières afin de rester en contact avec ses anges gardiens.

Aujourd'hui, Jennifer parle régulièrement à ses anges, à l'aide des cartes et par le biais de la prière et de la méditation, et elle est constamment consciente de leur présence. Elle a atteint la paix de l'esprit, car les anges l'ont rassurée sur le fait que la vie ne se limite pas à l'expérience terrestre. Elle a reçu le signe qu'elle avait toujours espéré et ne se sent plus jamais seule maintenant.

La guérison énergétique des animaux de compagnie

Les animaux sont très sensibles à l'énergie qui les entoure ; aussi tombent-ils souvent malades lorsqu'il y a du stress dans leur foyer. Si un membre de la famille est perturbé, il se peut que l'animal absorbe cette énergie et manifeste les symptômes d'une maladie.

Inversement, les animaux réagissent très rapidement à l'énergie de guérison qu'on leur transmet. Ils guérissent vite en réponse à quiconque a l'intention limpide d'être un canal d'énergie de guérison. Transmise avec les mains, cette énergie est jumelée avec un amour profond.

Rachel Ann Pernak-Brennon, de Grande-Bretagne, a eu le cœur brisé lorsque Ben, son colley, a reçu un diagnostic de cancer. Accablée de chagrin, Rachel s'est assise et s'est mise à verbaliser ses sentiments. Elle ne priait pas et ne s'adressait à personne ; c'était plutôt une manière d'évacuer ses émotions.

En quelques instants, Rachel a senti une bienveillante présence spirituelle près d'elle, et elle a demandé à l'ange : « Si je peux faire quoi que ce soit pour aider mon chien à guérir, s'il vous plaît, dites-moi quoi et je le ferai. »

Rachel raconte ce qui s'est passé ensuite : « J'ai commencé à sentir des fourmillements et des pulsations dans les mains ; on aurait presque dit que ces sensations débordaient de ma peau. J'avais très chaud et j'avais l'impression que quelqu'un était présent ; c'est alors que j'ai ouvert les yeux. Je ne pouvais pas y croire, mais j'ai vu briller plein de petites lumières étincelantes.

« Il y avait toujours ce fourmillement dans mes mains et, pendant ce temps, Ben était venu dans la pièce et s'était assis à côté de moi. J'ai placé mes mains au-dessus de lui. Tout d'abord, il a semblé un peu hésitant, puis il s'est installé et s'est endormi. »

Rachel n'avait aucune expérience de la guérison par imposition des mains, mais elle s'est fiée à sa voix intérieure. Elle a gardé ses mains au-dessus de Ben pendant dix minutes, jusqu'à ce que cesse la sensation de fourmillement. Plus tard dans la nuit, elle a trouvé une plume blanche ; alors, elle a su que c'était le signe de l'intervention d'un ange. Les jours suivants, elle en a trouvé deux autres.

Cette expérience a poussé Rachel à se mettre à parler fréquemment à ses anges. La femme, qui se sentait guidée, a continué à transmettre de l'énergie de guérison à son chien. Peu de temps après, les examens ont montré que le cancer de Ben avait complètement disparu.

Rachel s'est dirigée vers la thérapie holistique afin d'accomplir des guérisons angéliques non seulement avec d'autres animaux, mais aussi avec des gens.

L'histoire suivante montre à quel point les animaux réagissent bien à l'énergie de guérison jumelée avec des intentions limpides exprimées sous la forme d'affirmations positives.

Jerry Hirshfield, psychothérapeute en Californie, a remarqué une grosse verrue sur le cou de Joy, son chat. Plus tard ce jour-là, il s'est rendu chez le vétérinaire avec l'animal. Le spécialiste a enlevé l'excroissance et dit à Jerry que cette dernière reviendrait probablement. C'est ce qui est arrivé quelques mois plus tard et le vétérinaire a de nouveau procédé à l'intervention.

La verrue a repoussé quelques semaines après. C'est alors que Jerry a tenté d'envoyer de l'énergie d'amour avec sa main. Il a caressé le cou de Joy tout en sentant des ondes d'amour pénétrer dans la verrue et la réduire à rien. Il répétait mentalement : « L'amour de Dieu est tout-puissant et il guérit cette grosseur à l'instant. Ton cou est intact, parfait et entier. Il est guéri par le pouvoir infini de l'amour, qui rétablit tout et qui rend tout parfait. Cette verrue, qui n'est qu'une apparence, disparaît dans le néant, là où elle devrait être. »

Jerry a répété ce traitement deux fois par jour et, en trois jours, la verrue avait diminué. Après une semaine de traitements suivis, elle avait entièrement disparu. Elle est revenue encore une fois ; alors, Jerry a appliqué la même forme d'énergie d'amour et de prière et, une nouvelle fois, l'excroissance s'est résorbée.

Cependant, lorsque plus tard la verrue est réapparue, Jerry s'est tourné vers les anges pour obtenir de l'aide. Il avait récemment lu un livre sur les guérisons angéliques et, cette fois, il a ajouté ce qui suit à ses prières précédentes : « Chers anges, aidez-moi s'il vous plaît à guérir le cou de Joy avec l'amour de Dieu. » La verrue a disparu plus vite que les autres fois et n'est pas revenue à ce jour.

Depuis lors, Jerry applique le même traitement, avec l'aide de ses anges, à ses propres douleurs, souffrances et maladies. C'est ainsi qu'une mauvaise grippe qu'il avait attrapée a disparu en trois jours alors que, chez d'autres gens, les symptômes semblaient durer au moins une semaine ou deux. Pratiquement toute souffrance à laquelle il applique ce traitement soit disparaît complètement soit diminue considérablement.

« Je sais à présent que nous avons toujours accès à l'énergie de Dieu et que celle-ci guérit instantanément si nous nous plaçons consciemment dans son champ, dit Jerry. Faire appel aux anges nous aide à mieux y parvenir parce que ceux-ci sont en permanence dans ce champ énergétique. »

Jerry, qui a appliqué ce traitement à d'autres personnes, constate que les guérisons se produisent en proportion directe avec la foi de celui qui reçoit. « En effet, les gens qui sont ouverts à la possibilité d'être aidés de cette manière sont ceux qui reçoivent la plus grande aide », dit-il.

GUÉRISON ÉNERGÉTIQUE DES OBJETS SOI-DISANT INANIMÉS

L'énergie de guérison guérit non seulement les corps physiques des personnes et des animaux, mais aussi les objets en apparence inanimés. Puisque tout est constitué d'atomes et d'énergie, l'énergie de guérison peut avoir un effet sur tout.

> Guérisseuse en Australie selon la méthode *Angel Intuitive* et le Reiki, Kristen a découvert qu'un virus avait infecté son ordinateur. Elle a tenté de supprimer les fichiers infectés avec un détecteur de virus, mais le mal était fait. Après avoir essayé différentes méthodes pour résoudre son problème, Kristen est allée se coucher contrariée et déçue.
>
> Le lendemain matin, elle a décidé de passer une nouvelle fois le détecteur de virus, tout en envoyant de l'énergie Reiki à son ordinateur et en demandant aux archanges Michael et Uriel de l'aider à purifier celui-ci de tous les virus. Elle a expliqué aux archanges qu'un ordinateur infecté pourrait avoir des conséquences néfastes sur son travail spirituel.
>
> Dans l'intervalle, Tim, le mari de Kristen, a suggéré à sa femme de recourir à un spécialiste en informatique. La guérisseuse a déclaré qu'elle n'en avait pas besoin puisque les anges avaient la situation en mains. En quelques minutes, le résumé du programme s'est affiché, annonçant : « Aucun fichier infecté ». Kristen et Tim ont remercié les anges avec joie et reconnaissance. Plus tard dans la journée, lorsqu'elle a tiré une carte divinatoire, Kristen n'a pas été surprise que ce soit celle de l'archange Michael. »

Si le travail de guérison dont il est question ici est si efficace, c'est parce que tout dans l'univers est constitué d'énergie. En envoyant de l'énergie de guérison, nous ramenons les réseaux énergétiques à leur état naturel de santé et d'ordre.

Une importante part du travail de guérison énergétique implique la purification et l'équilibrage des chakras, les centres énergétiques internes du corps. Le travail sur les chakras peut nous aider à guérir physiquement et émotionnellement, comme je vais l'expliquer dans le chapitre suivant. Ceux qui connaissent déjà le travail de guérison sur les chakras liront peut-être plus particulièrement les parties portant sur les nouvelles formes de travail ayant trait à la purification des chakras en relation avec les dépendances, les vies antérieures et les attaques psychiques.

CHAPITRE 15

Prendre soin du corps énergétique et des chakras

De nos jours, beaucoup de gens connaissent les chakras (*chakra* signifie « roue » en sanscrit, langage ancien de l'Inde). Comme je l'ai indiqué précédemment, les chakras sont les roues énergétiques internes qui propulsent l'énergie de la force vitale dans le corps, un peu comme les leviers poussent les billes dans un billard électrique.

La plupart des écoles traitent des sept chakras principaux, qui sont représentés un peu plus loin. Il s'agit du chakra de la racine, à la base de la colonne vertébrale ; du chakra sacré, placé à mi-chemin entre la base de la colonne vertébrale et le nombril ; du chakra du plexus solaire, situé derrière le nombril ; du chakra du cœur, situé dans la poitrine ; du chakra de la gorge, qui se trouve dans la région de la pomme d'Adam ; du troisième œil (chakra du front), situé entre les deux yeux physiques ; et du chakra de la couronne, qui prend place au sommet de la tête. J'ajoute les chakras des oreilles, au-dessus des deux sourcils.

* * *

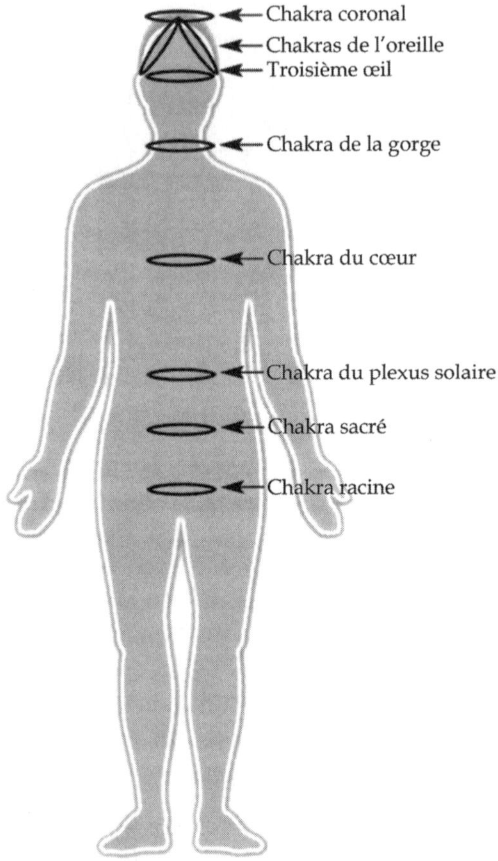

Chaque chakra a une couleur vibratoire qui dépend de la vitesse à laquelle tourne la « roue ». Les couleurs froides (comme le violet, le bleu et le vert) proviennent de chakras et de vibrations lumineuses à mouvement plus rapide que les couleurs chaudes (tels le jaune, l'orange et le rouge), qui sont issues de chakras et d'une lumière au mouvement plus lent.

Chaque chakra correspond à la fonction qu'il régule. Les chakras situés près d'une glande hormonale interviennent dans la régulation et l'équilibre de cette glande. Quatre des chakras ont une influence sur les capacités psychiques connues comme le « clair savoir » (le fait de connaître des faits sans savoir comment on a reçu l'information), le « clair entendre » (le fait d'entendre la voix du Divin), la « clairvoyance » (le fait d'avoir des visions psychiques) et le « clair sentir » (le fait d'avoir des perceptions intuitives).

LES CHAKRAS			
NOM DU CHAKRA	EMPLACEMENT SUR LE CORPS	COULEUR ASSOCIÉE	PROPRIÉTÉS
Chakra de la couronne	Sommet de la tête	Violet	Clair savoir
Chakras des oreilles	Au-dessus de chaque œil	Mauve	Clair entendre
Troisième œil	Entre les deux yeux	Bleu indigo	Clairvoyance
Chakra de la gorge	Sur la pomme d'Adam	Bleu clair	Aveu de la vérité, à soi et aux autres Projets créatifs
Chakra du cœur	Dans la poitrine	Vert	Clairsentir Relations Amour spirituel
Chakra du plexus solaire	Près du nombril	Jaune	Pouvoir et maîtrise
Chakra sacré	Entre le plexus solaire et la racine	Orange	Santé et appétits corporels
Chakra de la racine	À la base de la colonne vertébrale	Rouge	Sécurité sur le plan de la carrière, des finances et du foyer

Purifier les chakras

Les chakras étant très sensibles, ils peuvent absorber de l'énergie négative, ce qui provoque leur assombrissement et un déséquilibre dans leurs dimensions. Chez les gens en santé, ils sont de la même taille (en équilibre) et débarrassés de l'énergie obscure (purs). Cette dernière provient du fait d'être à proximité de personnes ou de situations négatives ou d'avoir soi-même des pensées négatives. Le rétrécissement d'un chakra est dû aux peurs ressenties par rapport au problème en lien avec ce chakra, alors que les obsessions liées au problème associé à ce chakra feront enfler ce dernier de façon disproportionnée en comparaison des autres.

Garder vos chakras purs et en équilibre est l'une des manières les plus simples de développer vos capacités psychiques. Le yoga et la méditation sont deux puissantes méthodes qui peuvent vous aider à purifier vos chakras et à les garder en équilibre. Si vous préférez une méditation guidée, servez-vous du cédérom que j'ai conçu à cette fin et qui s'intitule *Chakra Clearing* ; ce dernier est tout à fait efficace. De plus, dans la troisième partie du présent livre, vous trouverez plusieurs méthodes aidant à purifier et à équilibrer les chakras.

Les liens éthériques

Chaque fois que nos relations comportent une peur quelconque, nous développons un attachement réciproque malsain. Cet attachement est comme une laisse et on peut entendre les messages « Ne change pas ! », « Ne me laisse pas ! » ou « Ne me fais pas de mal ! »

Lorsqu'ils sont perçus, de tels attachements sont à la fois palpables et visibles. Je les vois comme des « conduits » éthériques parce qu'ils ressemblent à des tubes chirurgicaux allant d'une personne à une autre (dans certains cas, le conduit va d'une personne à un objet matériel qu'elle a peur de perdre). Les liens éthériques sont des formes renforcées de dysfonctionnement que vos impressions psychiques vous permettent de percevoir.

Les liens éthériques créent un canal par lequel l'énergie circule entre deux personnes. Celle qui est à l'autre bout du lien peut épuiser votre énergie sans que vous en ayez conscience ou vous envoyer de l'énergie négative, provoquant ainsi une souffrance physique qui semble n'avoir aucune cause d'un point de vue médical.

Les gens serviables sont souvent attachés par de nombreux liens aux personnes qu'ils aident. Le fait qu'ils soient payés pour aider les autres n'importe pas. Les liens sont établis lorsque « l'aidé » devient dépendant du soutien apporté par « l'aidant ». Alors, si votre meilleur ami vous appelle continuellement pour obtenir des conseils, vous êtes probablement attaché à lui par un lien éthérique.

De nombreux individus souffrant de douleurs à l'épaule, au cou et au dos présentent dans ces régions de gros cordons qui sont les véritables responsables des douleurs. Plus la relation existe depuis longtemps, plus le cordon est volumineux. Les plus gros cordons sont donc ceux par lesquels la plus grande quantité d'énergie circule dans un mouvement de va-et-vient. C'est pourquoi je découvre souvent que des gens souffrant de douleurs chroniques sont attachés aux principaux membres de leur famille par d'énormes cordons.

Samantha, une femme qui assistait au cours *Angel Intuitive* que j'ai donné à Melbourne, est montée sur l'estrade et m'a autorisée à couper les grands liens que je voyais dépasser de son dos. Lorsque je lui ai demandé si elle avait mal au dos, Samantha a répondu qu'elle souffrait de douleurs chroniques qui lui causaient de fréquentes insomnies. J'ai eu l'intuition que ces liens allaient jusqu'à son ancien mari, avec qui elle avait une relation conflictuelle concernant la garde partagée des enfants. Immédiatement, Samantha a admis que son ex-conjoint avait été « une plaie ».

J'ai fait appel à l'archange Michael pour couper les cordons de Samantha, mais j'ai découvert que ces derniers ne se laissaient pas trancher, ce qui indique toujours que la personne se raccroche à une colère, à une absence de pardon ou à un désir de vengeance. Alors, j'ai demandé à Samantha de prendre une grande inspiration, puis je lui ai demandé ceci : « Voudriez-vous être enfin libérée de ces maux de dos associés à votre ancien mari ? Voudriez-vous échanger la souffrance contre la paix ? »

Lorsqu'elle a expiré en répondant « Oui », il a été facile pour Michael et moi de couper les cordons. Le jour suivant, Samantha m'a dit, ainsi qu'aux étudiants du cours, qu'elle n'avait pas eu de douleurs la nuit précédente et qu'elle n'avait jamais aussi bien dormi. Pour la première fois depuis son divorce, elle était capable de penser à son ancien mari sans éprouver de colère.

En plus d'entraîner une souffrance physique, les cordons éthériques sont la cause du syndrome de fatigue chronique et du syndrome d'épuisement chez les guérisseurs. Dans de tels cas, le professionnel a trop de cordons qui le rattachent à des gens ayant besoin d'aide, et ceux-ci drainent son énergie. Si vous êtes dans cette situation, il se peut que vous redoutiez que des gens dépendent entièrement de vous. Toutefois, si leur état de besoin vous rend inefficace, c'est qu'ils vous ont fait descendre à leur niveau. Ils ont miné vos forces, ce qui n'est bon pour personne.

Pour assainir la situation, affirmez mentalement à ces gens : « Dieu répond à vos besoins tout comme aux miens. Vous êtes forts, vigoureux et guéris, tout comme moi. » Puis, demandez aux anges de vous donner la force de dire non et de vous procurer une estime assez grande de vous-même pour vous autoriser à faire une pause quand vous en avez besoin. Gardez votre chakra de la gorge dans un état de pureté pour qu'il vous donne le courage d'être honnête avec les personnes épuisantes.

(Dans la troisième partie de ce livre, vous découvrirez des méthodes particulières permettant de couper les cordons éthériques et d'évacuer les débris psychiques de vos chakras.)

Jeannine Proulx passait une période difficile et c'est en désespoir de cause qu'elle s'est servie d'une méthode pour trancher des cordons éthériques. Son fiancé était retombé dans la dépendance et avait été hospitalisé dans un centre de traitement. Comme les circonstances laissaient le couple coincé financièrement, Jeannine a dû déménager chez les parents de son fiancé.

Lorsque le futur conjoint est rentré à la maison, sa mère a attaqué Jeannine, l'accusant d'être à l'origine de la dépendance et de la rechute de son fils. Cette femme était dans une telle fureur que Jeannine est partie vivre quelques jours chez son frère.

À cette époque, Jeannine lisait *The Lightworker's Way.* Tout en conduisant pour se rendre chez son frère, elle a pensé à la méthode pour couper les cordons éthériques que je décris dans mon livre. Elle était curieuse de voir à quoi ressemblait son lien à sa belle-mère. Instantanément, elle a eu la vision d'un immense cordon visqueux qui partait de son ventre pour monter vers le ciel et vers sa belle-mère. La vision était tellement forte que Jeannine, qui normalement ne se considère pas comme clairvoyante, en a été effrayée.

Elle s'est visualisée coupant ce cordon avec une scie éthérique et voyait des couches visqueuses se détacher facilement. Toutefois, ces couches extérieures renfermaient des rangées de câbles d'acier ; alors, Jeannine s'est visualisée découpant l'acier avec une scie à chaîne. Les câbles cédaient, comme le fait l'acier, en émettant un son très strident ! Jeannine trouvait cela étrange mais libérateur. Elle a continué jusqu'à ce que le dernier câble — qui a opposé la plus grande résistance — casse sous la puissance de sa scie à chaîne. Puis, en retirant de son ventre ce qui restait du lien, elle a senti un tiraillement douloureux qui a laissé un trou en elle. Alors, elle a rempli ce trou de lumière blanche et d'amour, et la douleur a été soulagée.

« La liberté que j'ai acquise ce jour-là, tandis que je me dégageais des liens qui m'attachaient à la mère de mon fiancé et à sa peur, m'a donné des capacités d'autoguérison plus puissantes que ce que j'aurais pu imaginer. Le fait de laisser aller les peurs des autres et d'affirmer mon pouvoir m'a beaucoup aidée », d'avouer Jeannine.

Jeannine et sa belle-mère ont à présent une relation de respect mutuel, libérée des chaînes d'acier.

Le fait de couper les cordons éthériques et celui de passer l'aspirateur dans les chakras peuvent avoir des effets de guérison en profondeur, remontant parfois jusqu'à des vies passées. Alors que la réincarnation demeure un sujet controversé, ce qui ne l'est pas, c'est le nombre de guérisons résultant d'un travail de régression dans une vie antérieure. Phobies, angoisses et dépendances guérissent rapidement lorsqu'une personne découvre dans une autre existence l'origine de son problème. Quand vous croyez que cette personne a vraiment vécu dans une vie antérieure, qu'il s'agit d'une métaphore s'appliquant à une situation de sa vie actuelle ou que sa vie antérieure relève de son guide spirituel, vous constatez que les résultats de guérison à la suite de régressions dans des vies antérieures sont impressionnants.

Cordelia Brabbs avait participé à l'atelier d'une journée, *Healing with the Angels,* que j'ai donné à Édimbourg, en Écosse. J'y ai guidé les participants dans une séance en profondeur, très intense, où nous avons coupé des liens et passé l'aspirateur avec les archanges Raphaël et Michael. « Durant le processus, j'avais l'impression que de gros morceaux de crasse étaient aspirés de mes chakras et j'étais submergée d'émotions intenses qui m'ont laissée en sanglots », dit Cordelia.

Cinq jours plus tard, elle a soudainement été atteinte d'une violente maladie ressemblant à une intoxication alimentaire. Étant végétarienne, en parfaite santé et ne buvant jamais d'alcool, Cordelia savait que cette maladie n'avait pas d'origine physique. Elle a compris qu'elle était en train de passer à une autre étape du processus de purification énergétique entrepris durant l'atelier. Finalement, les symptômes ont diminué et Cordelia a pu se coucher.

Le lendemain matin, elle avait l'impression qu'on lui avait enlevé un poids énorme. Elle se sentait légère et joyeuse, sans savoir pourquoi et sans être au courant de ce qui s'était réellement passé. Elle était si intriguée qu'elle a demandé à un ami médium de faire un *channeling* pour trouver l'explication. Son ami lui a dit qu'elle s'était débarrassée d'un reste d'énergie datant d'une vie antérieure où, garçon de la classe ouvrière, elle était morte du choléra à 13 ans, en 1812, à New York.

Cordelia a fait sur-le-champ une recherche Internet sur le « choléra » et découvert que ses symptômes de la veille correspondaient exactement à ceux du choléra ! « Depuis mon expérience, dit-elle, je me suis découverte moi-même en récupérant mon pouvoir d'artisane de la lumière et je suis en train de manifester la finalité divine de ma vie, chose qui me terrifiait auparavant. Je crois sincèrement que je dois remercier Michael, Raphaël et les exercices de purification de Doreen pour ma nouvelle vie où la peur est inexistante. »

Guérir des dépendances en coupant les liens éthériques

En plus d'obtenir un soulagement de leur douleur et une augmentation de leur énergie, ceux qui coupent leurs liens éthériques racontent qu'ils sont guéris de leurs dépendances, notamment de l'alcoolisme, du tabagisme, de la toxicomanie et de la frénésie alimentaire.

En 2001, l'archange Raphaël m'a enseigné la méthode pour guérir des dépendances (voir la page 308) et je me suis immédiatement mise à l'utiliser durant mes ateliers. J'en ai fait l'expérience auprès de professionnels afin que ces derniers puissent s'en servir tant pour guérir de leurs propres dépendances que pour aider des clients qui se battent avec les leurs. Je n'ai pas eu le temps d'en étudier scientifiquement l'efficacité, mais les études de cas empiriques que j'ai reçues ont été très impressionnantes.

Vaincre l'hyperphagie

La dépendance à l'égard de la nourriture peut être tout aussi grave que n'importe quelle autre forme de dépendance. La nourriture étant nécessaire à la vie et ce fait étant reconnu légalement et socialement, les gens qui sont aux prises avec l'hyperphagie ont souvent plus de difficulté que ceux qui combattent d'autres dépendances. La méthode de l'archange Raphaël, qui consiste à couper les cordons éthériques avec la substance entraînant la dépendance, fonctionne bien, quelle que soit la forme que revêt cette dernière.

Carolyn B., de Los Angeles, à la fois guérisseuse et thérapeute, a jugé que son excédent de poids nuisait à sa mission de vie. Hormis le fait qu'elle avait reçu des conseils divins l'incitant à perdre du poids, Carolyn désirait un mode de vie plus sain. Elle a décidé de perdre 17 livres sans savoir pourquoi elle choisissait ce nombre.

Carolyn a essayé différentes méthodes d'amaigrissement, mais a obtenu un succès très restreint. Elle a alors participé à mon atelier à l'Agape Church de Santa Monica (Californie), où j'ai fait pratiquer au public la méthode de l'archange Raphaël.

Carolyn s'est libérée de l'envie excessive de nourriture, de la tergiversation et d'autres dépendances. « J'ai littéralement senti ma conscience se déplacer, dit-elle. De plus, j'ai invoqué « l'ange de l'amaigrissement » (une idée à moi) pour lui demander de m'aider. J'ai perdu l'envie de me suralimenter à ce point et j'ai été attirée par des nourritures plus saines. » Carolyn n'a plus eu d'envie furieuse de viande ou d'alcool et a commencé à manger davantage de légumes.

Elle a rapidement perdu 17 livres et deux tailles de vêtement, et a gardé son poids pendant plusieurs mois. Celui-ci lui ayant posé des problèmes pendant six ans, elle dit : « Ce n'est rien de moins qu'un miracle que mon poids ait baissé et qu'il se soit maintenu avec l'aide des anges. Tout d'abord, je ne pouvais pas y croire et je vérifiais continuellement ma balance pour m'assurer que c'était vrai. Avec cette perte de poids, je me sens en meilleure santé et plus heureuse. Les anges sont de vrais magiciens ! »

L'excès de poids n'est pas le seul problème engendré par le furieux besoin de manger. Dans toute dépendance, une partie de la souffrance vient de l'impression que l'on n'a pas d'autre choix que de satisfaire le besoin. Une personne peut être hantée et maîtrisée par ses états de besoin, et le fait de guérir de sa dépendance lui donne la liberté de choisir et engendre habituellement une augmentation de l'estime qu'elle a d'elle-même.

> Carol Manetta, praticienne de thérapie des anges, était aux prises avec des envies quotidiennes de chocolat. Ne voulant subir le contrôle d'aucune substance, Carol a demandé aux anges de l'aider. Immédiatement, elle a ressenti une forte diminution de ses envies et n'a plus senti le besoin de manger du chocolat chaque jour.
>
> Carol mangeait encore du chocolat à l'occasion mais, depuis qu'elle avait demandé aux anges de l'aider à régler son problème, elle les sentait à proximité au cas où elle aurait cédé. Ses frénésies de chocolat diminuaient de plus en plus mais, au bout de deux semaines sans en manger, Carol s'est gavée de bonbons au chocolat dans la soirée. Environ une heure après, son cœur a commencé à taper comme un marteau dans sa poitrine. Ces fortes palpitations l'ont gardée éveillée toute la nuit et, ayant fait de l'arythmie et présentant un prolapsus de la valve mitrale, elle était très angoissée. Quand elle a fait la même réaction avec des bonbons sans chocolat, Carol a décidé de se tenir à l'écart aussi bien du chocolat que du sucre.
>
> Carol dit que c'est un miracle qu'elle n'ait plus d'envies de chocolat. « Maintenant, l'amour de Dieu et les fruits frais apportent de la douceur dans ma vie, dit-elle. Je n'ai plus envie de sucre. En fait, lorsque je vais

dans les épiceries et les magasins de produits santé, je ne suis plus attirée par tous les bonbons et autres sucreries. Je sens une profonde aversion pour tous ces produits sucrés qui sont sur les tablettes des magasins. Ma santé n'a jamais été meilleure et je dois en remercier Dieu et les anges. »

Guérir de la dépendance à l'égard de la drogue et de l'alcool

Habituellement, lorsque nous pensons à la dépendance, ce sont d'abord l'alcool et la drogue qui nous viennent à l'esprit. Exactement comme dans le cas de la guérison de la dépendance de Carolyn et de Carol à l'égard des aliments, le fait de couper les liens éthériques avec des substances psychotropes a des résultats en profondeur, souvent miraculeux.

Holly Andrews-Rising avait recours à de grosses quantités de cocaïne pour cacher sa souffrance affective. Elle savait que cette accoutumance la tuait et qu'il lui fallait arrêter de consommer. Alors, elle a commencé à voir un psychothérapeute qui lui a suggéré de lire mon livre *Healing with the Fairies,* ce qu'elle a fait en trois jours. Se sentant guidée pour chercher dans les archives de mon bulletin d'information, elle a trouvé le numéro de septembre 2002, où se trouvait en détail la méthode de l'archange Raphaël pour guérir des dépendances (une méthode présentée dans la troisième partie du présent ouvrage).

« Je savais au fond de moi que, dans l'hypothèse d'aider quelqu'un un jour à titre d'artisane de la lumière, je devais me débarrasser de mon besoin constant de cocaïne. Alors, j'ai suivi à la lettre toutes les indications de l'archange Raphaël. Jamais je ne serai capable d'expliquer l'impression que j'ai eue ! »

Huit mois plus tard, Holly est sobre, ne touche toujours pas à la drogue et n'en éprouve plus le besoin. À présent, elle termine sa préparation au test de connaissances générales afin d'obtenir son diplôme d'études secondaires et prévoit d'entrer ensuite au collège. Qui plus est, Holly raconte son histoire dans différentes églises afin d'inspirer les autres. Elle remercie chaque jour Dieu et les anges de l'avoir guérie.

Ayant travaillé dans des services de consultation externe et d'hospitalisation pour toxicomanes et alcooliques, je peux témoigner du caractère miraculeux de la guérison de Holly. La dépendance à l'égard de la cocaïne présente l'un des taux de rechute les plus élevés. De plus, cette drogue est une destructrice de vie : son prix exorbitant pousse le toxicomane à s'adonner à des activités malsaines pour obtenir de l'argent. Enfin, elle a un effet corrosif et dangereux sur le corps.

La méthode de Raphaël fonctionne aussi avec la dépendance à d'autres drogues dont l'alcool, la caféine et le tabac.

Après avoir lu la lettre d'information de septembre 2002 d'*Angel Therapy*, Eva Norway a aussi suivi les prescriptions de l'archange Raphaël pour guérir des dépendances. Eva, qui fumait depuis 30 ans, a suivi les étapes de la méthode et se tient loin de la cigarette depuis 15 mois.

J'ai également parlé avec des gens qui ont suivi avec succès cette méthode pour guérir de dépendances à l'égard du travail et du jeu, de même que de l'enlisement dans les relations malheureuses chroniques, les dettes, la procrastination et tout autre comportement entravant la santé et le bonheur.

SE DÉFAIRE DES MALÉDICTIONS ET DES POIGNARDS

Une personne en colère après nous peut, à son insu ou consciemment, envoyer de l'énergie négative dans notre direction. Lorsqu'une personne possédant une forte personnalité est fâchée par quelque chose, elle peut envoyer des boules de feu psychiques. Nous pouvons également nous jeter *nous-mêmes* un sort quand la manière dont les choses se passent dans notre vie nous met en colère.

L'énergie d'une colère intense peut se manifester sur le plan éthérique par des « attaques psychiques ». Lorsque cela arrive, des poignards, des couteaux, des flèches et d'autres objets pointus se logent dans le corps de la personne attaquée, habituellement dans son dos. Bien qu'elles ne soient pas matérielles, ces armes peuvent provoquer des douleurs physiques réelles.

J'ai étudié ce phénomène à la suite de la colère éprouvée par l'une de mes anciennes étudiantes à qui nous n'avions pas permis d'être bénévole lors de l'un de nos séminaires. La fille avait tout de même assisté au séminaire, s'asseyant toujours à l'extérieur. Après la conférence, j'ai reçu un massage de guérison. À la moitié de la séance, j'ai vu une dizaine de poignards sortir de mon dos. Je me suis harmonisée avec eux pour trouver ce que c'était et j'ai su immédiatement que j'avais été attaquée psychiquement par cette ancienne étudiante. Le lendemain, j'ai découvert que mon assistant l'avait été également.

Après avoir effectué des recherches complémentaires, j'ai dirigé des séances publiques sur le sujet. J'ai constaté que la plupart des gens portent sans le vouloir des armes d'attaque psychique dans leur corps éthérique. À l'aide de la méthode que j'expose dans la troisième partie du présent ouvrage, les membres de mon public ont pu voir et sentir ces armes quitter leur corps. Alors que l'archange Raphaël guérissait les blessures et les incisions psychiques, l'archange Michael envoyait de l'énergie d'amour pour guérir l'attaquant et prévenir les assauts ultérieurs.

Le sujet me semblait un peu pesant et sombre. Néanmoins, j'ai constaté que les membres de mon public guérissaient chaque fois que j'employais cette méthode. Plusieurs personnes que j'avais aidées à retirer ces armes de leur corps éthérique m'ont dit avoir ressenti un soulagement instantané de leurs maux de dos et de tête.

Une femme qui ne m'avait même pas entendue exposer cette méthode m'a raconté l'histoire suivante :

> Un jour qu'elle était à l'église, Rochelle s'est mise à prier pour que sa vie s'améliore. Elle a vu alors en face d'elle un ange très grand, les ailes repliées dans le dos, et a entendu une voix désincarnée dire à cet ange ce qu'il devait faire. Celui-ci a tendu le bras et a commencé à retirer des poignards de la gorge, des oreilles et du cœur de Rochelle. Lorsqu'il eut terminé le travail que la voix lui avait ordonné de faire, l'ange est parti soudainement, comme il était venu. Sa lumière était si vive que Rochelle ne pouvait pas ouvrir les yeux.
>
> Environ une semaine plus tard, Rochelle s'est réveillée en pleine nuit et a remarqué une présence sombre dans sa chambre. Elle a alors vu un ange apparaître et chasser cette ombre. Puis elle s'est rendormie paisible, avec la vision d'anges assis tout autour du toit de sa maison.

Rochelle n'ayant parlé d'aucun de ces incidents à son mari, elle était ravie d'entendre ce dernier dire le lendemain qu'il avait, lui aussi, vu un ange dans leur chambre la nuit précédente. Il a dit être certain qu'il n'avait pas rêvé. L'ange avait protégé Rochelle et son mari d'une nouvelle attaque psychique.

Faire entrer plus de lumière

Lorsque nous coupons des liens éthériques et nettoyons nos chakras, nous permettons que davantage de lumière divine brille en nous. Cela équivaut à dépoussiérer une ampoule sale pour qu'elle éclaire de toute sa puissance. Notre lumière intérieure réagit à la chaleur et à l'éclat de la lumière extérieure venant du soleil, de la lune et des étoiles. C'est ce dont je parlerai dans le prochain chapitre.

CHAPITRE 16

Les anges et la lumière du soleil

Puisque la lumière jumelée à l'amour mène à la guérison, il est logique d'introduire autant de lumière et d'amour que possible dans toute situation où une guérison est nécessaire. Quelle que soit la méthode employée (purification des chakras, travail de guérison énergétique, cristaux, etc.), plus il y aura de lumière, mieux ce sera.

Dans les temples de guérison de l'Atlantide, nous utilisions des cristaux pour diriger vers les chakras des patients la lumière du soleil et de l'esprit que nous puisions dans les lignes énergétiques. De grandes pointes de cristal étaient placées au-dessus de chaque chakra des patients couchés sur un lit de cristal. Chacune à leur tour, les prêtresses orientaient successivement vers chaque chakra la lumière passant dans chacun des cristaux. Au cours de ces séances de guérison, nous priions et faisions appel aux anges. Des gens de partout faisaient le voyage vers nos temples pour vivre des guérisons en profondeur.

La lumière du soleil est un moyen de guérir qui remonte notamment à la Grèce, à la Rome et à l'Égypte anciennes. Par exemple, en Grèce et à Rome, les médecins envoyaient leurs patients dans des solariums pour leur permettre se s'exposer aux vertus de guérison des rayons du soleil. Hippocrate, le « père de la médecine » grecque, préconisait l'héliothérapie (guérison par le soleil) dans ses écrits et la prescrivait à ses patients. À la fin des années 1800, les médecins traitaient la tuberculose par l'exposition au soleil, celui-ci étant capable de tuer les bactéries associées à cette maladie et aux infections qu'elles provoquaient.

Nombre d'anciennes civilisations adoraient littéralement le soleil. Dans les cultures aztèque, maya, égyptienne, celte, perse, grecque et romaine entre autres, on priait les divinités solaires pour recevoir aide et guérison. Au cours des cérémonies organisées en l'honneur du soleil, on louait ce dernier pour sa force qui engendre la vie. Les premières églises chrétiennes et catholiques ont dit de cette adoration païenne qu'elle était un péché et se sont mises à en décourager avec véhémence la pratique. Pourtant, certaines langues portent encore la marque évidente de ce culte ; en anglais, par exemple, le « jour du Seigneur » est en fait le jour du soleil (*sun*day).

* * *

Dans la formule de guérison, la part de l'amour vient de la prière et de l'appel à l'aide lancé au Ciel. Les anges, en tant qu'êtres purs et dépourvus d'ego, apportent lumière et amour dans toute situation. Lorsque l'invocation et l'intervention des anges sont associées à d'autres sources lumineuses, la porte s'ouvre à des guérisons en profondeur.

> Jackie Stevens avait l'impression d'être perdue, confuse et seule. Elle manquait d'énergie et souffrait d'insomnie, signes typiques de la dépression. Un jour qu'elle s'était absentée de son travail, elle est restée à la maison et s'est assise dehors sous un arbre en plein

soleil. Elle a prié pour recevoir l'aide de Dieu, des anges, des archanges, de son soi supérieur et des fées. Les yeux clos, prenant de grandes inspirations, Jackie sentait le soleil pénétrer à travers ses vêtements d'hiver et réchauffer son corps. Elle est restée assise un long moment à profiter de la nature, puis ses sentiments de solitude et de vulnérabilité se sont dissipés. Son énergie a augmenté, faisant éclore un sourire sur son visage et une impression de légèreté dans son cœur. Jackie a alors compris qu'elle n'était pas seule et ne le serait jamais.

Cette nuit-là, pour la suite de son traitement à la lumière naturelle, Jackie est restée assise sous la lune et les étoiles, laissant leur lumière la purifier en profondeur. « J'ai senti mon esprit, mon corps et mon âme se purifier comme jamais auparavant, dit-elle. De plus, j'avais l'impression d'être totalement connectée à l'univers. À présent, je ne manque pas de profiter au moins d'une petite promenade dehors chaque jour, et chaque nuit je m'assieds à l'extérieur pour regarder la lune et les étoiles, en particulier si je ne peux pas dormir. J'ai découvert que, de même que le soleil reconstitue notre énergie, la lune purifie notre cœur, notre esprit et notre âme. »

Aujourd'hui, Jackie aide les autres à entrer en contact avec leurs anges et à guérir avec l'aide de ces derniers. Comme ce fut le cas pour Jackie, c'est l'intervention du soleil dans sa propre guérison qui a conduit l'héroïne de la prochaine histoire à effectuer en privé des lectures et des guérisons angéliques.

Angie Hartfield était au creux de la vague. Elle passait par un divorce difficile et son père était malade. Par-dessus le marché, elle avait commencé à faire des crises d'épilepsie s'accompagnant d'un douloureux œdème et d'une insuffisance respiratoire.

Les symptômes empiraient tellement qu'elle a fini par se rendre à l'urgence. Les examens ont permis de diagnostiquer une maladie auto-immune appelée *lupus érithématheux systémique*. Angie a entamé une stéroïdothérapie et on lui a dit de rester à l'intérieur, les rideaux fermés et à l'abri de toute lumière du soleil. Elle a commencé à déprimer sérieusement, ne pouvant plus manger et dormant presque toute la journée.

Ses filles étaient jeunes et, on le comprend, bouleversées par la maladie de leur mère, d'autant plus que leur grand-père était malade aussi. Alors, Angie s'est mise à prier. « Je n'étais pas sûre de ce pour quoi je devais prier en premier. Je voulais seulement être soulagée et j'avais désespérément besoin de soutien. Je savais que j'avais des anges gardiens et j'ai fini par leur demander de m'aider. Ils m'ont encouragée à aller à la librairie près de chez moi et m'ont recommandé d'acheter *The Messenger*, de Julia Ingram et G.W. Hardin, et le livre de Doreen, *Angel Therapy*. J'ai commencé par la lecture de l'ouvrage de Doreen. Lorsque j'ai compris que je n'étais pas seule et qu'avec l'aide de mes anges je survivrais à cette maladie, je me suis assise et j'ai pleuré. »

Ensuite, Angie, guidée par ses anges, a rencontré un médecin qui suivait une démarche homéopathique. À son grand soulagement, le spécialiste a supprimé les stéroïdes. Il l'a également aidée à travailler à sa guérison et lui a montré comment gérer ses symptômes.

Andy, voyant que son état de santé s'améliorait quelque peu, s'est mise à parler plus fréquemment à ses anges. Ces derniers l'ont aidée à éliminer de son mode de vie les comportements malsains. Andy a commencé à s'estimer davantage et à avoir une plus grande confiance en elle, ce qui l'a encore plus motivée à se rétablir complètement.

Angie a appris de ses anges comment faire des affirmations positives et se visualiser heureuse et en santé. Elle a vite été capable de cesser de prendre tout médicament, à l'exception d'une pilule anti-inflammatoire à laquelle elle n'avait recours qu'en cas extrême.

« Mes anges m'ont assuré que bientôt je ne prendrais plus aucun médicament, dit-elle. J'avais l'impression d'être en ‘ formation avec eux ’ tandis qu'ils m'apprenaient à apprécier la vie et à devenir une personne en santé. »

Voilà plus de trois ans qu'Angie n'a plus de symptômes. Elle sait que ses troubles ont totalement disparu et ne les reconnaît plus comme une part d'elle-même. Elle a déménagé à Hawaï, avec ses filles et son nouveau mari, Duke. « À présent, je suis constamment dehors au soleil, avoue-t-elle. Les anges me disent que, sans soleil, je me fanerais comme une fleur. »

Laissez entrer le soleil

Un adage italien dit « *Dove il sole non entra, il dottore* », ce qui signifie « Là où le soleil n'entre pas, c'est le docteur qui le fait. » Comme je l'ai mentionné précédemment, les études scientifiques montrent que l'exposition au soleil peut avoir des effets néfastes, mais que les risques sont encore plus grands pour la santé lorsqu'il y a absence complète d'une telle exposition. Selon les statistiques, il meurt davantage de gens de maladies associées au manque de soleil que du cancer de la peau. Comme pour tout, la modération s'impose en ce qui concerne l'exposition au soleil : il n'est certainement pas avisé de subir des insolations ; cependant, il ne l'est pas moins d'éviter totalement le soleil.

La peur du cancer de la peau a poussé nombre de gens à se sauver du soleil — après tout, *cancer* est un mot de mauvais augure. Toutefois, il est important d'examiner toutes les preuves scientifiques à l'appui des arguments pour et contre l'exposition au soleil. L'étude des résultats des toutes dernières recherches médicales exposés dans de prestigieuses revues telles que *The Journal of the American Medical Association* et *The New England Journal of Medicine* permet de résumer ainsi le consensus général sur la relation entre le soleil et la santé :

— **La lumière du soleil est associée à des types non mortels de cancer de la peau.** Une exposition excessive aux ultraviolets (UV) est corrélée avec l'apparition du carcinome basocellulaire et du carcinome malphigien, deux types de cancer de la peau pouvant facilement être traités et rarement mortels. Ces cancers affectent principalement les personnes à la peau claire s'exposant par intermittence au soleil. En d'autres termes, celles-ci passent la plupart du temps à travailler et à vivre à l'intérieur ; aussi prennent-elles des coups de soleil lorsqu'elles vont à l'extérieur, ce qui ne se produirait pas si elles laissaient le temps à leur corps de s'adapter graduellement.

— **Un cancer potentiellement mortel peut avoir un lien avec l'alimentation et non avec les UV.** La relation entre l'exposition aux UV et le mélanome malin, ce type de cancer de la peau pouvant être mortel, n'est toujours pas comprise. Une étude a prouvé l'existence de la relation entre les coups de soleil répétitifs et le mélanome. Cependant, une autre étude a montré que le facteur le plus déterminant était le déséquilibre en graisses alimentaires, en particulier parmi les gens n'absorbant pas assez d'acides gras oméga-3.

— **Le rôle que joue l'ozone n'est pas clairement établi.** Il se peut que la rumeur négative concernant le lien entre l'ozone et le cancer de la peau soit plus un mythe urbain qu'un fait scientifiquement établi. Une étude sur le rôle de l'appauvrissement de la couche d'ozone dans le cancer de la peau a permis de découvrir que, alors que ce phénomène ne s'est pas produit en Norvège, le taux de mélanome malin a tout de même augmenté dans ce pays. Quant aux rapports concernant des moutons du Chili atteints de cataracte en raison de leur proximité avec le trou existant dans la couche d'ozone au-dessus de l'Antarctique, ils ne sont pas scientifiquement fondés. Il est intéressant de constater que des études complémentaires menées au Chili n'ont trouvé aucun changement significatif dans la santé de la population animale ou humaine.

— **Une carence en vitamine D est dangereuse.** Les probabilités de cancer du sein, du côlon, de l'ovaire et de la prostate sont plus élevées chez les personnes souffrant d'une carence en vitamine D. La cardiopathie, l'hypertension artérielle, la sclérose en plaques, la jaunisse et l'ostéoporose sont également associées à une telle carence. De nombreuses études montrent une carence en vitamine D chez les personnes qui vivent dans des lieux dépourvus d'ensoleillement, qui sont confinées chez elles ou hospitalisées, qui ont la peau sombre, et chez les femmes ayant pour coutume de porter des vêtements et des voiles dissimulant leur peau à l'exposition au soleil. Cela est vrai même chez les personnes prenant des suppléments de vitamine D. Une autre étude a établi que les femmes âgées souffrent de carence en vitamine D durant les mois d'hiver, lorsque le degré d'ensoleillement est faible.

— **Il existe une relation entre la faible exposition au soleil et le cancer.** Nombre d'études scientifiques bien documentées montrent que les femmes qui vivent à des latitudes nordiques sont jusqu'à 150 fois plus susceptibles de développer un cancer de l'ovaire ou du sein que celles qui vivent au sud, dans des régions plus ensoleillées. Une étude a également établi que les femmes qui travaillent à l'extérieur sont considérablement moins à même d'être atteintes d'un cancer du sein ou du côlon en comparaison de celles qui travaillent à l'intérieur. Les scientifiques savent que le manque de soleil entraîne des carences en vitamine D, lesquelles sont associées aux cancers de l'ovaire, du sein et du côlon. La vitamine D protège de ces types de cancer.

— **Les troubles affectifs saisonniers (blues de l'hiver) affectent des millions de gens.** Pendant les mois froids, les personnes en proie au « blues de l'hiver » sont dépressives, léthargiques, dorment excessivement, se gavent de glucides, prennent du poids, perdent le goût de faire des activités avec d'autres personnes, se sentent souvent coupables et éprouvent un manque d'enthousiasme pour la vie en général. Leurs symptômes diminuent lorsqu'elles sont exposées à un éclairage en spectre continu.

— **La lumière du soleil augmente la performance mentale et physique.** Une étude portant sur 22 000 étudiants américains a montré que, lorsque ces derniers étaient dans des salles exposées à la lumière naturelle, leurs résultats aux examens étaient supérieurs de 26 pour cent. Il a été prouvé que la lumière du soleil faisait baisser la pression sanguine et augmenter la diffusion du sang aux organes et aux muscles ainsi que l'apport en oxygène dans le tissu cellulaire et en glycogène (réserve d'énergie) dans les muscles et le foie.

— **La lumière du soleil est bénéfique pour la santé.** En plus d'augmenter l'apport en vitamine D, la lumière du soleil a un effet semblable à celui de l'insuline, une hormone profitable aux diabétiques. Faire de l'exercice dehors au soleil réduit la quantité d'acide lactique, ce qui peut diminuer la douleur musculaire due à une séance d'entraînement. De plus, l'exposition au soleil fait baisser le cholestérol sérique et semble augmenter la tolérance au stress, en raison du fait qu'elle diminue le rythme cardiaque, la pression artérielle et la fréquence respiratoire au repos. Selon Zane Kime, M.D., auteur de *Sunlight*, lorsque nous sommes stressés, nous produisons trop d'adénosine-monophosphate cyclique (AMPc), ce qui affaiblit notre système immunitaire et diminue notre résistance au cancer. Cela est particulièrement vrai chez les individus ayant un régime riche en gras polyinsaturés. L'exposition au soleil fait baisser l'AMPc ou la détruit, ce qui produit un effet sédatif. C'est l'une des raisons pour lesquelles nous nous sentons endormis lorsque nous sommes exposés au soleil.

— **La lumière du soleil profite aux enfants.** Des études montrent que, grâce à la lumière du soleil, on peut guérir la jaunisse du nouveau-né de même qu'augmenter la masse osseuse chez les enfants prépubères. De plus, les femmes s'exposant au soleil durant la grossesse sont susceptibles de donner naissance à des enfants plus grands, en comparaison de celles sortant rarement pendant cette période.

La relation avec la glande pinéale

La lumière du soleil pénètre dans le corps principalement par les yeux ; elle est ainsi directement dirigée vers la glande pinéale, située dans le cerveau. Cette glande utilise alors la lumière du soleil pour produire la mélatonine, cette hormone dont l'utilité est de déclencher la production de sérotonine.

La sérotonine joue un rôle important en nous gardant calmes, en nous aidant à bien dormir, en réduisant les symptômes du syndrome prémenstruel et l'incontinence d'urine, ainsi qu'en diminuant les envies de glucides. Le rôle de nombreux médicaments psychoactifs étant d'accroître le taux de sérotonine, l'exposition à la lumière du soleil pourrait permettre de réduire l'usage de ces médicaments sur prescription.

Certaines études démontrent que les lunettes (incluant les lunettes de soleil) et les verres de contact réajustent notre capacité à détecter les rayons du soleil. Lorsque nous portons des lunettes fumées, le cerveau n'a pas conscience de l'importance de notre exposition à la lumière solaire. Du coup, il ne sécrète pas beaucoup de mélatonine comme il le ferait en plein soleil. Or, la mélatonine qui nous fait bronzer fournit une protection solaire naturelle. Autrement dit, lorsque nous portons des lunettes fumées, notre corps, ne comprenant pas qu'il subit une exposition maximale, ne produit pas les défenses naturelles qui permettent de prévenir les coups de soleil. Pourquoi ? Parce que les yeux aident le corps à ajuster la production de mélatonine en fonction de l'exposition au soleil. Si la mélatonine nous protège naturellement du soleil, les verres de tout type — que ce soit les vitres, les pare-brise, les verres de lunettes, de contact ou ceux de lunettes fumées — filtrent les rayons du soleil, ce qui en diminue les bienfaits.

D'un point de vue biologique, nous sommes censés nous exposer au soleil pour être en santé et heureux. Les pigments de notre hémoglobine (les globules rouges) sont pratiquement identiques à ceux de la chlorophylle des végétaux. Or, cette dernière absorbe la lumière du soleil et la convertit en énergie et en aliments nécessaires à la croissance et à la santé de la plante. De la même manière, notre corps tire profit de l'exposition à la lumière du soleil.

Il semble donc important pour la santé de profiter de la lumière du soleil en quantité modérée le matin ou en fin d'après-midi (lorsque les rayons UV ne sont pas forts), sans écran solaire ou lunettes fumées. Les employés de bureau ainsi que les patients confinés à la maison ou hospitalisés seraient bien avisés d'ouvrir leurs fenêtres et, si possible, de laisser entrer à flots la lumière du soleil. Si ce n'est pas possible, faire une promenade dehors pendant une pause serait une bonne idée.

Les écrans solaires ne constituent pas un remède universel. En effet, certaines études démontrent que les gens restent plus longtemps au soleil qu'il n'est recommandé de le faire parce qu'ils se sentent protégés par leur écran solaire. De plus, les écrans solaires du commerce sont remplis de produits chimiques qui pénètrent dans le corps, absorbés pas la peau. En outre, ces lotions empêchent les rayons UV de pénétrer, alors que ces derniers jouent un rôle important tant dans la production et l'absorption de la vitamine D que dans la diminution de la tension artérielle et du cholestérol sérique.

Le lever et le coucher du soleil

Les anges de l'Atlantide ont été très clairs avec moi durant nos conversations : nous tirons profit de l'exposition aux couleurs et à la lumière du lever et du coucher du soleil. Ils m'ont dit qu'être dehors au soleil levant éveille nos chakras du haut, nous stimule et nous prépare à la journée qui s'annonce.

Ils m'ont dit également que se baigner dans les couleurs du soleil couchant (en étant dehors à regarder le soleil descendre) stimule nos chakras du bas et nous prépare à une bonne nuit de sommeil.

C'est logique, puisque les couleurs du soleil levant passent des couleurs chaudes des chakras du bas aux couleurs froides des chakras du haut et du ciel bleu de l'aurore. Inversement, au coucher du soleil, on passe des couleurs du jour et des chakras du haut aux couleurs chaudes du soleil couchant. Ainsi, la lumière du soleil levant stimule les chakras dans un mouvement ascendant, des couleurs froides vers les chaudes (c'est parfait pour aider notre corps à se mettre en forme pour le jour naissant), tandis que le soleil couchant stimule les chakras dans un mouvement descendant (c'est idéal pour aider notre corps à revenir au calme après les activités diurnes et à se préparer pour le repos du soir).

L'exposition aux levers et aux couchers de soleil nous met en contact avec les rythmes naturels de la Terre, ce qui nous aide à améliorer notre rythme et nous place dans le synchronisme du flux de la vie. Idéalement, nous devrions assister aux levers et aux couchers du soleil dehors et sans lunettes fumées, de manière à ce que notre corps absorbe pleinement la lumière. Cependant, il vaut mieux regarder le soleil se lever et se coucher à partir de sa fenêtre que ne pas le voir du tout.

La lumière des étoiles et celle de la lune

Les anges de l'Atlantide disent que l'exposition à la lumière de la lune et des étoiles, à l'instar de celle à la lumière du soleil, renforce la santé et la vie.

Les cycles de la lune nous ont longtemps servi de repères pour connaître le moment de semer et de moissonner. Ces cycles sont associés à des célébrations de la fertilité des récoltes, des célébrations elles-mêmes liées à des jours de fêtes spirituelles ou religieuses.

Pendant les trois soirs de pleine lune (la veille de la pleine lune, le soir même et le soir suivant), prendre un bain de lune est rafraîchissant et inspirant. On éprouve un sentiment mystique à le faire assis dehors. Cela ravive le souvenir lointain des « anciens moyens » d'accéder à la spiritualité par le biais de la nature, lorsque la religion n'avait pas encore diabolisé ces pratiques.

— **Le soir précédant la pleine lune : une nuit pour « recharger ».** Tel un sein donnant du lait à volonté, la lune, lorsqu'elle est presque pleine, dispense sa lumière pour recharger nos cristaux, nos huiles et nos corps. Placez vos cristaux et autres objets dehors si possible ou près d'une fenêtre où ils recevront une exposition maximale à la lumière lunaire durant la nuit.

— **La pleine lune : une nuit pour lâcher prise.** Quand la lune est pleine, remettez-lui tout ce dont vous voulez vous libérer. Vous pouvez le faire mentalement ou en posant certaines actions, par exemple en écrivant ce que vous voudriez laisser aller puis en brûlant ou en enterrant le papier sous la pleine lune.

— **La nouvelle lune : une nuit de manifestation.** Les nuits de lune sombre, l'énergie est prête pour que vous manifestiez vos rêves et vos désirs. Méditez sur ces derniers, puis dites vos intentions à la lune sombre ou écrivez-les de manière concrète (rédigez des déclarations positives décrivant comment vous avez déjà réalisé vos désirs). Demandez à la lune sombre et à l'archange Haniel de guider vos actions en manifestant ces intentions, et affirmez qu'ils œuvrent avec soin pour le meilleur.

— **La nuit du croissant de lune : une nuit de courage et de pouvoir.** La demi-lune est symbolisée par les cornes d'un taureau, ce qui est signe de pouvoir. Ce soir-là, engagez-vous à aller courageusement de l'avant. Demandez à l'archange Michael de stimuler votre courage afin que vous puissiez prendre des mesures pour manifester la finalité de votre vie.

— **La lumière des étoiles.** La lumière stellaire éveille l'imagination et ouvre l'esprit avant le sommeil. Cela nous permet de voyager pendant nos rêves pour aller encore plus haut et plus loin sur le plan astral, et d'avoir un accès plus grand aux visites en rêve des maîtres ascensionnés et de nos êtres chers disparus. Enfin, cela nous aide à résoudre nos problèmes inconscients et à produire de nouvelles idées durant nos rêves.

Nous sommes des esprits incarnés sur une magnifique planète pourvue de sources lumineuses d'origine physique — le soleil, la lune et les étoiles — conçues pour nous soutenir et nous guérir. La lumière est un outil gratuit dont tout le monde peut disposer. Lorsqu'elle est jumelée à l'amour, les possibilités sont illimitées. Dans le prochain chapitre, nous examinerons deux aspects de cet amour : la prière et la foi.

CHAPITRE 17

La prière, la foi et les anges

Dans les temples de guérison de l'Atlantide, nous priions pour nos patients ainsi que pour nous-mêmes et pour les autres. Nous savions que, plus notre cœur rayonnait d'amour, plus le temple acquérait de pouvoir. Ce qui était bon pour un l'était pour tous : nous ne faisions pas de distinction entre prier pour la santé et le bonheur d'un patient et prier pour notre propre bien-être. Nous savions qu'en fin de compte notre force, notre santé et notre bonheur profiteraient à nos patients.

LES ÉTUDES SCIENTIFIQUES SUR LA PRIÈRE

Des centaines d'études scientifiques ont réuni de la documentation sur les effets de guérison de la prière. Certaines ont établi que, lorsqu'une personne prie pour sa propre santé, ou que les autres prient à son intention, elle est plus susceptible de survivre à un état grave, a besoin de moins d'analgésiques, guérit plus vite et vit plus longtemps que les gens n'ayant pas recours à la prière. D'autres montrent que les prières, quelle que soit la religion, ont un effet positif significatif et mesurable sur la santé. Dans le cas des études menées sur les plantes, les bactéries, les animaux et les nourrissons — lesquels théoriquement ignorent que l'on prie pour eux —, certains scientifiques ont écarté le fait que la pensée positive pouvait à elle seule avoir un effet significatif sur la santé.

Par exemple, une étude de la Columbia University, menée en 2001 dans le service d'obstétrique et de gynécologie du New York's Presbyterian Hospital, a établi que les femmes qui subissaient des transferts d'embryons fécondés in vitro étaient plus susceptibles de devenir enceintes si des gens priaient pour elles. Il s'agissait d'une étude en double aveugle, c'est-à-dire que ni les médecins, ni les chercheurs, ni les femmes ne savaient pour qui on priait.

Une étude renommée effectuée au San Francisco General Hospital en 1988 a montré qu'on avait relevé beaucoup moins de cas d'insuffisance cardiaque congestive, d'arrêt cardiorespiratoire et de pneumonie après dix mois parmi les 192 patients des soins coronariens pour lesquels on avait prié que dans une population appariée de 201 patients pour lesquels on ne l'avait pas fait. De plus, chez les premiers patients, les besoins en médicaments et en soins de ventilation étaient moindres que chez ceux de la population appariée. Une étude similaire menée sur 999 patients des soins coronariens au Mid America Heart Institute du Saint Luke's Hospital de Kansas City (Missouri) a établi des résultats semblables.

Une autre étude a révélé une importante réduction des symptômes de polyarthrite rhumatoïde chez des patients pour lesquels on priait, en comparaison de ceux pour qui on ne le faisait pas. En Israël, une étude a conclu que les patients qui souffraient d'infections sanguines et pour lesquels on priait passaient moins de temps à l'hôpital et que leur fièvre était de moindre durée par comparaison avec les patients pour qui on ne priait pas.

La plupart des études menées sur la prière sont basées sur la prière d'intercession. Ce choix découle du fait que, lorsque quelqu'un d'autre prie pour le patient, il est plus facile de mesurer les prières que lorsque ce dernier prie pour lui-même. À la Bloomsburg University (Pennsylvanie), des chercheurs ont remarqué en 2002 une nette diminution des symptômes liés à l'anxiété chez les étudiants pour lesquels on priait, par comparaison avec ceux ne faisant pas l'objet de prières d'intercession.

LES GUÉRISONS INATTENDUES

Lorsque nous prions pour quelque chose, il vaut mieux ne pas indiquer de quelle façon nous voulons que l'on réponde à nos requêtes. En fait, quand nous présentons notre scénario à Dieu en disant « Voilà comment je veux que Tu prennes cette situation en main », nous établissons des limites. La sagesse divine et infinie de l'Univers a souvent de magnifiques surprises en réserve pour nous lorsque nous prions avec des intentions limpides et laissons aller la situation en toute foi.

> Julie Maggi, de Californie, s'était blessée si gravement au dos que les médecins ne lui permettaient de s'asseoir qu'une heure par jour. Ses trois hernies discales la clouaient au lit dans des souffrances constantes. Cependant, Julie savait instinctivement qu'elle avait besoin de guérir son esprit et ses émotions, ainsi que son corps ; alors, elle priait chaque jour pour que ses anges l'assistent dans sa guérison. Elle était tellement certaine que ses prières obtiendraient une réponse qu'elle s'abstenait de tout médicament, y compris les antidouleurs, et refusait qu'on l'opère. Julie

faisait de son mieux pour être à l'écoute des besoins de son corps et y répondre.

Deux ans après s'être blessée, alors que Julie dormait dans son lit, elle a entendu quelqu'un entrer dans sa chambre. Comme elle vivait seule, elle a fait des efforts pour se réveiller au plus vite et voir qui était là. Elle a aperçu une femme aux cheveux bouclés brun foncé et aux yeux bruns. La dame était vêtue d'une robe scintillante de lumière blanc-doré et sa tête était entourée d'une couronne de lumière.

S'agenouillant à côté du lit, la femme a doucement retiré les couvertures. Ensuite, elle a placé les paumes de ses deux mains sur le dos de Julie, exactement à l'endroit de la blessure. Au bout de quelques instants, elle a remis les couvertures en place et a disparu.

« J'ai compris qu'un ange m'avait rendu visite ; je n'ai pas rêvé, c'est on ne peut plus certain, dit Julie. Je pense que cette rencontre était un signe qu'on avait entendu mes prières et qu'on y répondait. Aujourd'hui, bien que les capacités de mon dos soient encore limitées, je suis beaucoup plus forte et j'en remercie tous mes anges. »

Julie n'aurait jamais pu prévoir qu'un ange physique lui rendrait visite, aussi a-t-elle été bien avisée de prier simplement en laissant l'Univers décider de la manière dont interviendrait la guérison, tout comme elle l'a été de suivre les conseils divins lui disant d'écouter son corps. À l'instar de Julie, l'homme dont il est question dans l'histoire suivante s'est fié à la voix intérieure qu'il avait entendue à la suite des prières qu'il faisait pour sa santé.

En 1970, Salvador van Drimmelen, de Hollande, a été instantanément guéri d'un cancer du foie grâce à la prière et à la lumière. Il vivait avec sa femme en Afrique du Sud lorsqu'un jour il est tombé gravement malade et a été admis au Johannesburh Hospital. Après des examens détaillés, on a diagnostiqué un cancer du foie et le médecin-conseil a recommandé que Salvador soit immédiatement opéré.

À la grande désapprobation des médecins, Salvador a décidé de retarder l'opération le temps de consulter Dieu, Jésus et Marie pour se faire conseiller sur la manière de procéder. Il s'est rendu dans les bois montagneux, là où régnait assez de calme pour entendre les conseils divins.

Dans les bois, Salvador s'est mis à prier intensément. Pendant les jours où il a prié et médité, son cœur s'est ouvert et ses larmes ont coulé. Un jour, alors qu'il récitait le *Notre Père* à genoux sur un tapis d'aiguilles de pin en serrant dans sa main son pendentif de la Vierge Marie, il a vu la lumière du soleil se transformer en une boule d'intense lumière blanche.

« C'était comme mille soleils tellement ça brillait, dit-il. Dans cette aveuglante lumière céleste, la mère de Dieu est apparue dans toute sa gloire. En cet instant sacré, la joie éternelle de l'âme a rempli mon cœur. » Salvador a entendu Marie le rassurer et lui dire qu'il serait sauvé.

L'image de Marie s'est ensuite effacée doucement. Tandis que Salvador était encore à genoux, un silence sacré s'est répandu aux alentours. Afin de profiter le plus longtemps possible de cet instant, Salvador est resté immobile.

« Soudain, j'ai compris que ma douleur continuelle m'avait quitté. J'ai senti l'énergie circuler de nouveau dans mon corps. Rempli de joie et complètement guéri, je suis rentré à la maison en priant Dieu. »

Salvador a rendu sa vision de Marie et exprimé sa gratitude envers celle-ci par des œuvres de broderie complexes que j'ai eu le privilège de voir. Ses motifs ornés de splendides couleurs sont stupéfiants et constituent un véritable témoignage du miracle qu'il a vécu.

La lumière que Salvador a vue est la conséquence directe de ses prières et de sa volonté de suivre les conseils lui disant de s'asseoir tranquillement pour méditer. Ce n'est pas toujours chose facile, car les problèmes de santé peuvent engendrer une telle peur que nous sommes temporairement incapables d'entendre la voix du Divin. L'histoire suivante montre comment la *peur* d'entendre peut réellement entraîner l'incapacité physique d'agir.

À quatre ans, Mikaela Bachas semblait avoir des troubles auditifs ; aussi sa mère, Stephanie, l'a-t-elle emmenée subir un examen. Le médecin a établi que Mikaela souffrait d'otite moyenne, également connue comme « otite séreuse ». L'état de la petite fille nécessitait l'insertion chirurgicale d'un petit tube d'aération (yoyo) dans chaque oreille, afin de favoriser l'écoulement du liquide emprisonné.

Mikaela a été opérée mais, trois mois plus tard, son ouïe avait de nouveau baissé. Un nouvel examen ayant révélé que les yoyos avaient été expulsés, le médecin a annoncé qu'il lui faudrait faire une nouvelle intervention pour en insérer de nouveaux.

Stephanie était préoccupée à l'idée de faire subir une autre chirurgie à sa fille. Elle avait lu peu de temps auparavant mon livre *Healing with the Angels* et sa mère venait de terminer *You Can Heal Your Life* de Louise Hay. Stephanie et sa mère ont donc décidé de mettre en commun ce qu'elles avaient appris de ces deux livres et de trouver une autre solution que l'opération. Elles sont arrivées ensemble à la conclusion que Mikaela entendait des choses qu'elle ne voulait pas écouter. Lorsque Stephanie l'a interrogée à ce sujet, Mikaela a répondu qu'elle entendait des voix qui lui faisaient peur. D'après mes recherches, beaucoup d'enfants sensibles disent entendre des voix.

Stephanie et sa mère ont alors établi une liste d'affirmations et de prières de guérison. Elles ont expliqué à Mikaela que, si elle le désirait, elle était capable de guérir ses oreilles avec l'aide des anges. Toutes trois ont alors récité des prières et des affirmations en rapport avec le fait d'entendre avec amour et celui d'être sain et sauf.

Mikaela a prié l'archange Raphaël pour qu'il guérisse ses oreilles et demandé à l'archange Michael de tenir les voix éloignées d'elle pendant son sommeil. Le lendemain matin, elle a annoncé avec enthousiasme que ses prières avaient été exaucées, que Michael avait tenu les voix à distance toute la nuit.

Matin et soir, la petite disait ses prières et ses affirmations avec conviction. Environ une semaine plus tard, Stephanie a constaté que Mikaela ajustait à la baisse le volume de la télévision et remarqué d'autres signes indiquant que l'ouïe de l'enfant s'était améliorée. Un examen médical ultérieur a révélé une amélioration de 20 pour cent ! Sans y être incité par Stephanie, le médecin a suggéré de retarder la deuxième opération de six semaines.

« Mikaela était aussi excitée que moi par ces nouvelles, se rappelle Stephanie. Je l'ai félicitée de son succès et nous avons remercié les anges de leur travail. Nous les avons aussi remercié d'avoir amené le médecin à repousser l'opération. Nous avons continué de prier Dieu et les anges et, au bout de six semaines, Mikaela avait recouvré 100 pour cent de son ouïe. Cette expérience a confirmé ma foi dans le travail des anges. J'espère qu'elle incitera les gens à croire en Dieu et en les anges, à apprendre à leurs enfants à faire de même et à considérer leurs problèmes de santé plus en profondeur. »

Suivre les conseils divins

Les histoires mentionnées précédemment font ressortir un point important : souvent, il ne suffit pas simplement de prier et d'attendre les résultats. À la suite de notre prière, nous recevons dans notre for intérieur des instructions, sous la forme de pensées, d'impressions, de mots ou de visions qui se répètent. Lorsque nous suivons les indications qui nous sont données, nous collaborons littéralement à la réponse du Ciel à nos prières. Beaucoup de personnes que j'ai conseillées ont cru à tort que leurs prières étaient ignorées, alors que c'était *elles* qui ignoraient les instructions divines que le Ciel leur donnait en réponse à leurs prières.

L'histoire suivante illustre comment, en écoutant sa voix intérieure, une femme a sauvé la vie de sa sœur.

Au début de 1993, Jen Wesolowski n'arrêtait pas d'avoir des visions annonçant que quelque chose d'horrible allait arriver et elle en était tellement effrayée qu'elle a tout bonnement bloqué la communication. Le 12 février, en traversant la rue, sa sœur Sandie a été heurtée par une voiture en excès de vitesse. Sandie a été projetée en l'air, puis elle est retombée tête première sur le pare-brise. Les médecins ont déclaré que le tronc cérébral avait été endommagé et n'ont donné aucun espoir de rétablissement ou de survie. L'aumônier de l'hôpital a recommandé de prendre des dispositions en vue des funérailles.

Le 14 février, jour de la Saint-Valentin, Sandie affichait une pression artérielle tellement basse que le personnel de l'hôpital a demandé aux membres de la famille s'ils voulaient faire don de ses organes ou procéder à sa « ressuscitation ». Sandie étant mère de trois jeunes garçons, la décision exigeait de la réflexion.

Quelques instants après, tandis qu'elle priait, Jen a eu la vision d'un lit d'hôpital illuminé dans une pièce plongée dans le noir. Elle a entendu une douce voix dire « Tout ira bien » et parler du mois de mai. Grâce au message des anges, Jen a su que sa sœur se remettrait.

Le même jour, Jen a demandé à l'aumônier de l'hôpital de guider la famille dans une prière de guérison au chevet de Sandie. « Nous nous sommes tous réunis et tenu les mains et, à la minute où le prêtre a entamé la prière, le visage de Sandie a commencé à prendre vie, dit Jen. Le prêtre a touché le front de ma sœur et dit : ‘ Sandie, je suis le père Franck, votre famille et vos amis sont ici et je sais que vous m'entendez. ' »

Sandie a froncé les sourcils et la guérison a commencé ! Même s'il n'y avait pas de cassure, la blessure était *réellement* grave. Néanmoins, Sandie a finalement réappris à marcher. Elle n'est plus capable de sentir ni de goûter mais elle a totalement récupéré ; de plus, ses autres capacités et sa mémoire sont intactes.

Jen rend grâce d'avoir écouté les anges et eu foi dans le rétablissement de Sandie. « Depuis ce jour, dit-elle, j'écoute mes anges et, même s'il m'arrive de ne pas les entendre aussi clairement que je le voudrais, je ne mets pas leurs messages de côté. »

À l'instar de l'histoire de Jen, celle de Leisa Machado montre les résultats miraculeux que peut obtenir une personne qui prie et suit les conseils qu'elle reçoit.

J'ai rencontré Leisa lors d'un atelier que je donnais à Santa Cruz, une ville balnéaire du nord de la Californie. Lorsque j'ai regardé en elle par perception extrasensorielle, j'ai été impressionnée (je n'exagère pas) par le degré de pureté que j'y ai trouvé. Tous les organes semblaient aussi nets qu'une salle d'opération et les chakras étaient intacts. Leisa brillait véritablement du dedans. Jamais je n'avais vu un corps aussi pur à l'intérieur !

Leisa m'a dit qu'elle ne mangeait que des aliments biologiques, qu'elle évitait tous les produits chimiques et qu'elle ne buvait que de l'eau distillée parce qu'elle avait l'impression que toutes les autres eaux contenaient des organismes pouvant être nocifs. Elle a expliqué que son mari et elle voulaient un bébé et qu'à son avis la meilleure façon d'agir dans les circonstances était de préparer son corps le mieux possible. Toutefois, le couple éprouvait encore des difficultés à concevoir un enfant.

Après trois grossesses tubaires et une fausse couche, une tentative de fécondation *in vitro* avait échoué. Aussi, au bout de six ans à essayer de devenir enceinte, Leisa s'inquiétait-elle du fait de vieillir et de ne pas avoir encore d'enfants. C'est alors qu'elle a décidé d'aborder la conception sous un angle holistique. Leisa a pris un chemin spirituel qui impliquait de prier, de ne manger que des aliments biologiques et d'avoir des pensées positives.

Elle a participé à mon atelier sur les anges peu de temps après être entrée dans ce processus. J'ai vu psychiquement que Leisa réussirait à concevoir un enfant et à lui donner naissance mais que ce serait dans au moins deux ans. Cette nouvelle ne lui a pas plu ; elle voulait un enfant plus tôt. Alors, j'ai demandé aux anges de m'envoyer un message. Ils ont dit que Leisa pourrait peut-être concevoir avant deux ans avec l'aide des archanges Michael et Gabriel. Michael aide à purifier le corps énergétique de tous les effets de la peur, des effets susceptibles de retarder l'atteinte de tout objectif y compris la conception d'un bébé. Quant à Gabriel, il aidait déjà les futures mères avant même les annonces qu'il a faites à Élisabeth et Marie dont parle la Bible.

Leisa se souvient de ce qu'elle a fait après mon atelier : « Je me suis mise à méditer sur la situation et à prier, puis j'ai senti que j'étais guidée pour faire appel non seulement à l'archange Michael mais aussi à Gabriel et à Raphaël. Doreen avait précisé que Gabriel était connu pour son aide durant la grossesse. Michael avait toujours été là pour moi dans le passé et j'ai fait appel à Raphaël, l'ange guérisseur, pour qu'il m'aide à me préparer physiquement en vue de la conception et la grossesse.

« J'ai commencé à méditer deux fois par jour, en visualisant chaque ange faisant son travail exceptionnel sur mon corps et sur mon esprit afin de me préparer à concevoir. Au cours d'une méditation, mes anges m'ont dit que mon enfant pourrait venir au monde plus tôt que prévu par le plan divin si je continuais à m'exercer à être une conseillère d'enfants. Comme mon ange gardien insistait pour que je remette mes peurs à Dieu, je tendais mes poings fermés vers mes anges et je les desserrais en disant : ‘ Je ne peux plus m'en occuper, il faut que vous le fassiez pour moi. ’

« Finalement, il m'est arrivé un miracle : alors qu'une deuxième tentative de fécondation *in vitro* n'aboutit que dans 20 pour cent des cas, la mienne a réussi. J'étais enfin enceinte, et d'un embryon sain ! Je ne peux qu'en remercier mes anges, aussi bien mes anges gardiens que les archanges, et reconnaître que les choses ne se seraient pas produites ainsi si je ne m'étais pas souvenue de *demander continuellement* de l'aide.

« Je rends grâce à Dieu d'avoir retenu la leçon car l'aide des anges allait m'être nécessaire durant presque toute ma grossesse. Pendant les premières semaines, j'ai commencé à perdre du sang. Mon médecin m'a fait aliter pour que je me repose et, moi, j'ai fait travailler mes trois archanges en faisant continuellement appel à eux. Je pouvais (et je peux encore) sentir chacun d'eux se tenir près d'une certaine partie de mon corps, me gardant en paix.

« Au bout de quelques semaines, j'ai été autorisée à me lever. Le deuxième trimestre s'est bien passé mais, à la 31e semaine, je suis entrée en travail. À l'hôpital, j'ai senti un incroyable flux d'amour et de guérison. Les anges m'ont dit que ce bébé était un pur esprit et qu'il avait besoin que je reste aussi pure que possible afin d'honorer sa venue au monde. Ils m'ont rappelé de m'abandonner et de le « laisser aller ». Toutefois, la formulation était inhabituelle et absolument effrayante. J'étais terrifiée à l'idée que cela voulait dire que j'allais le perdre. J'ai *ré*-appris que je devais le laisser aller du fait même d'essayer de le retenir. À la 34e semaine, j'ai eu Jaren, un bébé robuste et en bonne santé ; bien que prématuré, il respirait de façon autonome et était très curieux. Son nom vient du mot signifiant ‘ protestation de joie ’ en hébreu. »

Jaren n'était cependant pas encore sorti d'affaire. Environ huit heures après sa naissance, il était au plus mal : il a cessé de respirer et est entré dans le coma. Les médecins ne comprenaient pas ce qui se passait. Dans son chagrin et sa panique, Leisa s'est tournée vers ses anges. Elle pensait : « C'est impossible ! Ils m'ont guidée à chaque pas. Ils ne me laisseront pas perdre mon enfant maintenant ! »

Tandis qu'elle sanglotait sur son lit d'hôpital, Leisa a senti une douce présence la calmer avec chaleur et amour. Elle et son mari ont lancé un appel à la prière. Ils ont appelé des amis qui à leur tour ont fait de même. Bientôt, les parents ont senti les effets de nombreuses prières, beaucoup d'énergie Reiki, et ont eu la certitude que les anges allaient de nouveau leur venir en aide.

« J'ai vu Jaren véritablement entouré d'une nuée d'anges. Par moments, je voyais son esprit s'élever avec eux, mais ses pieds restaient ancrés dans son corps. Son rétablissement miraculeux le surlendemain a surpris les médecins. Puis, à peine une semaine et demie plus tard, Jeff et moi ramenions notre petit miracle à la maison ; c'est là qu'était sa place. »

L'histoire de Leisa nous rappelle l'importance de parler continuellement à nos anges et de suivre les conseils divins qu'ils nous donnent. Leisa a eu la volonté de s'en remettre à Dieu, ce qui a eu beaucoup d'importance dans son cheminement. Elle n'a pas toujours trouvé les choses faciles ; elle a souvent dû demander à ses anges de l'aider à se soumettre, tellement son désir de grossesse était cher à son cœur.

En outre, cette histoire illustre le principe de l'abandon. Même si Leisa avait l'intention limpide d'avoir d'un bébé, elle avait aussi la foi nécessaire pour soumettre ce désir et faire totalement confiance à l'ordre divin.

La prochaine histoire est remarquable. Une femme a reçu de ses anges des messages allant à l'encontre des conseils de son médecin. Il lui a vraiment fallu du courage pour se fier aux anges, mais cela lui a sauvé la vie.

Lucretia est la première professeure de développement psychique que j'ai eue à la Learning Light Foundation de Anaheim (j'ai écrit à son sujet dans mon livre *The Lightworker's Way*). Elle a reçu de ses anges une information qui lui a sauvé la vie.

Lucretia médite régulièrement et se sert de cartes divinatoires pour rester en contact étroit avec ses anges. En mai 2002, elle a distinctement entendu ses anges lui répéter de se faire enlever deux grains de beauté, l'un sur le bras gauche et l'autre sur le côté droit de sa poitrine.

Tandis que le médecin enlevait les deux grains de beauté, il a dit à Lucretia que le grain de beauté du bras gauche l'inquiétait. Lucretia a alors entendu les anges parler doucement de confusion, mais n'a pas compris le message à ce moment-là.

Une semaine plus tard, le médecin des soins primaires l'appelait pour lui dire qu'elle avait sur la poitrine un mélanome nécessitant une excision immédiate. Lucretia s'est sentie rassurée lorsque ses anges lui ont dit que tout irait bien.

Elle a remarqué que le chirurgien avait l'air d'un chérubin. L'opération s'est bien passée et, une semaine plus tard, le médecin a annoncé à Lucretia qu'on n'avait pas trouvé de mélanome sur sa poitrine. Sur la route en rentrant chez elle, transportée de joie par cette bonne nouvelle, Lucretia a entendu ses anges lui dire à trois reprises : « Le mélanome se trouve sur le bras gauche ; il y a eu confusion. »

Lors de sa visite suivante chez le chirurgien, Lucretia a demandé au spécialiste de vérifier si le mélanome ne se trouvait pas sur le grain de beauté qu'elle avait au bras gauche. Lorsque Lucretia s'est inquiétée du fait que les résultats tardaient à venir, ses anges lui ont dit qu'il y avait eu confusion. Les pathologistes ne pouvaient pas rapprocher le premier échantillon tissulaire et le second. C'est alors que Lucretia a rassemblé tout son courage pour dire au chirurgien que les anges lui avaient parlé d'une confusion entre les échantillons. À la grande surprise de Lucretia, le chirurgien a porté attention au message angélique et reconnu que certaines personnes ont la capacité de recevoir de l'information de l'au-delà.

Informés de la confusion, les pathologistes ont pu terminer leur rapport, lequel indiquait *effectivement* la présence d'un mélanome sur le bras gauche de Lucretia. Les anges avaient raison ! Lucretia a alors été opérée une troisième fois, tout a été définitivement été enlevé et elle n'a pas eu le moindre problème depuis.

Les prières exaucées

Pourquoi certaines prières sont-elles exaucées alors que d'autres semblent ne pas l'être ? Les raisons dépassent la compréhension humaine. Cependant, les prières qui semblent vaines pourraient avoir un lien avec les situations suivantes :

- prier pour que quelqu'un vive lorsque l'âme de cette personne a choisi de « passer de l'autre côté » ;

- omettre de porter attention aux conseils divins qui viennent en réponse aux prières, d'avoir confiance en ces derniers ou de les suivre ;

- mal utiliser les réponses aux prières par peur du paranormal ou à cause du sentiment de ne pas mériter l'attention du Ciel ;

- ne pas remarquer la réponse faite à une prière parce qu'elle vient d'une manière différente de celle à laquelle on s'attendait ;

- croire que seules les personnes « particulières », « pures » ou « élues » reçoivent une réponse à leurs prières.

Même si apparemment toute prière ne reçoit pas systématiquement de réponse, le nombre d'études scientifiques et d'études de cas empiriques montrent que la prière est une méthode de guérison efficace et fiable. Les gens qui reçoivent une réponse à leur requête sont probablement plus nombreux qu'on ne le pense.

Certaines personnes que j'ai rencontrées ont peur de demander trop souvent l'aide du Ciel ou d'importuner le Divin avec des demandes insignifiantes. Elles croient qu'à l'instar des hommes le Ciel a des limites, ce qui n'est pas le cas. Les anges veulent nous aider à établir la paix sur Terre en nous soutenant par tous les moyens possibles. Nous ne pouvons pas trop faire appel à leur aide et nous ne les ennuyons certainement pas lorsque nous demandons leur assistance. En revanche, c'est un plaisir pour eux de faire naître des sourires sur nos visages et la paix dans nos cœurs.

Certains sont en colère contre le Créateur à cause de prières qui semblent n'avoir pas reçu de réponse. Par peur d'être de nouveau déçus, ils cessent de prier. Cependant, il se peut qu'ils recommencent à le faire dans des circonstances alarmantes… avec des résultats différents, comme le montre l'histoire suivante.

Âgé de 18 mois, le fils de Rina Waaka était dans un service de soins intensifs en raison de problèmes respiratoires. L'enfant ayant failli mourir à deux reprises, Rina était folle d'inquiétude. Elle a pensé à prier mais elle était en colère contre Dieu. Son père était mort deux ans auparavant malgré les ferventes prières qu'elle avait faites ; c'est alors que Rina s'est promis de ne plus jamais prier.

Tout a changé lorsqu'elle s'est sentie totalement impuissante à guérir son fils. Elle est allée dans une petite pièce de l'hôpital, a fermé la porte et est tombée à genoux pour implorer Dieu de sauver son enfant.

Deux jours après, une femme d'âge moyen que Rina n'avait jamais vue auparavant s'est approchée d'elle à l'hôpital pour s'enquérir de l'état de santé du garçon. Rina a ignoré la dame et est sortie fumer une cigarette.

Lorsque Rina est rentrée dans la salle commune, cette femme l'a arrêtée et lui a dit de ne pas s'inquiéter puisqu'elle venait de rendre visite au garçon et que l'Esprit saint veillait sur lui. Furieuse, Rina a fait une halte au poste des infirmières pour demander pourquoi une étrangère avait été autorisée à voir son fils. Les gardes-malades lui ont répondu que, hormis elle-même et les membres du personnel, elles n'avaient vu personne à l'étage ni dans la chambre de son fils.

Lorsque Rina est entrée pour voir son gaçon, la chambre lui a semblé différente et elle y a senti une présence. Deux jours après la visite de l'ange, l'hôpital laissait sortir son garçon. Les médecins ne comprenaient pas comment l'enfant avait guéri si rapidement ! Ils s'attendaient à ce que son rétablissement prenne beaucoup plus de temps.

Rina a prouvé que le désir de prier peut provoquer un miracle et renouveler la foi. Les histoires suivantes sont également inspirantes et nous aident à nous rappeler que la prière engendre souvent des miracles.

Cindy Fundahm a demandé et reçu l'intervention divine pendant la naissance de son enfant. Enceinte de 32 semaines et gravement malade, elle a été transportée d'urgence en ambulance à l'hôpital de Sioux Falls (Dakota du Sud). Le médecin chargé de son admission a diagnostiqué que l'enfant à naître était en grande difficulté. Une seule artère apportait du sang au bébé, ce qui restreignait gravement la croissance de l'enfant et laissait Cindy dans un état critique. La future mère a été immédiatement conduite à la salle d'opération.

Sur la table d'opération, Cindy a prié pour que Dieu les sauve, elle et son bébé. Elle a demandé aux anges de les protéger tous deux et de veiller sur les médecins et les infirmières qui participaient à l'opération. Elle a saisi la gravité de la situation et soudain compris pourquoi, le soir précédent, elle avait demandé à sa sœur de s'occuper des affaires importantes… simplement au cas où. « C'était donc ça ? » s'inquiétait Cindy. Elle a prié et s'est rendu compte que l'hôpital diffusait de la musique chrétienne, ce qui s'accordait avec sa foi religieuse.

Quelques instants après, Joseph Michael, à peine un kilo, criait à pleins poumons ! On l'a emmené d'urgence à la pouponnière des soins intensifs tandis que le médecin recousait l'incision faite à la mère.

Plus tard cette nuit-là, Cindy flottait entre le sommeil et la veille sur son lit d'hôpital. Elle était très malade, souffrait beaucoup et avait des complications dues à sa grossesse. Au milieu de tout cela, elle murmurait des prières. Elle a alors entendu des voix basses et douces dans sa chambre. Elle a ouvert les yeux et vu de petites boules scintillantes de lumière et une femme âgée aux cheveux rouges, portant des lunettes et un corsage à fleurs. La dame lui a dit : « Tout va bien se passer, ma chérie, tout va bien se passer. »

Cindy se sentait perdue dans une chambre privée dont les portes étaient fermées et les lumières éteintes. Cependant, en dépit des manifestations paranormales, elle s'est sentie assez bien et en paix pour se rendormir. Le jour suivant, elle a vérifié si l'aumônier ou d'autres visiteurs s'étaient arrêtés à son chevet. C'est alors qu'elle a appris que personne n'était entré dans sa chambre.

« Notre Joseph est un bébé qui défie toutes les probabilités, dit Cindy. Il n'a eu besoin d'oxygène que durant les quelques heures qui ont suivi sa naissance. C'est merveilleux qu'il ait respiré de lui-même et qu'il n'ait eu aucune complication, bien qu'il ait dû rester à la pouponnière pendant un mois. Aujourd'hui, il est en santé et normal ! Moi aussi, je me suis merveilleusement bien rétablie. Merci, mon Dieu ! »

Prières pour un animal favori

Comme je l'ai mentionné précédemment, les animaux et les enfants n'érigent pas de défenses lorsqu'il s'agit de guérir ; aussi prier pour eux est-il particulièrement efficace.

Cody est chien de troupeau. Il vit en Australie et appartient à Sylvia Allen et à sa famille. Un jour de novembre 2002, Cody a disparu. La maison de Sylvia se trouvant à la campagne sur 40 acres où ne manquent ni les pumas, ni les coyotes, ni les ours, la famille s'est inquiétée pour la sécurité de Cody, naturellement. Les Allen ont cherché pendant des heures, mais il n'y avait pas trace de Cody.

Après avoir passé huit jours dans l'angoisse, Sylvia s'est souvenue d'avoir acheté mon livre *Healing with the Angels* la semaine précédente. Elle l'a ouvert à la section qui porte sur les demandes faites aux anges pour que ces derniers retrouvent et protègent les animaux perdus. Elle a récité la prière suggérée, puis a rangé le livre sans plus y penser.

Le soir suivant, après un souper chez des amis, les Allen sont rentrés chez eux pour la nuit. Une heure plus tard, le mari de Sylvia a remarqué sur l'allée d'en avant un objet sombre qui ne s'y trouvait pas lorsqu'ils étaient revenus. Il est sorti et a découvert Cody, sérieusement blessé et si faible qu'il tenait à peine debout.

Le chien s'était battu avec un coyote et allait mourir de ses blessures. « Cody ne pouvait pas avoir marché jusqu'à l'endroit où nous l'avons trouvé, dit Sylvia, au bord d'une grande pelouse entourée de collines très escarpées. Il n'y était pas lorsque nous sommes rentrés à la maison. J'ai su immédiatement que ses anges nous l'avaient apporté, le couchant délicatement non loin de notre porte. »

Les plaies de Cody étaient infectées, la gangrène s'y était formée et l'animal n'avait ni mangé ni bu depuis plus de huit jours. « En une semaine, ses blessures ont guéri et vous n'auriez jamais dit qu'il avait été blessé. C'est un véritable miracle que les anges nous l'aient ramené et l'aient guéri. » Depuis cette rencontre avec le miraculeux, Sylvia et sa famille demandent chaque jour l'aide des anges.

L'ANGE CHIRURGIEN

L'histoire suivante montre que le Ciel a le sens de l'humour, tout en révélant comment une femme particulièrement encline à la spiritualité a traduit sa foi dans les anges en aide pour son père et pour sa cliente.

Nicole Pigeault est praticienne de thérapie des anges ; elle collabore étroitement avec l'archange Raphaël dans son travail de guérison. Quand on a prévu de poser un stimulateur cardiaque à son père, Nicole a prié Raphaël de bien vouloir prendre en charge la guérison de celui-ci sous tous les aspects. Sa mère l'a appelée après l'opération pour lui dire que tout s'était bien passé et que son père avait le plus gentil des médecins… le docteur Raphaël ! « Les anges n'en finissent pas de me surprendre avec leurs touches d'amour et d'humour », dit la praticienne.

Quelques mois plus tard, Nicole traitait Susan en séance de guérison angélique. Cette cliente était angoissée de devoir subir une nouvelle opération du côlon. Elle avait été opérée à deux reprises déjà et avait supporté de longues et difficiles périodes de rétablissement.

Nicole lui a dit : « Cette fois-ci, nous allons demander à l'archange Raphaël de faire l'opération. » Comme Susan semblait déconcertée, elle lui a expliqué qu'elles invoqueraient Raphaël pour qu'il opère avec le chirurgien.

Nicole et Susan ont travaillé ensemble pendant les deux semaines qui ont précédé la chirurgie. Le jour de l'opération, elles ont fait appel à Raphaël et à ses anges guérisseurs afin qu'ils veuillent bien assister Susan et son chirurgien à chaque étape de l'intervention. Elles ont également demandé à Raphaël de travailler par le biais du chirurgien.

Le lendemain, Susan a appelé Nicole pour lui donner de bonnes nouvelles. « Tout ce dont je me souviens, a-t-elle dit, c'est d'avoir été amenée dans la salle d'opération puis de m'être réveillée en pensant qu'il était l'heure d'aller me faire opérer. »

L'infirmière a répondu à Susan : « Non, votre opération est déjà terminée. Qui plus est, elle devait durer cinq heures mais elle était finie en moins de quatre ! Le chirurgien était surpris mais, pendant l'intervention, il a eu l'intuition d'une autre manière d'opérer ; c'est ce qui lui a fait gagner une heure et demie. »

Susan s'est remise si rapidement qu'elle a étonné sa famille et ses amis. Elle savait au-delà de tout doute que c'était l'œuvre de Raphaël.

Des visions d'anges

Les personnes dont les ardentes prières sont jumelées à des intentions limpides reçoivent souvent la visite des anges pour leur assurer que leurs requêtes ont été entendues et ont reçu une réponse.

Lorsque sa mère l'a appelée pour lui dire qu'elle passait des examens médicaux en vue de dépister un éventuel cancer du sein, L. Dardano a pris peur. Elle a prié très intensément Dieu, Marie et les anges d'intervenir en faveur de sa mère.

Cette nuit-là, L. s'est réveillée et a découvert la présence de quelqu'un dans sa chambre. Elle a vu la silhouette d'une femme portant une jupe et une chemise blanche transparente. Les cheveux clairs de la dame étant tirés en arrière, elle a pu entrevoir le mystérieux visage. La femme était debout et regardait fixement L. en tenant une fleur blanc, jaune et doré à quatre pétales avec laquelle elle faisait des moulinets. L. a jeté un coup d'œil à son mari pour voir si ce dernier se rendait compte de la présence de la visiteuse, mais il dormait.

Le jour suivant, L. a appelé sa mère et lui a raconté la visite de l'ange en disant : « Je sais sans l'ombre d'un doute que cela va bien se passer pour toi et que les résultats des examens seront négatifs. » C'est ce qui est arrivé.

Quelques jours après, en feuilletant un calendrier orné de tableaux représentant des anges, L. a été frappée par l'un d'eux où figurait l'archange Gabriel en compagnie de Marie. Dans ce tableau, Gabriel tenait exactement la même fleur que L. avait vue lors de la fameuse visite.

« J'ai su que la personne que j'avais vue dans ma chambre cette nuit-là était l'archange Gabriel, dit L. Je sais que cela a eu vraiment lieu. Tout était tellement réel ! »

La présence de l'ange a réconforté L. et probablement amené l'énergie de guérison qui a soutenu la santé de sa mère. Dans l'histoire suivante, nous verrons l'exemple d'une autre personne qui a vu un ange à la suite d'ardentes prières.

Lorsque son mari l'a laissée avec ses deux enfants, Bronwyn Trillo en a été terrassée et a pensé que c'était la fin de son monde. Elle a alors perdu son travail et eu l'impression qu'elle n'arriverait pas à continuer. En deux semaines, elle faisait une grave dépression et était malade au point de ne pas pouvoir se lever ou manger. Bronwyn a finalement été hospitalisée. À sa sortie de l'hôpital, on l'a mise sous sédatifs.

Elle priait continuellement (elle dit avec humour qu'elle était trop inapte pour faire autre chose !) Elle s'accrochait à la confiance qu'elle avait de se rétablir.

Puis, une nuit, Bronwyn s'est réveillée brusquement. Elle a regardé sur sa gauche et vu rayonner un ange splendide qui avait de très grandes ailes. La lumière éblouissante l'a empêchée de distinguer le visage de l'ange, mais elle a pu voir que ce dernier avait la tête tournée de côté et qu'il la regardait.

« L'ange était si serein et si paisible, dit Bronwyn. C'était la plus belle expérience que j'avais jamais faite. J'ai pu regarder le mystérieux visiteur un certain temps, puis il a disparu. »

Bronwyn a recouvré ses forces depuis et elle se sent renouvelée. Elle voit souvent de brefs éclairs, ce qui lui fait savoir que les anges sont toujours avec elle. « Depuis que j'ai eu cette vision, dit-elle, il n'y a pas une seule journée où je ne communique pas avec mes anges et que je ne suis pas attentive à tous les bienfaits que m'apportent ces derniers. Je suis très heureuse et je me sens en paix, car je sais que je suis toujours guidée. »

La puissance du nombre

Plusieurs études scientifiques donnent à penser que plus nombreux sont les gens qui prient pour une situation, meilleurs sont les résultats. Faite par un grand nombre de personnes, la prière semble avoir un réel pouvoir. Lorsqu'une situation appelle une guérison, c'est une bonne idée de regrouper dans la prière des amis ainsi que des personnes dont c'est le sacerdoce, comme le montre l'histoire suivante.

Jennifer Fountain, de Nouvelle-Zélande, raconte que sa sœur s'est trouvée enceinte à 39 ans passés. Sa sœur et son mari étaient ravis jusqu'à ce qu'un examen par ultrasons révèle que le bébé présentait une anomalie rare et grave du nom de tératome sacrococcygien. Cette maladie, qui ne touche qu'un nourrisson sur 40 000, peut entraîner une mort prénatale ou durant la petite enfance.

En latin, *teratoma* signifie « monstre ». Ce mot évoque de surcroît la taille et la nature impitoyable de cette excroissance osseuse qui creuse dans la vessie, l'intestin, les organes reproducteurs et croît parfois à l'extérieur du corps, y compris sur la colonne vertébrale. Certains bébés présentent une excroissance aussi grosse qu'eux-mêmes.

Depuis que la future maman vivait en Floride, tout le soutien que Jennifer pouvait lui apporter se résumait à des prières et à des affirmations. Jennifer a demandé à toutes les personnes qu'elle connaissait de prier elles aussi et d'entourer d'anges guérisseurs sa sœur et le bébé à naître.

Jennifer se souvient de ce qui s'est passé ensuite : « Ma sœur avait passé la période la plus risquée de sa grossesse, mais la tumeur continuait à grossir avec insistance. Les médecins ont décidé du moment de la naissance, lequel serait suivi d'une chirurgie immédiate afin de retirer cette tumeur qui menaçait la vie du bébé. J'ai de nouveau demandé à toutes mes connaissances d'envoyer des prières et des anges de guérison à ma sœur, à son mari, au bébé, aux médecins et au personnel soignant.

« J'ai parlé à ma sœur juste après la naissance de la petite et juste avant l'intervention chirurgicale prévue. La nouvelle maman était en larmes. Les médecins l'avaient avertie à deux reprises : son bébé mourrait fort probablement car l'opération était très agressive, compliquée et risquée. Je lui ai dit que mes amis étaient en train d'envoyer des millions d'anges guérisseurs qui seraient à ses côtés pendant l'opération.

« Elle a exprimé sa joie de recevoir l'aide des anges mais, son mari ne s'intéressant pas vraiment à ces histoires, elle ne lui a pas fait part de notre conversation. Pourtant, en passant à la boutique de cadeaux de l'hôpital, le nouveau papa s'est senti absolument obligé d'acheter un petit ange en peluche. Ne comprenant pas vraiment ce qui l'avait poussé à acheter ce cadeau, il était perplexe lorsqu'il l'a donné à ma sœur. En revanche, cette dernière a dit qu'elle savait parfaitement qu'il avait attrapé l'un des anges envoyés de Nouvelle-Zélande et d'Australie par ceux qui priaient pour le bébé.

« Les chirurgiens ont fait un travail miraculeux (eux-mêmes l'ont reconnu), tout en déclarant que c'était la plus grosse tumeur qu'ils n'avaient jamais retirée. Ils s'attendaient à une hospitalisation de trois *semaines* avant que la petite fille se soit remise d'une opération d'une telle ampleur. Trois *jours* après, le bébé était à la maison avec sa mère, l'ange en peluche à son chevet.

« Elle a deux mois à présent et les médecins ne pensent pas la revoir un jour. Elle ne court plus aucun risque. Un ange est présent sous la forme d'un jouet en peluche aux côtés de cette enfant cristal. »

Des conseils en soins de santé

La réponse à nos prières vient parfois sous la forme de conseils que nous donnent nos anges pour que nous nous dirigions vers le médecin approprié. Certains se demanderont peut-être pourquoi le Ciel se sert d'un intermédiaire au lieu d'intervenir directement dans la guérison… mais Dieu n'a-t-il pas créé les médecins ?

Nombre de spécialistes sont des êtres très intuitifs qui, sans l'ombre d'un doute, suivent les conseils divins pour prendre soin de leurs patients. L'histoire suivante montre comment la prière d'une patiente désirant éviter l'amputation de son bras a eu pour réponse la volonté d'un médecin d'écouter sa voix intérieure.

> Mandi Gabler et ses amis faisaient du patin à roues alignées dans la banlieue de Londres. Ses amis voulant faire encore un tour avant de rentrer à la maison, Mandi n'a pas écouté la petite voix qui lui disait de ne pas les suivre. En tombant violemment sur le bras droit, elle s'est fracassé l'articulation du coude. Un médecin d'Espagne qui était en vacances a vu l'accident et s'est occupé d'elle avant l'arrivée de l'ambulance. Le médecin hospitalier a dit à Mandi que son bras était tellement endommagé qu'elle risquait de le perdre. Terrifiée à l'idée d'une amputation, elle a demandé à ses amis de se joindre à elle pour prier afin que son bras soit sauvé.
>
> Pleine de foi, Mandi se sentait en paix. Elle savait qu'elle était dans les mains des anges et que Dieu s'occupait d'elle. Le médecin voulait attendre deux jours afin de planifier l'opération. La famille et les amis de Mandi pensaient que ce report serait nuisible, mais

Mandi a voulu que son médecin prenne le temps de déterminer la meilleure façon de procéder à l'intervention. La jeune femme conservait sa quiétude et savait simplement que tout allait bien se passer.

Après l'opération, le médecin a déclaré qu'il avait été entièrement guidé durant l'intervention et qu'il savait lui aussi que le bras de Mandi allait parfaitement se rétablir. « Je souriais à mes anges et leur étais entièrement reconnaissante de l'aide qu'ils nous avaient apportée, au médecin et à moi. J'ai récupéré l'usage de mon bras à 95 pour cent et je peux même jouer au golf ! Je n'ai aucun doute sur les événements : mes anges veillaient sur moi, m'ont guérie et ont assisté le médecin. »

À la suite de cette blessure, Mandi a commencé à approfondir sa spiritualité. Elle a estimé qu'elle avait trop perdu de temps dans le passé en n'écoutant pas sa voix intérieure. Elle est devenue praticienne de thérapie des anges ; elle écoute ses anges et aide les autres à en faire autant.

L'histoire suivante illustre parfaitement le cas d'une personne qui a prié et reçu de l'aide dans sa démarche pour trouver un médecin capable de la conduire à la guérison.

Lorsqu'on lui a diagnostiqué un cancer du sein, Ariel Wolfe était consciente de l'importance pour elle de choisir le médecin approprié. Elle a donc décidé de faire des entrevues avec des médecins et, lors d'une séance de méditation et de prière, elle a imploré ses anges gardiens de la guider vers celui qui convenait le mieux.

Elle a choisi intuitivement une docteure sur une liste de spécialistes. Avant de la rencontrer, Ariel a demandé à ses anges de lui envoyer une preuve limpide qu'elle avait choisi la bonne personne. En entrant avec sa sœur, Liz, dans le bureau de consultation, Ariel a remarqué que des objets amérindiens étaient exposés. Ariel ayant un lien très fort avec la spiritualité des Amérindiens, elle a pensé « Bon, jusque-là, ça va… mais ça ne suffit pas encore. »

Lorsqu'elle a rencontré la docteure, Ariel a découvert avec plaisir la chaleur et la franchise de cette dernière ; la spécialiste semblait très compétente et répondait à toutes les questions. Cependant, Ariel attendait toujours une preuve limpide.

La docteure a mentionné qu'elle avait étudié pour être pianiste classique mais que, ayant trouvé difficile de jouer devant un public, elle s'était tournée vers la médecine. Cela a impressionné Ariel qui, elle-même pianiste classique, avait donné des concerts presque toute son adolescence et à l'âge adulte. Elle a pensé « Bien, nous nous rapprochons du but, mais ce n'est pas encore une preuve absolue. »

En s'asseyant dans le bureau après que la docteure eut examiné sa sœur, Liz a mentionné que des anges guérisseurs entoureraient Ariel et l'opération. La docteure a levé les yeux et dit : « Vous savez, mon saint patron est l'archange Michael. »

Ariel a pensé « Bon, pas la peine d'une gifle en pleine figure pour savoir quand je suis au bon endroit ! »

Pendant la biopsie, Ariel a fait appel à ses anges et aux archanges pour qu'ils soient présents. La docteure lui avait expliqué que l'examen pourrait être désagréable. Ariel a levé les yeux et vu les archanges Michael et Raphaël guider les mains de la spécialiste. Elle dit n'avoir absolument rien senti, car elle était guidée et protégée par ces anges au grand pouvoir. À présent, sa numération globulaire est redevenue normale et Ariel se sent merveilleusement bien.

Garder la foi

Notre foi en l'efficacité de la prière est sans aucun doute ce qui nous aide le plus lorsque nous demandons à Dieu ainsi qu'aux anges et aux archanges de nous assister. Avec la foi, nous sommes davantage susceptibles de nous accrocher fermement à nos convictions et à notre confiance dans les conseils divins. L'histoire suivante montre comment les recommandations des médecins n'ont pas ébranlé un couple dans sa décision de mener à terme une grossesse.

Lorsque les médecins ont dit à Maria Perez qu'une maladie mettait en danger la vie de son futur bébé, elle et son mari en ont été horrifiés. Les médecins ont expliqué que le fœtus présentait à l'arrière de la tête une encéphalocèle occipitale (également connue comme le syndrome de Knobloch) provoquant l'extériorisation du tissu cérébral à travers une brèche crânienne. Le diagnostic était sombre : soit la petite fille mourrait à la naissance, soit elle aurait une vie végétative (ce sont les mots employés par le médecin) et devrait être placée à vie dans une institution.

En femme à la foi profonde, Maria a prié, alors qu'elle était assise dans sa cour, pour qu'on lui envoie un signe. Elle a levé les yeux et vu dans les nuages un visage rempli d'amour qui lui souriait. Elle a su que Dieu et les anges lui confirmaient que tout irait bien pour son bébé.

Contrairement aux recommandations des médecins, Maria et son mari ont décidé de mener la grossesse à terme. Chaque nuit, Maria priait Dieu et demandait aux anges de lui apporter de l'aide, des conseils, de la force et la foi. Un soir, elle a regardé un épisode de la série télévisée *Les anges du bonheur,* dans lequel Monica (l'ange interprété par Roma Downey) faisait appel à d'autres anges pour l'aider à guérir une toxicomane. En cercle autour de la femme et de Monica, les anges assainissaient et soutenaient la situation de leurs chants angéliques. Cette nuit-là, Maria a demandé aux anges de chanter pour elle pour lui montrer que sa petite fille irait bien.

Le jour de la naissance, les médecins et les infirmières se sont réunis autour de la table d'accouchement, s'attendant au pire. Or, la petite Angela Perez allait leur montrer qu'il faut croire aux miracles. Elle est née robuste et en santé !

Une opération était toujours nécessaire pour remédier à la brèche située à l'arrière de la tête. La petite fille n'avait qu'un jour lorsqu'on la lui a fait subir, mais elle s'en est parfaitement remise. La nuit suivante, Maria s'est réveillée à trois heures du matin en entendant chanter dans sa chambre. Elle a pensé que c'était l'effet de son imagination ou les répercussions de la césarienne mais elle a réveillé son mari qui, lui aussi, a entendu les anges. De plus, ce dernier en a vu trois se tenant face à leur lit. Les anges chantaient la chanson espagnole *Chantons pour Marie*. Hormis le cri de sa petite fille à la naissance, Maria n'avait jamais rien entendu de plus beau.

Aujourd'hui, Angela est une magnifique fillette de quatre ans et Maria sait que sa fille a été envoyée du Ciel pour l'aider dans sa relation avec Dieu et les anges ainsi que dans son développement spirituel. « Je vois Angela tendre la main vers ses anges et leur sourire chaque fois qu'elle les voit, dit Maria. C'est une belle enfant de Dieu. »

On a dit que prier c'était parler avec le Ciel, et que méditer c'était L'écouter. Nos anges sont constamment à l'affût de nos prières. Lorsque nous communiquons avec eux (en pensée ou à voix haute), nous formons, à l'instar d'une équipe de sportifs, un tout bien organisé. Lorsque nous sommes en parfaite harmonie avec les anges, nous pouvons rétablir notre santé et manifester nos besoins.

CHAPITRE 18

Les anges de la lumière et de la foi

Invoquer les anges est un excellent moyen d'apporter lumière et amour dans n'importe quelle situation. Tout le monde peut le faire ; il n'est pas nécessaire d'en « mériter » le droit ou d'appartenir à une religion particulière. L'aide des anges est un acquis et un privilège divin pour chacun. Les anges étant un cadeau de notre Créateur, nous montrons notre reconnaissance envers Dieu en appréciant ce cadeau.

Vous pouvez faire appel aux anges en utilisant une des méthodes suivantes :

- Pensez « Les anges, aidez-moi s'il vous plaît ! »
- Faites part mentalement de vos ennuis aux anges.
- Demandez à Dieu de vous envoyer des anges.
- Visualisez les anges autour de vous, de vos êtres chers ou d'une situation.

- Visualisez des lumières blanches ou colorées entourant une personne, un objet ou une situation.
- Faites à voix haute votre demande à Dieu ou aux anges.
- Écrivez une lettre aux anges.
- Chantez ou psalmodiez votre demande.
- Utilisez les cartes divinatoires des anges.
- Allumez une bougie.

La *manière* dont vous entrez en contact avec les anges n'a pas autant d'importance que le fait d'y parvenir. Souvenez-vous que le Créateur et les anges ne sont pas autorisés à intervenir dans votre vie sans votre permission. Il n'y a qu'une exception : lorsque vous courez un danger imminent avant l'heure où vous devrez quitter cette vie.

Les anges étant les extensions et les messagers de Dieu, que vous leur présentiez votre requête directement ou que vous l'envoyiez au Créateur, les résultats sont les mêmes. Pensez aux anges comme à de divins facteurs apportant des messages d'amour et de lumière de la part du Créateur.

Les anges illuminent notre esprit et notre cœur en y insufflant la lumière. À travers le brouillard de l'effrayante illusion, ils nous aident à voir la vérité divine dans les situations que nous vivons. En dépit de toutes les apparences trompeuses, ils nous rappellent que tout va vraiment bien en définitive.

L'amour intense et inconditionnel qu'apporte un ange par sa présence suffit souvent à provoquer une guérison immédiate, comme le montre l'histoire suivante.

Quand on a prévu l'hospitaliser pour l'opérer et lui enlever des calculs rénaux, Sandra Clark, du Queensland (Australie), était bouleversée et on la comprend. Son amie Kerrie Field, qui fait un travail de guérison énergétique, lui a proposé une séance.

Tandis que Sandra était installée sur la table de massage, Kerrie a fait appel aux anges pour obtenir leur assistance. Avec son œil mental, Kerrie voyait que la pièce était remplie d'anges travaillant sur Sandra. « Ce devait être les anges ' du fou rire ' parce que Sandra et moi nous sommes mises à rire au point de nous rouler en boule et de pouvoir à peine respirer ! dit Kerrie. Il y avait longtemps que nous n'avions pas ri autant et pourtant nous rions beaucoup en temps normal. »

Lorsque Sandra est entrée en chirurgie quelques jours plus tard, il n'y avait aucune trace des calculs rénaux. Comme ces derniers étaient vraiment gros et qu'ils avaient provoqué beaucoup de saignements et de souffrances, les médecins n'en revenaient pas. Ils ont interrogé Sandra sur l'intensité de la douleur qu'elle avait ressentie pour les évacuer.

Lorsqu'elle a répondu qu'elle n'avait senti aucune douleur, les médecins ont dit qu'elle avait sûrement dû sentir *quelque chose.* Après tout, les calculs étaient si gros que, selon eux, cela avait dû être comme faire passer une pastèque par le trou d'une aiguille. Sandra et Kerrie attribuent aux anges le fait que les calculs aient été évacués sans douleur et que Sandra n'ait pas été dérangée par des calculs depuis ce jour.

LES ANGES ASSAINISSENT LES OBJETS INANIMÉS... ET LES FINANCES

Notre utilisation de la médecine des anges n'est pas restreinte à la guérison des corps physiques. Puisque l'Univers est entièrement constitué d'amour et de lumière, nous pouvons tout « guérir ». J'ai de mon enfance de nombreux souvenirs de ma mère priant pour qu'un appareil ou la voiture familiale fonctionne à nouveau normalement, car nous n'avions pas l'argent pour les faire réparer. Ma mère recevait toujours rapidement une réponse à ses requêtes !

L'histoire suivante est un bel exemple de la manière dont les anges peuvent nous aider à guérir *n'importe quoi.*

Annette Hinton sait se servir d'un ordinateur mais ne se reconnaît pas de capacités en ce qui concerne l'installation, le dépannage ou la programmation. Aussi était-elle horrifiée lorsque son patron lui a tendu son ordinateur de poche Palm Pilot en lui demandant d'appeler au département du soutien technique du fabricant. Son supérieur lui a expliqué que le Palm Pilot ne se synchronisait pas avec son ordinateur de bureau et qu'à l'interne on manquait de connaissances pour régler le problème. Devant partir toute la journée en réunion, il comptait sur Annette pour trouver une solution.

Annette a parlé à cinq personnes oeuvrant au département de soutien technique ; chacune lui a fait appliquer une procédure mais en vain. Le Palm Pilot ne répondait plus et remplacer la pile n'a eu aucun effet. Tous les gens du soutien technique ont dit à Annette que l'article était défectueux et qu'il faudrait le faire réparer ou l'échanger.

Toutefois, Annette était déterminée à satisfaire la demande de son patron et à réparer l'ordinateur de poche. C'est alors qu'elle a pensé à demander l'aide de ses anges. Après tout, elle les avait enrôlés avec succès dans le passé.

Ses doigts étaient posés sur les touches tandis qu'elle parlait à ses anges. Soudain, elle a appuyé sur celles-ci et l'ordinateur s'est mis à clignoter et à réagir. Annette n'était pas certaine de ce qui se passait mais, lorsque la question « Voulez-vous continuer ? Oui ou Non » est apparue, elle a pressé sur « Oui » en espérant que tout irait pour le mieux. Après qu'elle eut répété l'opération à plusieurs reprises, le message « Synchronisation réussie » a clignoté à l'écran.

Quelle surprise ! Les anges avaient répondu à la demande d'aide d'Annette ! Cette dernière ne voyait pas d'autre explication au fait que l'ordinateur fonctionnait, étant donné qu'elle n'avait pas la moindre idée de ce qu'elle avait fait. À son retour, le patron a demandé à Annette comment elle avait réparé l'ordinateur. Celle-ci lui a répondu qu'elle avait demandé à ses anges de l'aider. Le patron ne l'a pas crue mais, par la suite, l'ordinateur a fonctionné sans problème pendant des mois.

Les anges disent qu'il n'est pas nécessaire de lutter avec quoi que ce soit dans la vie, y compris les objets et les finances. Comme je l'ai dit précédemment, les anges sont là pour nous apporter la paix. Les luttes font grandir certes, mais la quiétude peut y parvenir plus rapidement. C'est pourquoi, lorsque nous demandons aux anges de nous aider à régler des problèmes comme les difficultés financières, ils sont heureux de le faire.

Jacky Dalton avait demandé aux anges d'aider sa fille à guérir d'une dépression chronique et un miracle avait eu lieu. Sa fille s'était rétablie, ce qui avait affermi la foi de Jacky dans le fait de demander l'aide des anges. Aussi, lorsqu'elle et sa famille ont eu besoin d'argent pour fêter Noël, Jacky était-elle sûre que les anges les aideraient.

Un certain lundi, Jacky a demandé aux anges de lui fournir d'une manière ou d'une autre assez d'argent pour couvrir ses frais professionnels et les dépenses de Noël sans qu'elle n'ait à s'inquiéter. Le lendemain, son mari a retiré de l'argent d'un guichet automatique. Comme le reçu indiquait un solde de plus de 4000 $, Jacky et son mari ont supposé que la banque avait fait une erreur. Toutefois, Jacky a ajouté que, si le solde était juste, c'était certainement le fait des anges !

Jacky et son mari ont vérifié auprès de la banque, qui avait déposé 3200 $ sur le compte le lundi soir juste après la demande que Jacky avait adressée aux anges. Il s'agissait du paiement d'une allocation familiale dont ils ignoraient le versement !

« C'est tragique qu'autant de gens ne sachent pas que nous pouvons demander l'aide des anges ou refusent de croire en eux, dit Jacky. Je suis tellement reconnaissante à mes anges et je leur demande toujours ce que je peux faire pour leur rendre la pareille. Ils me font toujours la même réponse : ' Reste à l'écoute '. C'est bien ce que j'ai l'intention de faire. »

Pouvoir de guérison de l'amour et objectif de vie

L'amour peut pénétrer dans notre vie de bien des façons, y compris par le biais des relations sentimentales. C'est la porte d'entrée que les anges ont prise pour guérir une Australienne dans son corps, son esprit et son cœur.

Annette Doyle s'est assise à l'arrière d'un taxi de Sydney (Australie) et, comme bien des passagers, elle n'a pas attaché sa ceinture de sécurité. Peu après, une voiture volée poursuivie par la police est entrée en collision avec son taxi. Annette se souvient d'avoir été ballottée sur le siège arrière comme une poupée de chiffon avant de perdre conscience. Ayant eu des côtes cassées et trois vertèbres fracturées dans cet accident, elle a passé les 14 mois suivants à prendre des médicaments, notamment de la morphine, et à se rendre chez différents médecins pour faire soulager ses douleurs chroniques. Confinée dans ses souffrances, Annette est tombée en dépression clinique, ce qui l'a amenée à perdre son emploi et beaucoup de ses amis.

Toutefois, un nouveau petit copain est entré dans sa vie et l'a aidée à penser de manière positive à sa santé, ce qui l'a soulagée de sa dépression et l'a conduite à recevoir des conseils divins. Annette raconte que les anges lui ont fait part qu'elle était sur Terre pour remplir un rôle important, tout comme chacun de nous, et qu'elle ne pouvait pas passer sa vie dans le brouillard, dépendante de la morphine. Elle mentionne que les anges lui ont dit qu'elle était une guérisseuse et qu'elle devait se guérir elle-même pour pouvoir aider les autres à faire de même. Annette a vu ce message trouver écho dans son âme et lui donner le courage de se passer des analgésiques.

« Je suis très heureuse de dire que je suis libérée à 98 pour cent de la souffrance physique et émotionnelle. À présent, je me sens forte et heureuse. Je me souviendrai toujours de ce lundi matin où j'ai reçu ce majestueux message de mes anges qui a rappelé à mon esprit ce que j'avais choisi de faire dans cette vie et m'a aidée à guérir mon corps pour que je sois en mesure de réaliser mes projets. Je crois que j'ai vécu cette guérison afin d'être apte à aider les autres. Je *sais* que le fait d'accepter de recevoir ce message m'a permis de guérir. Je me suis sentie tellement bénie et honorée ! De plus, je considérerai toujours cette expérience comme la preuve que c'est possible d'accéder à la guérison avec l'aide des anges. Personnellement, j'y suis parvenue sans avoir à le demander consciemment. Après tout, n'est-ce pas dans la description de travail des anges de nous aider à rester sur la bonne voie ? »

Annette a un nouvel emploi, dans une entreprise où la plupart des employés ont des cartes divinatoires des anges sur leur bureau. De plus, elle travaille à temps partiel pour Anthony Robbins, le conférencier spécialiste de la motivation. Elle dit que sa nouvelle existence est remplie d'amour et de soutien, qu'elle est particulièrement motivante et très clairement intégrée à sa mission de vie.

En fin de compte, ce qui a guéri Annette, c'est le fait d'avoir un objectif précis. Nous avons tous besoin de savoir que notre vie a un sens et que ce monde a besoin de nous. Nous sommes parfois si effrayés à l'idée de connaître l'objectif de notre vie que nous nous fermons les yeux pour ne pas voir celui-ci. Il se peut que, par crainte de ne pas atteindre notre but, nous évitions de prendre les mesures nécessaires pour y parvenir.

Il est dit dans le manuel de l'enseignant de *A Course in Miracles* (qui fait partie d'une compilation en trois livres) que toutes les formes de maladie, jusqu'à la mort elle-même, sont des expressions physiques de la peur de s'éveiller.

Il est aussi dit dans *A Course in Miracles* que, effrayés soit de réussir soit d'échouer dans la mission de notre vie, nous nous servons de la maladie comme d'un mécanisme de retardement. La mission est la même pour nous tous, même si elle peut prendre des formes variées : elle implique toujours d'apprendre à propos de l'amour et d'enseigner nos connaissances par le biais de nos passions et de nos intérêts naturels. Si nous repoussons le désir de notre cœur, nous repoussons aussi la possibilité de ressentir la souffrance affective en cas d'échec. De plus, nous évitons les pressions émotionnelles qui viennent avec la réussite.

Il ne s'agit pas de blâmer la personne qui souffre ou de dire que sa souffrance est imaginaire. La souffrance peut être une expérience bien réelle. Elle naît simplement d'une prémisse irréelle qui est de croire qu'on en est victime. Surmonter la souffrance implique adopter une attitude orientée vers l'avenir, s'en remettre à un pouvoir supérieur, rester positif quant à l'intervention de la guérison et se concentrer sur cette question : « En quoi puis-je être utile ? »

Lorsque nous centrons notre attention sur l'aide à apporter aux autres, nous cessons de nous concentrer sur nous-mêmes. Projeter notre conscience vers la compassion à l'égard des autres fait automatiquement baisser la perception de notre souffrance.

Faites de beaux rêves

Les anges nous aident dans notre vie quotidienne non seulement à être en meilleure santé et plus heureux, mais aussi à avoir une bonne nuit de sommeil.

Michelle, d'Australie, était aux prises avec un certain stress de la vie lié notamment à l'éducation de deux enfants en bas âge et actifs. Épuisée, elle avait besoin de sommeil, mais ses enfants la réveillaient chaque nuit. En désespoir de cause, elle a fait appel à l'aide des anges. « J'ai vu cet ange magnifique se pencher sur le lit de ma petite fille. Cette dernière s'est rendormie immédiatement », se rappelle-t-elle.

Les anges aiment nous guérir pendant notre sommeil parce que nous sommes alors plus réceptifs.

Un soir, Rebecca D'Amato, de Manchester (Angleterre), est allée se coucher en pleurant, se sentant si déprimée et si misérable qu'elle pensait ne plus jamais pouvoir sourire. Elle a demandé l'aide de l'archange Michael puis s'est endormie.

Le lendemain, elle s'est réveillée en se sentant bien reposée et heureuse. Il y avait des années qu'elle n'avait marché d'un pas aussi léger. « Tout ce qui m'avait fait sentir misérable ne me semblait plus important, dit-elle. Les choses avaient du sens et je me sentais plus calme, plus avisée, plus forte, plus apte et en contrôle de la situation. J'ai même ri de moi-même en pensant à ce qui m'avait tout d'abord fait sentir si mal. »

Vous pouvez demander à n'importe quel ange ou archange de venir dans vos rêves effacer votre souffrance psychologique ou physique. Il se peut que le lendemain matin vous ne vous souveniez pas de l'intervention des anges dans vos rêves, mais vous saurez qu'ils vous ont rendu visite. À l'instar de Rebecca, vous vous sentirez mieux.

Les signes que nous envoient les anges

Lorsque nous faisons appel aux anges, c'est agréable de recevoir une confirmation physique de leur proximité. Les trois histoires suivantes montrent les différentes manières dont les anges nous font savoir qu'ils sont avec nous afin de donner un élan à notre foi et à notre confiance en leur affectueuse présence.

> Brittany Ryan, neuf ans, a demandé à ses anges de lui rendre visite un mercredi soir. Le lendemain matin, en se réveillant, elle a vu une plume près de sa poitrine. Elle a couru montrer celle-ci à ses parents et sa mère a cru, elle aussi, que c'était une plume d'ange. Depuis, Brittany en a trouvé deux autres.

* * *

> Wendy Luke voulait que ses anges lui envoient un signe clair montrant qu'ils existaient réellement et qu'ils entendaient vraiment ses prières. Une nuit où, couchée dans son lit, elle demandait un tel signe, elle a entendu une voix ironique dire : « Que veux-tu, un feu d'artifice ? » Alors, Wendy a pouffé de rire et répondu en silence : « Oui, je veux un feu d'artifice ! »

Wendy s'est endormie en souriant, sans anticiper sur ce qui allait arriver. À 3 h 45, elle a été réveillée par un vacarme qui ressemblait à un feu d'artifice. Elle allait se tourner de l'autre côté et ignorer ce bruit lorsqu'elle a compris qu'il pouvait s'agir du signe que lui envoyaient ses anges. En regardant par la fenêtre, Wendy a vu les grandes et magnifiques lumières d'un pétard dans le ciel. Elle a jeté un coup d'œil vers le complexe sportif voisin pour voir si quelqu'un y installait un feu d'artifice, mais il y faisait noir et il n'y avait personne. Elle a alors réveillé son mari qui a pu voir lui aussi la démonstration.

« J'ai appris trois choses cette nuit-là, dit Wendy. Tout d'abord, nous n'avons qu'à demander et nous recevrons vraiment ; ensuite, nos anges peuvent être très adroits et ingénieux lorsqu'ils veulent nous montrer leur amour ; enfin, ceux qui s'entêtent à croire aux coïncidences ne profitent pas des miracles. »

* * *

Un soir, Suzanne Vigliotti se sentait déprimée et seule. Assise devant la télévision, passant d'une chaîne à l'autre, elle a demandé à l'archange Michael de lui envoyer un signe pour la rassurer sur sa présence auprès elle. À ce moment-là, elle est passée à une autre chaîne sur laquelle un ténor chantait *Dans les bras d'un ange*. Suzanne s'est souvenue à quel point elle aimait cette chanson et s'est sentie entièrement rassurée lorsqu'elle s'est installée pour dormir.

Aider les autres et les guérir

Nous prions parfois pour des êtres qui nous sont chers. Les prières sont tout aussi puissantes pour les autres qu'elles le sont pour nous-mêmes, pourvu que la personne veuille être guérie. Dans l'histoire suivante, vous ferez la connaissance d'une fille qui a su écouter attentivement les messages de ses anges et obtenir la guérison de sa mère.

Debbie Clarkson avait passé une bonne partie de son âge adulte aux prises avec l'alcoolisme. Sa fille de 18 ans, Jaimie, se souvient des frénésies de boisson de sa mère, des frénésies qui pouvaient durer des mois. Lorsque Debbie buvait, elle devenait souvent violente, hostile et colérique, ce qui contrastait avec le comportement affectueux, aimable et gentil qu'elle avait lorsqu'elle était sobre. « Ma mère est un ange terrestre qui se sert de l'alcool pour ne pas prendre conscience de l'objectif de sa vie et pour engourdir ses peurs », pensait la jeune fille.

En grandissant, Jaimie se sentait perdue et coupable à l'idée d'être incapable de faire cesser sa mère de boire. Alors, elle a fait ce qu'elle croyait être le mieux dans les circonstances : aimer sa maman. D'une certaine façon, Jaimie savait intuitivement que l'amour était la réponse. Cependant, elle était désespérée de voir que la boisson avait des effets sur le foie, les reins et le cœur de Debbie. Lorsque son beau-père est mort, Jaimie a pensé que le chagrin pousserait sa mère à boire à en mourir.

C'est alors que Jaimie a commencé à prier pour la guérison de sa mère. La réponse à sa prière est venue sous la forme d'un conseil disant : « Affirme simplement que ta mère est guérie. »

« C'est ce que j'ai fait ! dit-elle. Avec une foi et une confiance aveugles, je me suis mise à me dire régulièrement : ‘ Oui, Maman est totalement guérie. ’ C'est tout ce que j'ai fait ! Hé bien, le miracle a eu lieu sous mes yeux. Aussitôt, ma mère n'a plus éprouvé le besoin compulsif de boire. À présent, elle ressent une aversion à l'égard de l'alcool. Qui plus est, elle fait face au chagrin avec honnêteté. Elle ne se fait plus de mal et est maintenant sur le chemin d'une incroyable croissance spirituelle. »

La mère de Jaimie comprend maintenant ses dons spirituels, notamment la clairvoyance, et demande à ses anges de l'aider dans sa vie quotidienne. Debbie et Jaimie sont constamment surprises par la toile de pure magie que tissent les anges pour Debbie. Elles voient toutes deux qu'en se rétablissant Debbie a guéri toute la famille en profondeur.

La pratique de la médecine des anges avec les enfants nous offre, entre autres, l'occasion d'apprendre à ces derniers à travailler avec le Divin. Les enfants sont naturellement attirés par les êtres spirituels et faire appel à l'aide du Ciel leur est d'un grand réconfort.

Stephanie Watkeys conduisait son fils de neuf ans à l'école. Oliver se plaignait d'une si grande douleur au bras droit qu'il se demandait s'il serait capable d'écrire. Stephanie lui a demandé de se calmer, de fermer les yeux et de communiquer directement avec l'archange Raphaël. Elle lui a dit de demander à ce dernier de guérir cette douleur pour qu'il puisse aller en classe, écrire et jouer ce jour-là. C'est ce qu'a fait Oliver. La mère et son fils sont arrivés sur le stationnement de l'école quelques minutes après. Voyant qu'Oliver avait encore mal,

Stephanie lui a dit : « S'il te plaît, sois patient pendant que Raphaël travaille sur toi. »

Lorsque Stephanie a récupéré Oliver après la classe, ce dernier s'est précipité vers elle avec enthousiasme. Il lui a expliqué que, à peine quelques minutes après être descendu de la voiture ce matin-là, il s'était rendu compte à sa grande surprise qu'il n'avait plus mal au bras. « Alors, je me suis souri à moi-même et j'ai remercié Raphaël », de dire Oliver à sa mère.

À présent, Stephanie recourt fréquemment à Raphaël afin d'obtenir de l'aide pour ses deux fils. Lorsque, à deux ans, Bryn a eu une forte fièvre accompagnée de symptômes de maladie, elle l'a mis au lit et lui a donné un remède homéopathique. Cependant, la fièvre a continué à monter.

En désespoir de cause, Stephanie a supplié l'archange Raphaël de faire baisser la température de Bryn. Cinq minutes après, son fils dormait profondément et, une demi-heure plus tard, il se réveillait avec une température redevenue normale ! Bryn s'est mis à jouer et à marcher sans présenter aucun signe de maladie.

Devriez-vous travailler sur une personne sans sa permission ou sans qu'elle le sache ? C'est un point controversé qui n'a pas de réponse toute faite. Certains disent que guérir une personne sans sa permission est une violation de son karma, que c'est comme mettre un cataplasme sur une jambe de bois. En d'autres termes, cette façon de faire ne traite pas les problèmes en profondeur. Toutefois, d'autres disent que, si l'on voit un individu en train de se noyer, on ne se pose pas de questions et on saute à l'eau pour le secourir. Il revient donc à chaque parent et à chaque guérisseur de décider de la meilleure chose à faire selon les circonstances.

Ron vit en Australie ; il travaille avec les anges et pratique la guérison spirituelle depuis de nombreuses années. Sa femme partage ses idées ; en revanche, Steve, leur fils de vingt-cinq ans, demeure sceptique.

Steve fait partie de la Royal Australian Air Force. Il a travaillé avec acharnement pour obtenir une place dans une classe où il serait formé pour devenir officier pompier et sauveteur. Aussi était-il terrassé lorsqu'il s'est brisé le coude en jouant au basket-ball. Selon les médecins, c'était le pire cas qu'ils n'avaient jamais vu et Steve serait en congé de son service normal durant plusieurs mois.

Steve a confié à son père être très inquiet car sa blessure allait l'empêcher de commencer le cours d'officier pompier et sauveteur. C'est alors que Ron a décidé de demander l'intervention des anges, sans en parler à son fils. Ron savait que les anges se limiteraient à apporter de l'amour de guérison et qu'ils n'interféreraient pas dans le désir de Steve.

Ron a donc visualisé des anges autour de Steve et de son bras. Comme il est également praticien du Reiki, il a envoyé de l'énergie de guérison à son fils.

Deux jours plus tard, Steve a téléphoné : « Papa, tu ne vas pas le croire, a-t-il dit, mais il y a deux jours mon bras a commencé à aller mieux. Les médecins sont stupéfaits ! » Steve a rapidement repris son programme d'entraînement de poids et haltères. Il a également repris le travail et suivi son cours. Il est à présent fier d'appartenir au service des pompiers et sauveteurs.

« Je sais que Dieu s'est servi des anges pour envoyer la guérison, dit Ron. Les anges m'aident tellement souvent dans mon travail. »

Lorsque nous invoquons les anges pour autrui, nous recevons souvent des indices — nous l'avons évoqué précédemment — confirmant leur manifestation. Ces indices peuvent prendre la forme d'un signal physique, d'une intime conviction ou d'une impression. La guérison miraculeuse de la personne pour qui nous avons prié est une autre forme de confirmation concrète.

Dans les deux prochaines histoires, deux femmes ont été surprises de recevoir la confirmation de la réponse des anges aux prières qu'elles avaient faites dans l'intention d'obtenir de l'aide pour quelqu'un d'autre. Dans les deux cas, la personne pour qui on avait invoqué les anges a dit avoir *vu* ces derniers... sans même savoir que l'on priait pour elle !

Bernadette Mercer, du Queensland (Australie), est diplômée de mon cours *Angel Intuitive.* Elle a pratiqué une séance de guérison avec les anges sur une femme qui avait vécu une grande souffrance émotionnelle. Cette femme était couchée sur le ventre sur une table de massage, les mains de Bernadette reposant sur la tête de la patiente.

Bernadette a fermé les yeux et fait appel à l'archange Raphaël afin d'obtenir de l'aide pour cette femme. « J'ai senti que l'énergie de la pièce avait changé ; alors, j'ai ouvert les yeux, dit Bernadette. Là, debout au pied de la table de massage, se tenait un grand et magnifique ange doré ! » Les mains de Raphaël étaient posées sur les pieds de la femme.

Bernadette a dit mentalement : « Merci, archange Raphaël. Je suis honorée qu'un être de ton importance et de ta puissance vienne m'assister. »

Elle a entendu Raphaël répondre : « Nous sommes tous les deux des enfants de Dieu ; alors, je ne suis pas plus puissant que toi. »

« Il est resté jusqu'à la fin de la séance, dit Bernadette. Cette expérience était si belle et si intense qu'elle restera à tout jamais gravée dans ma mémoire. »

À la fin de la séance de guérison, la femme a dit qu'elle avait fait un beau rêve : l'archange Raphaël lui tenait les pieds et la guérissait ! De ce fait, elle se sentait beaucoup mieux.

* * *

On pourrait dire que Laura V. Phillips, de Houston (Texas), est un ange terrestre. Elle est stagiaire en relation thérapeutique dans un hospice où la plupart des gens ne passent que quelques jours avant de mourir. Parvenu à un stade de cancer avancé, un homme du nom de John est entré à l'hospice. Laura a remarqué chez lui une gentillesse et une politesse extrêmes. John a tellement touché le cœur de Laura que celle-ci ne manquait pas de passer du temps chaque jour avec lui, même s'il était inconscient la plupart du temps.

John était là depuis quatre jours lorsque Laura l'a trouvé regardant fixement au pied de son lit, semblant effrayé et transpirant. Laura lui a demandé ce qui se passait et il a répondu : « Il y a un démon juste là et il a la queue en feu ! » Puis il s'est mis un coussin sur la tête pour ne plus voir cette horrible scène tandis que Laura le rassurait, lui disant qu'il était sauf. Laura ne croit pas aux démons en eux-mêmes mais elle a compris que nos peurs peuvent se matérialiser en fonction de nos croyances.

Une infirmière s'est précipitée pour surveiller les signes de vie de John. Pendant ce temps, Laura faisait silencieusement appel à l'archange Michael et à tous les anges de miséricorde pour entourer John et le protéger de quoi que ce soit qui l'effrayait. Tout à coup, John s'est exclamé : « Je vois des anges ! » Le cœur de Laura a bondi et ses yeux se sont remplis de larmes de joie. Laura était des plus émues car John ne pouvait aucunement savoir qu'elle avait invoqué les anges.

— À quoi ressemblent-ils, John ? » a-t-elle demandé.

— Ils sont magnifiques… magnifiques… magnifiques ! » a-t-il répondu.

Ensuite, il s'est endormi paisiblement et ne s'est plus réveillé. Il est mort le jour suivant ; son visage portait une merveilleuse expression de sérénité.

L'invocation des anges est l'une des activités de guérison les plus puissantes et les plus profondes pouvant être réalisées face à une maladie ou à une blessure apparente. Même si vous n'êtes pas sûr des résultats ou n'y croyez pas, le fait de faire appel aux anges encourt des bienfaits immédiats pour ceux qui sont malades et pour ceux qui font l'objet des prières.

CHAPITRE 19

En résumé

Le temps est venu pour nous de nous souvenir de la sagesse ancienne et de retourner vers les pratiques de guérison naturelle. Après des siècles de lavage de cerveau à coup de messages effrayants proférés par des personnages religieux et politiques désireux de s'assurer d'avoir tout le pouvoir, nous reprenons la responsabilité de nos pratiques spirituelles et de guérison.

La science apporte un soutien à cette sagesse ancienne par le biais d'études montrant que la lumière du soleil, les cristaux, la prière, l'énergie de guérison et les couleurs sont bénéfiques pour la santé. Dans les hôpitaux et les centres médicaux conventionnels, on fait maintenant appel à des « pratiques de santé complémentaires » ; c'est le terme en usage pour désigner les techniques utilisées par les guérisseurs énergétiques et spirituels. Les médecins obtiennent d'impressionnants résultats en ayant recours à des instruments fonctionnant avec des cristaux et des UV ainsi qu'à la chromothérapie. Dans leurs programmes de traitement, ils prescrivent régulièrement l'exercice, la méditation et les cours de réduction du stress. Les psychologues adressent à présent leurs patients à des hypnothérapeutes, des voyants et des astrologues pour obtenir une vue d'ensemble plus complète.

Dans ce monde nouveau fondé sur une sagesse très ancienne, nous retrouvons la sagesse de guérison que nous employions dans l'Atlantide et peut-être dans les civilisations qui l'ont précédée.

Si les méthodes de guérison proposées dans le présent livre ont déclenché en vous des souvenirs de vies passées, je vous encourage fortement à explorer ce royaume. Peut-être désirerez-vous consulter un praticien de la thérapie par la régression dans les vies antérieures ou un hypnothérapeute agréé, ou encore un enregistrement audio de conseils pour la régression dans les vies passées, comme mon programme *Past-Life Regression with the Angels* ou l'ensemble livre-CD *Mirrors of Time* de Brian Weiss (les deux sont disponibles chez Hay House).

Le travail avec les anges et le recours aux traitements par l'amour et la lumière vont de pair avec les pratiques traditionnelles de guérison. Priez et méditez afin de recevoir davantage de conseils pour votre santé. Si vous recevez des messages vous disant d'améliorer votre mode de vie par une alimentation saine, le sommeil et l'exercice, ce sont bel et bien les anges qui communiquent avec vous et vous devriez vous donner la peine de suivre leurs conseils.

Je vous souhaite beaucoup d'amour et de lumière !

TROISIÈME PARTIE

LA GUÉRISON PAR LA MÉDECINE DES ANGES

CHAPITRE 20

Les méthodes de guérison par la médecine des anges

Dans ce dernier chapitre, j'exposerai les méthodes de guérison utilisées en médecine des anges. Sentez-vous libre d'ajouter ou de modifier certaines étapes en fonction de votre voix intérieure ou des conseils des anges. Les termes et les étapes sous-tendant une technique particulière n'importent pas autant que les intentions liées à celle-ci. Le mieux est d'être confiant et optimiste en pratiquant chaque méthode.

La purification des chakras

La purification et l'équilibrage des chakras nous aident à développer notre énergie, nos capacités psychiques et notre santé pour notre bénéfice. L'intention est d'augmenter la taille de tous nos chakras de manière égale et de nous assurer de leur propreté interne et externe. Pensez aux chakras comme à des pierres précieuses poreuses nécessitant régulièrement un polissage intérieur et extérieur. Il existe de nombreuses méthodes pour purifier et équilibrer les chakras. En voici deux qui agissent rapidement et efficacement.

Le nettoyage en profondeur

Imaginez-vous versant dans votre corps une cruche de nettoyant liquide en mousse de couleur blanche par le chakra de la couronne, celui qui s'ouvre au sommet de la tête. Visualisez et sentez cette mousse se déverser sur et dans chaque chakra. La mousse nettoie rapidement et en profondeur l'ensemble des souillures, de la graisse et des débris situés à l'intérieur et à l'extérieur de chaque chakra. Ensuite, demandez à l'archange Raphaël de verser de la lumière liquide verte en vous pour évacuer toute la mousse et les débris, et ce, jusqu'à ce que vos chakras soient d'une propreté étincelante.

La lumière blanche

Visualisez ou sentez un faisceau de lumière blanche et brillante entrer par le sommet de votre tête et descendre profondément dans votre corps. Tout d'abord, la lumière blanche nettoie, polit et agrandit votre chakra de la racine, le chakra rouge rubis situé à la base de votre colonne vertébrale. Ensuite, elle purifie et agrandit le chakra orange vif qui se trouve à mi-chemin entre le nombril et le chakra de la racine. Puis, elle purifie et élargit le plexus solaire, ce chakra jaune situé juste en arrière du nombril.

Après cela, la lumière blanche réchauffe votre poitrine et augmente la taille et la clarté de votre chakra du cœur, de couleur vert émeraude. Ensuite, elle ouvre, purifie et agrandit votre chakra de la gorge, bleu clair, situé dans la région de la pomme d'Adam. Puis elle éveille, purifie et grossit le chakra bleu indigo du troisième œil, situé entre les deux yeux physiques. Après cela, elle étend et purifie votre chakra des oreilles, qui se trouve au-dessus de chaque sourcil. Finalement, elle repasse par votre chakra de la couronne, de couleur pourpre royal, situé au sommet de votre tête. Tous vos chakras sont de la même taille et de l'intérieur de chacun rayonne la lumière blanche.

Couper les liens éthériques

Lorsque notre attachement à une personne ou à un objet repose sur la peur, nous fabriquons des laisses pour empêcher cette personne ou cet objet de partir ou de changer. Ces laisses ressemblent à des tubes chirurgicaux ; elles grandissent en fonction de la durée et de l'intensité de la relation. C'est pourquoi les liens les plus grands sont ceux qui nous attachent à nos parents, à nos frères et sœurs, ainsi qu'aux autres personnes avec qui nous avons depuis longtemps une relation intense.

Les liens éthériques sont des tubes creux par lesquels l'énergie fait le va-et-vient entre les personnes attachées l'une à l'autre. Les liens établis sur la peur sont toujours malsains et fondés sur un dysfonctionnement. Ils n'ont rien à voir avec l'amour ou avec la part saine de la relation. Couper ces liens ne signifie pas abandonner la personne ou divorcer d'avec elle : cela permet de se libérer de la part malsaine de la relation. Les liens éthériques n'ont rien à voir non plus avec le lien d'argent qui relie l'âme et le corps ; ce lien d'argent et d'amour ne peut être rompu par mégarde.

Disons qu'un lien vous attache à un ami ou à un parent qui se sent déprimé ou en manque d'affection. Cette personne commencera à vous soutirer de l'énergie, comme si elle siphonnait de l'essence à la station-service, et vous vous sentirez fatigué sans savoir pourquoi. Vous ne pourrez aucunement raviver votre énergie en recourant à la caféine, à l'exercice ou au sommeil si vous en avez été vidé par un lien éthérique. Je suis fermement convaincue que le syndrome de la fatigue chronique survient chez les personnes dont l'énergie est soutirée par le biais de liens éthériques. Beaucoup de gens avec qui j'ai travaillé ont retrouvé leur énergie juste en utilisant la méthode simple permettant de couper les liens.

Si la personne avec laquelle vous êtes attaché par un de ces liens se met en colère, l'énergie de son irritabilité déboulera par ce lien directement dans votre corps et vos chakras, ce qui pourra entraîner une souffrance physique semblant ne pas avoir de cause et qu'aucun traitement ne pourra soulager.

Ceux dont la profession est d'aider les autres, tels les professeurs, les conseillers et les guérisseurs, ont souvent de nombreux liens les attachant à leurs étudiants et à leurs patients. (C'est également vrai pour les personnes qui aident toujours leurs amis et parents en manque d'affection.)

C'est pourquoi il est important de couper ces liens après chaque séance d'aide ou chaque fois que vous ressentez une douleur ou une léthargie sans raison apparente. Les liens peuvent repousser si la relation s'achève dans la peur ; toutefois, les nouveaux liens étant plus fins, on peut vous soutirer ou vous envoyer moins d'énergie.

Couper les liens en compagnie de l'archange Michael

Michael porte une épée qui coupe toutes les attaches à la négativité. Pensez simplement : « Archange Michael, je fais appel à toi maintenant. S'il te plaît, coupe les liens de peur qui drainent mon énergie et ma vitalité. » Restez paisiblement assis tandis que l'archange coupe les liens. Il se servira des liens qu'il aura tranchés pour vous envoyer de l'énergie et en envoyer à l'autre personne.

Lorsque Michael coupera les liens, les personnes sensibles sentiront des changements dans leur corps et dans la pression d'air ; puis s'ensuivront une augmentation de l'énergie et une diminution ou un arrêt de la douleur.

Couper les liens tenaces

Michael ne peut couper les liens que si vous êtes désireux de laisser aller les vieux ressentiments associés à la personne à laquelle vous êtes attaché. Si vous persistez dans la colère ou l'absence de pardon, le lien ne se brisera pas. Dans ce cas-là, utilisez de nouveau la méthode décrite précédemment pour faire appel à Michael et ajoutez la phrase suivante en pensant à la personne : « Je veux échanger toute la souffrance pour la paix. Je demande que la paix remplace toute souffrance maintenant. »

Couper certains liens

Outre les deux méthodes précédentes, je vous recommande de passer par cette étape-ci. Pensez à chacune des personnes dont il est fait mention ci-après et persistez dans l'intention de couper les liens de peur qui leur sont associés. Il s'agit de votre mère, de votre père, de vos frères et sœurs ainsi que de vos conjoints passés et actuel. Ce sont ces relations-là qui entraînent le plus souvent des liens associés à une souffrance physique.

La mousse Brissy contre les attachements répugnants et tenaces

Lorsque j'étais à Brisbane (que les Australiens appellent affectueusement Brissy ; prononcez *brizzy*), j'ai remarqué que les nouvelles attaches sont semblables à des toiles d'araignée en ce sens qu'elles sont fines et collantes. L'épée de Michael colle à ces liens comme un couteau adhère dans une toile. J'ai demandé l'aide de l'archange Raphaël et voici la méthode qu'il m'a indiquée :

> *« Visualisez ou sentez l'archange Raphaël s'approchant de vous. Il tient un bidon de mousse nettoyante qu'il vaporise sur l'ensemble de votre corps. Cette mousse ressemble au produit pour nettoyer les fours ; elle dissout instantanément les liens qui sont fondés sur la peur et qui se rapportent aux relations récentes ou de courte durée. Une fois les liens entièrement dissous, Raphaël vaporise un liquide de guérison vert à l'aide d'un tuyau pour enlever la mousse. Vous êtes à présent libre de tous les petits liens et devriez remarquer une hausse d'énergie. »*

Couper les liens de la dépendance

En position assise, pensez à tout comportement ou toute situation de dépendance dont vous aimeriez vous libérer. Assurez-vous de vouloir réellement vous en débarrasser, parce que cette méthode est très efficace. Après avoir mis en pratique cette technique, soit vous n'aurez plus le goût de telle ou telle nourriture soit vous en aurez envie pour une toute dernière fois.

Ensuite, imaginez que vous avez sur les genoux les substances ou les situations dont vous êtes dépendant. Puis, visualisez-les ou sentez-les flotter devant votre estomac à environ un pied de distance. Remarquez le réseau de liens allant de votre estomac à ces substances ; on dirait les racines d'un arbre. Demandez mentalement à l'archange Raphaël de trancher définitivement ces liens. Lorsque c'est fait, remarquez que les substances tombent et s'éloignent facilement de vous.

Puis Raphaël entoure votre estomac de lumière vert émeraude pour guérir totalement toutes vos vieilles blessures. Tandis que vous respirez profondément, il envoie de l'énergie verte de guérison dans votre corps par les liens sectionnés. Au fur et à mesure que vous inspirez, tout ancien vide se remplit, vous guérissez de vos angoisses et l'équilibre se rétablit grâce à la puissante énergie de Raphaël. Remerciez Raphaël pour cette guérison !

Couper les liens aux objets matériels

Le fait que vous ne puissiez vendre un objet, quel qu'en soit le prix, est un signe révélateur du fait qu'il existe un lien éthérique entre cet objet et vous. Beaucoup de gens avec qui j'ai travaillé ont des liens avec leur maison ou leur voiture qu'une partie d'eux ne veut pas vendre. Par conséquent, aucune annonce ni aucune baisse de prix ne se traduira par une transaction.

Les liens avec les objets partent en général de la plante des pieds et sont fixés à la partie de l'objet (ou à la pièce de la maison) à laquelle la personne est la plus attachée. Si vous voulez sincèrement vendre un objet auquel vous tenez, demandez à l'archange Michael de couper les liens à partir de la plante de vos pieds et soyez assuré que cet objet sera remplacé par quelque chose de mieux. Sachez que le prochain propriétaire du bien en question bénéficiera de votre généreux « lâcher prise ».

PASSER L'ASPIRATEUR AVEC L'ARCHANGE MICHAEL

La méthode de guérison que je propose ici a déjà été exposée dans certains de mes ouvrages, mais elle mérite d'être répétée car elle est très puissante. Elle consiste à passer l'aspirateur avec l'archange Michael et, ce faisant, à se débarrasser des énergies inférieures comme les débris psychiques, la peur et les entités.

Vous pouvez utiliser cette technique sur vous-même ou sur d'autres personnes vous autorisant à pratiquer sur elles une guérison spirituelle (vous pouvez demander cette permission silencieusement, en entrant mentalement en contact avec le soi supérieur de l'autre personne). Cette méthode est particulièrement efficace pour calmer l'hyperactivité et l'agressivité, faire diminuer les envies liées à la dépendance et faire disparaître les changements d'humeur.

Pensez à la personne pour laquelle vous souhaitez passer l'aspirateur (vous ou quelqu'un d'autre). Demandez mentalement à l'archange Michael de se joindre à vous avec tous ses anges de miséricorde. Remarquez que Michael tient un tuyau d'aspirateur. Décidez quelle vitesse d'aspiration vous allez choisir : lente, moyenne, rapide ou très rapide. Aidez Michael à faire pénétrer le tuyau par le chakra de la couronne et dans la tête de la personne. Passez l'aspirateur à l'intérieur de la tête ; faites bien le tour en aspirant toutes les zones d'obscurité. Soyez attentif aux zones entourant la mâchoire et le cerveau.

En continuant à aspirer, descendez le tuyau dans la gorge puis dans la cage thoracique. Prêtez attention à toute zone obscure et aidez Michael à y diriger le tuyau pour en aspirer toute énergie inférieure. Si vous remarquez des zones de rougeur, ce qui est signe de douleur physique, envoyez-y de l'énergie d'amour avec vos mains ou votre cœur. Passez l'aspirateur dans tous les organes, notamment les ovaires chez une femme et la prostate chez un homme.

Faites descendre le tuyau le long de la colonne vertébrale et le long des bras jusque dans les doigts. Assurez-vous d'aspirer jusqu'au bout des doigts, là où l'obscurité se cache parfois. Après avoir purifié le haut du corps, passez à la partie inférieure : les jambes, les rotules, les chevilles, les pieds et les orteils.

Une fois le corps entièrement purifié, Michael place le commutateur de l'aspirateur en position inverse. Une lumière liquide blanche, semblable à du dentifrice, sort du tuyau, étincelante comme de la pâte à calfeutrer blanc diamant. Cette lumière emplit tout le corps ; elle guérit et équilibre toute zone de souffrance antérieure. Nous remercions l'archange Michael et tous ses anges de miséricorde pour cette guérison et cette purification.

Abolir la malédiction et la colère

Vous pouvez utiliser cette méthode sur vous-même ou sur quelqu'un d'autre. Assurez-vous que votre dos ne touche rien, une chaise par exemple. Penchez-vous vers l'avant ou bien couchez-vous sur le côté ou sur le ventre.

Faites appel aux archanges Raphaël et Michael pour qu'ils vous entourent, puis inspirez et expirez très profondément. Parfois, lorsque les gens sont en colère contre eux-mêmes ou une autre personne, ils envoient une énergie malsaine capable de durcir et de prendre une forme qui s'incruste à l'intérieur des corps. Inconsciemment ou consciemment, il arrive que nous

nous maudissions nous-mêmes ou que nous haïssons une autre personne.

Ayez le désir de laisser aller toute énergie de colère et d'en débarrasser votre corps. Retirez de votre dos ou d'autres régions tous les poignards, flèches, épées et autres objets pointus ou faisant souffrir. À présent, ces poignards et autres objets s'éloignent de votre corps ; vous serez peut-être surpris d'apprendre de qui ils provenaient. Souhaitez envoyer votre pardon à ces personnes, du mieux que vous le pouvez : ce sera un moyen pour vous de guérir encore plus en profondeur. Continuez à retirer les objets de tout votre corps en les laissant aller complètement. À présent, toutes les malédictions sont levées, dans toutes les directions du temps.

Raphaël va maintenant vous enduire d'un gel liquide vert qui guérit immédiatement toutes les anciennes incisions. Tandis que vous guérissez, Michael vous couvre d'un bouclier de caoutchouc pourpre garantissant que toute attaque ultérieure rebondira loin de vous. Au fur et à mesure que les archanges procèdent, les objets qui vous gênaient sont transmués en amour et retournés à leur envoyeur afin de guérir cette personne.

Maintenant, vous êtes totalement purifié et protégé. Remerciez Raphaël et Michael pour votre guérison.

Le bouclier et la protection psychique

Il est important de vous protéger d'un bouclier d'énergie chaque fois que vous vous trouvez dans une situation où les énergies sont inférieures, par exemple lorsque vous vous tenez dans un endroit public ou que vous êtes en contact avec des personnes qui souffrent ou qui sont en colère. C'est tout particulièrement important pour les personnes sensibles, qui ont tendance à absorber l'énergie des autres.

Pour vous protéger, il suffit de vous imaginer, de vous penser ou de vous visualiser entièrement enveloppé de la lumière colorée de votre choix. Vous pouvez en faire autant avec d'autres personnes ou des objets tels des véhicules ou des maisons. Toutefois, les boucliers s'effacent ; aussi vous faudra-t-il recommencer environ toutes les douze heures.

Voici quelques couleurs parmi lesquelles vous pouvez choisir en fonction de la situation dans laquelle vous vous trouvez :

- **Lumière blanche** : Cette lumière offre une bonne protection contre le crime et l'attaque physique. Elle rassemble des anges autour de vous.

- **Lumière rose** : La lumière rose protège contre la négativité. Elle est utile dans les situations où vous êtes avec des personnes à l'esprit négatif, qui se plaignent ou font des commérages, car seul l'amour peut s'infiltrer dans un bouclier rose.

- **Lumière verte** : Le bouclier formé de lumière verte permet la guérison physique. Il est recommandé dans le cas d'une personne blessée ou malade.

- **Lumière pourpre** : Cette lumière offre une protection psychique. Ce bouclier protège contre les attaques psychiques et les entités.

- **Boule de miroir** : Lorsque vous vous sentez vulnérable ou lorsque vos chakras sont ouverts et purs, et que vous êtes sur le point d'entrer dans une énergie dure (une foule d'étrangers ou une séance de travail intense, par exemple), visualisez-vous ou sentez-vous pénétrant dans une boule de miroir. Toute l'énergie négative rebondira loin de cette boule.

- **Bouclier de plomb** : C'est la protection absolue contre toute négativité chaque fois que vous anticipez une bataille ou que vous vous sentez extrêmement vulnérable ou ouvert. Visualisez-vous ou sentez-vous complètement entouré de plomb léger et impénétrable.

- **Triple bouclier** : Pour une protection totale, choisissez au moins trois couleurs et placez-les en couches sur vous.

L'ÉLIMINATION DES ENTITÉS ET DES ESPRITS TERRESTRES

Les personnes sensibles prennent parfois à leur insu des esprits en « auto-stop ». Il ne s'agit pas de possession, l'entité ne s'étant pas emparée de vous et de votre corps. Cependant, ces esprits peuvent interférer avec votre santé et votre bonheur.

Les entités sont des formes-pensées de peur douées d'une forme de vie. Elles sont le produit de l'ego, non de l'amour ; aussi n'ont-elles pas d'existence réelle en vérité. Toutefois, si nous passons par une période où nous avons vraiment peur, l'attachement à une telle entité peut nous affecter.

Les esprits terrestres sont des humains décédés qui n'ont pas pris l'avion de l'au-delà vers la lumière. La plupart d'entre eux ne comprennent pas qu'ils sont morts. Attachés à la Terre en raison des dépendances qu'ils vivaient lorsqu'ils sont décédés, ils traînent souvent près des cafés, des bars et des endroits où on utilise des drogues, et ce, pour s'assurer de planer par toxicomanes vivants interposés.

Certains esprits terrestres ont peur de prendre l'avion de l'au-delà en raison de leurs croyances à propos du feu de l'enfer et de la damnation. D'autres sont tellement attachés à leur maison qu'ils ne veulent pas en partir. C'est de là que proviennent les fantômes. Les esprits terrestres écoutent les vivants au lieu des anges ou des maîtres ascensionnés parce qu'ils se croient vivants.

Les signes d'attachement à une entité ou à un esprit terrestre se résument ainsi : une forte dépendance, une dépression sans réaction au traitement, une propension aux accidents, une incapacité à se concentrer ou à s'appliquer et des changements soudains dans le mode de vie ou la personnalité. N'importe qui peut présenter un attachement à une entité ou à un esprit terrestre ; il n'y a pas à en avoir peur ou honte. C'est simplement quelque chose dont il faut s'occuper.

Il existe de nombreuses manières de se débarrasser de ces entités :

— **Demander de l'aide.** Mentalement ou à voix haute, demandez que toute personne décédée aimant cet esprit terrestre et se souciant de lui vienne à votre aide. Demandez à ces personnes décédées de venir le chercher pour l'emmener vers la lumière. Habituellement, la grand-mère ou le grand-père répond à cet appel et conduit immédiatement l'esprit à l'avion de l'au-delà pour qu'il puisse évoluer, guérir et grandir.

— **Demander à l'archange Michael.** Demandez à l'archange Michael de vous débarrasser des entités et des esprits terrestres et d'en libérer vos êtres chers, vos clients et votre maison. Demandez-lui d'être constamment à vos côtés et de faire office de « videur », garantissant ainsi qu'aucun intrus ne parviendra jusqu'à vous et que ceux qui *sont* près de vous viendront d'un lieu d'amour. Souvenez-vous que Michael, comme tous les archanges d'ailleurs, ne connaît pas de limites temporelles ou spatiales, qu'il peut donc se trouver simultanément et individuellement avec les personnes qui font appel à lui.

— **Couper les liens.** Lorsqu'un esprit terrestre est un être cher décédé, une personne vivante peut lui être attachée par des liens. En fait, ces derniers gardent l'esprit attaché au vivant par une laisse. Par exemple, il pourrait s'agir d'une femme vivante dont le père, violent et alcoolique, n'est pas encore parti vers la lumière et est toujours attaché à elle. Il se peut qu'il souhaite rattraper son comportement précédent, mais il en est incapable parce qu'il n'est pas guéri. Sans que l'homme en ait conscience, sa présence ne fait que déprimer sa fille. Dans des cas comme celui-là, demandez à l'archange Michael de couper les liens avec cet esprit et de vous libérer d'une colère ancienne ou d'un désir de revanche que vous pourriez entretenir par rapport à l'esprit en question.

— **Extirper les entités.** Il s'agit d'une méthode à utiliser sur une autre personne. Tout d'abord, protégez-vous à l'aide d'une balle de miroir et demandez à Michael et à tous ses anges de miséricorde de vous accompagner. Ensuite, tirez l'entité par le chakra de la couronne, comme si vous tiriez sur une longue écharpe de couleur foncée. Donnez l'entité à Michael, qui l'emportera hors de la pièce. Continuez à extraire les entités sombres jusqu'à ce que la personne soit pure. Les entités sont parfois difficiles à extraire ; c'est alors comme arracher une plante nuisible pourvue une grosse racine. Finalement, purifiez-vous, débarrassez vos mains des souillures, et faites-vous un bouclier de la lumière pourpre et de la présence de l'archange Michael.

— **Purifier les chakras.** Ma cassette et mon CD *Chakra Clearing* sont utiles pour purifier des entités et des esprits terrestres. L'archange Michael y est invoqué tant par moi que par le musicien, Randall Leonard. L'énergie de Michael est donc doublement invoquée sur la bande sonore. Beaucoup de gens utilisent *Chakra Clearing* comme une bombe insecticide, laissant la cassette ou le CD jouer continuellement dans une pièce à l'énergie obscure.

ROMPRE VOS VŒUX

Des vœux que nous avons prononcés dans des vies passées nous suivent parfois dans notre vie actuelle. Les vœux anciens de pauvreté peuvent entraîner des problèmes financiers ; de célibat, conduire à des difficultés d'ordre sexuel et relationnel ; d'oubli de soi, être à l'origine de tendances à l'autosabotage. Lorsque nous rompons ces vœux, leurs effets négatifs sont annulés et nous guérissons.

Voici comment rompre des vœux anciens :

Centrez-vous, calmez-vous et respirez profondément. Mentalement ou verbalement, dites : « Par ce moyen, je romps tous les vœux de pauvreté que j'ai pu faire dans une vie ou une autre. Je demande que tous les effets de ces vœux soient annulés et sans effets dans toutes les directions du temps.

« Par ce moyen, je romps tous les vœux de célibat que j'ai pu faire dans une vie ou une autre. Je demande

que tous les effets de ces vœux soient annulés et sans effets dans toutes les directions du temps.

« Par ce moyen, je romps tous les vœux d'oubli de moi-même que j'ai pu faire dans une vie ou une autre. Je demande que tous les effets de ces vœux soient annulés et sans effets dans toutes les directions du temps. »

ENTOUREZ-VOUS D'ANGES POUR UNE BONNE NUIT DE SOMMEIL

En vous endormant, demandez mentalement que des anges se postent à chaque porte et à chaque fenêtre de votre maison pour vous garder et vous protéger toute la nuit. Visualisez une épaisse couche de lumière blanche autour de vous, de votre maison, de vos êtres chers, de toute situation préoccupante et du monde. Ensuite, visualisez ou sentez l'archange Raphaël vous donnant une couverture d'énergie verte de guérison. Tirez cette couverture jusqu'à vous et couvrez-vous en ; sentez votre corps totalement détendu. Bonne nuit !

TRAVAILLER AVEC LES CRISTAUX

Les cristaux concentrent l'énergie de guérison et sont utiles pour stimuler la lumière dans votre travail de guérison. Vous pouvez en acheter dans les librairies métaphysiques et les boutiques de cadeaux, dans de nombreux studios de yoga, dans les expositions de pierres précieuses et de minéraux ainsi que sur Internet. Choisissez votre cristal à l'intuition, en fonction de votre attirance pour sa couleur et de ce que vous ressentez lorsque vous le tenez. Placez-le près de votre troisième œil et prêtez attention à tout picotement afin de vérifier s'il est vivant et doté d'une puissante énergie vitale. Les cristaux épuisés ne produisent aucun picotement quand on les a en main.

Purifiez votre cristal de son énergie antérieure dès que possible après l'avoir acquis. La meilleure manière est de le placer deux à quatre heures en plein soleil. Certains recommandent de le faire tremper dans l'eau salée ; toutefois, cette dernière peut avoir un effet décapant sur les cristaux.

Chargez votre cristal à la lumière de la lune, en particulier le soir précédant la pleine lune. Même si des nuages empêchent la lumière de passer, l'énergie lunaire pénétrera dans le cristal et le chargera.

Les cristaux exercent leur puissance lorsque nous les portons comme des bijoux, les tenons en main, les plaçons dans des zones où se trouve la maladie ou une blessure, et les installons sur les chakras ou encore dans la maison. Beaucoup de gens aiment dormir en ayant des cristaux sur leur table de nuit ou près de leur lit, alors que d'autres trouvent cela trop stimulant pour avoir un sommeil reposant.

De plus, on peut mettre des cristaux dans l'eau du bain pour charger celle-ci en énergie de guérison. Les cristaux apportent aussi de la lumière de guérison à l'eau potable lorsqu'on les place dans la bouteille ou le verre (prenez garde de ne pas avaler votre cristal, évidemment !).

Nombre de boutiques Nouvel Âge apportent des détails sur la guérison avec les cristaux. J'ai moi-même écrit un livre sur ce sujet, *Crystal Therapy*. Cependant, la meilleure source d'information réside dans votre intuition et votre expérience personnelles. Fiez-vous à votre sagesse intérieure et appréciez le fait de travailler avec les membres vivants du règne minéral et leur magie.

Interpréter les couleurs des anges

Si vous ne vous sentez pas bien, allongez-vous et imaginez-vous étendu sur un nuage et entouré de nombreux anges. Visualisez ou sentez les anges passer leurs mains dans votre aura et en éliminer tout débris psychique. Quelques-uns font rayonner sur votre corps des couleurs de guérison à l'aide de lampes de poche à la lumière limpide. Remarquez bien ces couleurs. Appréciez-les et absorbez-les en respirant. Permettez que l'on prenne entièrement soin de vous et, peut-être, glissez dans le sommeil pour un moment.

Ensuite, rappelez-vous les couleurs avec lesquelles les anges vous éclairaient. Les déséquilibres et les besoins de votre vie sont indiqués par les couleurs suivantes :

- **Blanc :** Mettez-vous en contact avec vos anges, les terrestres comme les célestes. Parlez-leur de vos soucis et acceptez leur aide ainsi que leur amour.

- **Pourpre :** Priez, méditez et accordez-vous des moments de tranquillité, loin du bruit et des autres. Passer du temps en plein air, dans un bel endroit, à écouter les sons de la nature favoriserait considérablement votre guérison.

- **Violet** : Vous avez besoin que l'on vous écoute, que l'on vous fasse confiance et que l'on vous entende sans porter de jugement.

- **Bleu foncé** : Ayez confiance en votre intuition et ne vous laissez pas dissuader par les arguments des autres.

- **Bleu clair** : En ce moment, votre vie a besoin de créativité. Il s'agit soit de réaliser vos propres projets artistiques soit d'ajouter de la beauté à votre environnement en faisant jouer de la musique ou en achetant une nouvelle œuvre d'art.

- **Turquoise** : Vous avez besoin du soutien des autres. Assurez-vous de demander de l'aide et de déléguer lorsque c'est nécessaire.

- **Vert émeraude** : Vous avez besoin de vous reposer et de dormir, de même que de purifier votre régime alimentaire ainsi que l'énergie que vous absorbez.

- **Vert clair** : Il vous faut être honnête avec vous-même à propos de vos véritables sentiments, sans rationaliser, vous culpabiliser ou avoir peur.

- **Jaune** : Vous êtes perturbé par une situation concernant le travail ou les études. Dépêchez-vous de rétablir les choses.

- **Orange** : Vous avez besoin d'un milieu de vie plus favorable à votre guérison, un lieu où vous serez plus à l'aise. Voyez-y.

- **Rose** : Vous avez un désir d'amour, d'affection et de câlins.

- **Rouge** : Remettez votre colère et vos soucis au Ciel ; lorsque vous les gardez dans votre esprit et dans votre corps, ils entraînent des déséquilibres physiques.

Une combinaison de couleurs indique que plusieurs de vos besoins ne sont pas comblés et que certaines situations vous préoccupent ; aussi vous faut-il vous satisfaire et régler vos problèmes.

Le guide de sélection des cristaux

Voici des suggestions de cristaux, minéraux et fossiles à utiliser dans diverses situations ainsi que dans le traitement de certaines parties du corps ou de différents malaises. Tenez le cristal ou placez-le près de la zone affectée :

Abondance (créer l')	Jade, cinabre, quartz d'abondance
Accouchement	Pierre de lune, rubis, jaspe
Acné	Smithsonite, rhodonite, nontronite
Affaires (développer les)	Citrine, cinabre, quartz de manifestation
Alcoolisme	Nissonite, thalénite, smithsonite
Allergies	Chrysocole, zircon
Amygdalite	Larimar, calcédoine
Angine	Angélite, larimar
Angoisse, anxiété	Lapis-lazuli, quartz fumé, citrine
Anorexie	Agate mousseuse, quartz incrusté de mica, rhodochrosite
Anxiété du rendement	Œil-de-tigre rouge, pierre de lune, aigue-marine
Appendicite	Citrine, cornaline
Appétit (augmenter l')	Épidote, unakite
Appétit (diminuer l')	Diaboléite, chlorite, pierre de lune
Arthrite	Cuivre, chrysocole, quartz fumé gravé
Articulations	Dioptase, hématite, albite

Asthme	Tourmaline verte, rhodonite, macfallite
Astral (voyage)	Angélite, apophyllite, calcite verte
Autisme	Tectite, or
Blessure/accident (prévention)	Cornaline jaune, spinelle, kunzite
Bouche	Sodalite, mordénite, mélinophane
Boulimie	Quartz incrusté de mica, ocho
Bronchite	Héliotrope, pyrite, quartz rutilé
Brûlures	Agate iris, sodalite
Brûlures d'estomac	Fluorite
Cancer	Sugilite, rhodochrosite, quartz titane
Cardiovasculaires (malaises)	Eastonite
Cauchemars	Calcédoine, rhodonite, améthyste
Céphalées	Agate bleue en dentelle, sugilite, améthyste
Chagrin	Obsidienne, lapis-lazuli, quartz rose
Changement (faire face au)	Quartz fumé « elestial », tourmaline rose, grenat
Cheveux	Quartz, opale, malachite
Choc	Hématite, pierre de lune
Circulation	Rubis, citrine, pyrite
Clair entendre	Quartz fantôme
Clair sentir	Smithsonite
Clairvoyance	Améthyste, azurite, quartz transparent
Cœur	Dioptase, péridot, or

Cœur brisé	Quartz rose, topaze brûlée, malachite
Colique	Malachite, jade
Côlon	Ambre, malachite, agate d'Ojo de Laguna
Colonne vertébrale	Labrador, magnétite, jaspe
Coma	Moldavite, tanzanite
Conception d'un enfant	Grenat, crocoïte, corail
Confiance (développer la)	Amazonite, aventurine, or
Constipation	Rhodochrosite
Crampes	Célestine, smithsonite, pierre de lune
Dents	Fluorite, calcite, howlite
Dépendances	Aventurine, barytine, zéolite
Dépression	Azurite, kunzite, topaze
Déshydratation	Hancockite, calcite sur quartz, quartz titane
Diabète	Améthyste, owyhéite, malachite
Digestion	Héliotrope, calcite dorée, citrine
Discours	Indicolite, fluorite bleue
Dos	Calcite bleue, topaze dorée, martite
Douleur	Boji, sugilite, malachite
Douleurs continues	Célestine, charoïte
Écorchures	Cornaline
Emphysème	Rhodonite, chrysocole
Endométriose	Sel gemme, chrysocole
Énergie (accroître l')	Péridot, jaspe, ambre
Entité (se délivrer d'une)	Serpentine, onyx, obsidienne
Épaules	Agate bleue en dentelle
Épilepsie	Moldavite, jais
Estomac	Péridot, jaspe

Estomac (ulcère de l')	Rhodochrosite
Fatigue	Quartz fumé
Fibromyalgie	Aventurine, topaze précieuse
Fièvre	Chrysocole, agate bleue en dentelle
Financiers (problèmes)	Jade, cinabre, citrine
Foie	Azurite/malachite, péridot, rhodochrosite
Ganglions lymphatiques	Opale jaune, simpsonite, lazulite
Glande pinéale	Quartz transparent, fluorine octaèdre, zircon
Glande pituitaire	Lapis-lazuli, fluorite, améthyste
Glande thyroïde	Péridot, lapis-lazuli, chrysocole
Gorge	Turquoise, tourmaline, ambre
Grossesse	Perle, pierre de lune
Hémorragie nasale	Hématite
Hépatite	Sugilite, argent
Hoquet	Corail rouge
Impuissance	Verdite, padparadscham, grenat
Infécondité	Grenat, tourmaline orange
Infection	Galène, rubis, turquoise
Inflammation	Agate bleue en dentelle, fluorite bleue
Inquiétude	Cristal tangérine, calcite orange
Insomnie	Fluorite, lapis-lazuli, sodalite
Jambes	Dravite, jade, jaspe sanguin
Langue	Mordénite, whitlockite, sodalite
Leucémie	Alexandrite, jaspe sanguin

Lombalgie	Chrysocole
Lupus	Quartz fantôme rose
Mains	Cristal de roche à âme, oligoclase, fersmanite
Mémoire	Agate de feu, ambre, pyrite
Ménopause	Lapis-lazuli, grenat, pierre de lune
Menstruations	Quartz fumé, pierre de lune, dolomite
Migraines	Jais, tourmaline, dioptase
Morsure de chien	Dioptase, cornaline, améthyste
Muscles	Chalcopyrite, apatite, yodérite
Objectif de vie	Quartz transparent, luvulite, émeraude
Ongles (des pieds et des mains)	Calcite, perle, opale
Oreilles	Ambre, saphir, fluorite bleue
Organes génitaux	Grenat rouge, obsidienne noire, quartz fumé
Os	Calcite, howlite, œil-de-tigre doré
Os brisés	Calcite, hématite, dioptase
Ostéoporose	Calcite verte
Ouïe	Sodalite, saphir, lapis-lazuli
Ovaires	Périclase, œil-de-tigre, pierre de lune
Pancréas	Agate mousseuse, alexandrite, pierre d'aimant
Peau	Azurite/malachite, conichalcite, zircon
Pieds	Jais, aigue-marine, onyx
Piqûres d'insectes	Lazulite, monazite

Poids (perdre du)	Labrador, jaspe Picasso, sérandite
Poids (prendre du)	Épidote, unakite
Poitrine	Péridot, calcite sur améthyste rose, bravoïte
Poumons	Chrysocole, dioptase, galène
Prostate	Pierre de lune, osarizawaite, tétraédrite
Prurit	Malachite, azurite, dolomite
Psychose maniaco-dépressive	Lépidolite, kunzite
Rash (éruption cutanée)	Bitume naturel
Rate	Jade, apophyllite
Reins	Calcite miel, cornaline, jade
Respiration	Ambre, morganite
Rêves (se souvenir des)	Diamant d'Herkimer, smithsonite, quartz rutilé
Rhumes	Fluorite claire ou pourpre, jamesonite
Sang	Jaspe sanguin, cornaline, hématite
Sérénité	Quartz rose, agate bleue en dentelle, quartz transparent
Sida	Diaspore, pétalite, dioptase
Sinus	Pierre de soufre, fluorite, pierre d'Eilat
Stress	Azurite/malachite, boji, turquoise
Syndrome prémenstruel	Pierre de lune, hématite
Système immunitaire	Malachite, calcédoine bleue, lépidolite
Système urinaire	Ambre, jade, citrine
Tabagisme	Améthyste claire de l'Oregon, aventurine, barytine

Tension	Calcite, sélénite
Tension artérielle	Dioptase, jaspe sanguin, turquoise
Thymus	Aigue-marine, cuprite, rhodochrosite
Trompes de Fallope	Pierre de lune, chrysocole
Tuméfaction	Quartz
Tumeur	Malachite, cyanite
Ulcères	Chrysocole, œil-de-tigre doré, pyrite
Veines	Aigue-marine, opale, jaspe rouge marbré
Vésicule biliaire	Malachite, grenat, jaspe
Vessie	Jaspe orange, jaspe sanguin, cornaline
Vies antérieures	Météorites, améthyste, obsidienne
Violence (guérison du problème)	Iolite, spinelle, quartz fumé
Vue	Fluorite, émeraude, rhodochrosite
Yeux (santé des)	Calcédoine, aigue-marine, rhodochrosite

Ce tableau de la guérison avec les cristaux a été réalisé par Judith Lukomski et Rachelle Charman.

Judith Lukomski partage avec joie les relations de Heaven on Earth, en mettant à profit la sagesse qu'elle a acquise auprès du règne minéral et du monde des anges. Clairvoyante depuis l'enfance, elle a développé ses dons afin d'aider ceux qui sont en quête de changement et de croissance. Elle exerce avec talent ses fonctions de professeure, de guérisseuse énergétique, de mentor spécialisée et d'auteure.

Agréée maître en cristologie, praticienne en thérapie des anges, médium et hypnothérapeute clinicienne, Judith joue le rôle de guide auprès de personnes qui s'intéressent à l'évolution et au développement personnels. On trouve parmi ses publications *Gifts from Heaven: Practical Application of Crystal Energy* et *Questions about Quartz: A Guide to Crystalline Configurations,* ainsi que *Crystal Therapy* écrit en collaboration avec Doreen Virtue. L'adresse du site Web de Judith est la suivante : **www.crystalfriends.net**.

* * *

Rachelle Charman est renommée dans toute l'Australie pour constamment effectuer des recherches et participer à des séminaires et des ateliers portant sur le développement personnel. Elle donne des ateliers sur les deux sujets qui la passionnent : les anges et les cristaux. Rachelle dirige le groupe des mentors Angel Intuitive d'Australie, dans lequel elle supervise environ 2000 de ses collègues agréés *Angel Intuitives.*

Rachelle a passé sa vie à faire des recherches sur les cristaux et à travailler avec ces derniers ; elle détient une expérience pratique et concrète. Les méthodes de guérison avec les cristaux qu'elle a découvertes l'ont aidée, ainsi que beaucoup d'autres, à se défaire de tendances destructrices à la dépendance et à la violence inscrites de longue date. Pour vous renseigner sur les ateliers ou les séances donnés par Rachelle, vous pouvez faire parvenir un courriel à l'adresse suivante :

white_light33@hotmail.com.

ÉPILOGUE

Souvenez-vous que vous êtes lumière et amour et que vous possédez de remarquables capacités d'autoguérison. Fait à l'image du Créateur, vous bénéficiez de Sa santé, de Sa générosité, de Sa sagesse et de Sa créativité parfaites. Affirmez que vous êtes en bonne santé, généreux, sage et créatif. Faites appel à votre lumière et à votre amour intérieurs pour grandir et vous développer.

Je vous souhaite d'apprécier la lumière sur la Terre, autour d'elle et en elle. Puissiez-vous envoyer fréquemment de la lumière dans les lignes énergétiques de la Terre et entourer cette dernière de lumière blanche de guérison. Je souhaite que vous voyiez et sentiez la lumière de Dieu et des anges, que cette lumière vous réchauffe le cœur, l'esprit et le corps.

Puissiez-vous ne pas avoir peur de donner de l'amour et d'en recevoir. Sachez dès à présent à quel point vous êtes vraiment attachant. Je vous souhaite de découvrir que vous méritez l'amour le plus profond dans toutes vos relations. Puissiez-vous vous traiter vous-même avec un amour plein de tendresse et d'affection.

Je vous envoie amour et lumière par tous les moyens !

BIBLIOGRAPHIE

ALBINO, A.P., F. TRAGANOS, L. REINHART, J. CONNOLLY, D.P. ROSE et Z. DARZYNKIEWICZ. « Cell cycle arrest andapoptosis of melanoma cells by docosahexaenoic acid: Association with decreased pRb phosphorylation », *Cancer Research*, vol. 60, n° 15 (1er août 2000), p. 4139-4145.

BAKER. B.P., et coll. « Pesticide residues in conventional, integrated pest management (IPM) — grown and organic foods: Insights from three US data sets », *Food Additive Contam.*, vol. 19, n° 5 (mai 2002), p. 427-446.

BARGER-LUX, M, et R.P. HEANEY. « Effects of above average summer sun exposure on serum 25 — hydroxyvitamin D and calcium absorption », *The Journal of Clinical Endocrinology & Metabolism*, vol. 87, n° 11 (2002), p. 4952-4956.

BARNES, V.A., L.B BAUZA et F.A. TREIBER. « Impact of stress reduction on negative school behavior in adolescents », *Health Quality Life Outcomes*, vol. 1, n° 1 (23 avr. 2003), p. 10.

BHATTACHARJEE, C., et coll. « Do animals bite more during a full moon ? Retrospective observational analysis », *BMJ*, vol. 321, n° 7276 (23 déc. 2000), p. 1559-1561.

BRADEN, G. *The God Code*, Carlsbad, Californie, Hay House Inc., 2004.

BYRD, R.C. « Positive therapeutic effects of intercessory prayer in coronary unit population », *Archives of Internal Medicine*, vol. 163, n° 12 (23 juin 2003), p. 1405-1408.

CHA, K.Y., et coll. « Does prayer influence the success of in vitro fertilization-embreyo transfer ? Report of a masked, randomized trial », *Reproductive Medicine*, vol. 46, nº 9 (sept. 2001), p. 781-787.

CRAWFORD, L. « Light needed: Sunlight improves test records », *Silver Chips Online News*, 7 oct. 1999.

CURL, C.L. « Organophosphorus pesticide exposure of urban and suburban preschool children with organic and conventional diets », *Environmental Health Perspectives*, vol. 111, nº 3 (mars 2003), p 377-382.

DAVIDSON, R.J., J. KABAT-ZINN, J. SCHUMACHER, M. ROSENKRANZ, D. MULLER, S.F. SANTORELLI, F. URBANOWSKI, A. HARRINGTON, K. BONUS et J.F. SHERIDAN. « Alterations in brain and immune function produced by mindfulness meditation », *Psychosomatic Medicine*, vol. 65, nº 4 (juill.-août 2003), p. 564-570.

DELORGIL, M,. et coll. « Mediterranean alpha-linolenic acid-rich diet in secondary prevention of coronary heart disease », *The Lancet*, vol. 343 (1994), p. 1454-1459.

DONNELLY, I. *Atlantis: The Antediluvian World*, New York, Dover Publications Inc., 1976.

EBBESEN, F., G. AGATI et R. PRATESI. « Phototherapy with turquoise versus blue light », *Archives of Diseases in Childhood, Fetal Neonatal Edition*, vol. 88, nº 5 (sept. 2003), p. F430-431.

EL-HAJJ FULEIHAN, G. et M. Deeb. « Hypovitaminosis D in a sunny country (correspondence) », *The New England Journal of Medicine*, vol. 340, nº 23 (10 juin 1999), p. 1840-1841.

ENGLISH, D.R. « Sunlight and cancer », *Cancer Causes Control*, vol. 8, nº 3 (mai 1997), p. 271-283.

FARMER, S.D. *Sacred Ceremony: How to Create Ceremonies for Healing, Transition and Celebrations*, Carlsbad, Californie, Hay House Inc., 2002.

FLANNERY, M. « Guardians Angels ? Terminally ill boy claimed he saw them: Do photos bear him out ? » *ABCNews.com*, 19 juill. 2003.

FREEDMAN, D.M., et coll. « Sunlight and mortality from breast, ovarian, colon, prostate, and non-melanoma skin cancer : A composite death certificate based case-control study », *Occupational Environment Medicine*, vol. 59, nº 4 (1er avr. 2002), p. 257-262.

FREEMAN, K. *The Pre-Socratic Philosophers*, Oxford University Press, 1946.

GIASSON, M., et L. BOUCHARD. « Effect of therapeutic touch on the well-being of persons with terminal cancer », *Holistic Nursing*, vol. 16, nº 3 (sept. 1998), p. 383-398.

GLERUP, H., et coll. « Commonly recommended daily intake of vitamin D is not sufficient if sunlight exposure is limited », *Journal of Internal Medicine*, vol. 247, nº 2 (1er févr. 2000), p. 260-268.

GLOTH, F.M. III, et coll. « Vitamin D deficiency in homebound elderly persons », *Journal of the American Medical Association*, vol. 274, nº 21 (6 déc. 1995).

GOODYEAR-SMITH, R. « Health and safety issues pertaining to genetically modified foods », *Australian New Zealand Journal of Public Health*, vol. 25, nº 4 (août 2001), p. 371-375.

GORHAM, E.D., et coll. « Sunlight and breast cancer incidence in the USSR », *International Journal of Epidemiology*, vol. 19, nº 4 (1er déc. 1990), p. 820-824.

HALL, J. *The Crystal Bible: A Definitive Guide to Crystals*, Hampshire, Angleterre, Godsfield Press Ltd., 2003.

HARRIS, W.S., et coll. « A randomized, controlled trial of the effects of remote, intercessory prayer on outcomes in patients admitted to the coronary care unit », *Archives of Internal Medicine*, vol. 160, nº 12 (26 juin 2000), p. 1878.

HERACLIDES OF PONTUS [fr. 89 Wehrli] dans Diogenes Laertius, *Lives of Eminent Philosophers,* p. 8.4-5.

HIRSCH, R. J., et A.R. SHALITA. « Lasers, light and acne », *Cutis*, vol. 71, nº 5 (mai 2003), p. 353-354.

HOBBAY, R. *The Healing Sun*, Forres, Écosse, Findhorn Press, 1999.

HU, F.B. « The Mediterranean diet and mortality — olive oil and beyond », *The New England Journal of Medicine*, vol. 348, n° 26 (26 juin 2003), p. 2595-2596.

IWAO, M., S. KAJIYAMA, H. MORI et K. OOGAKI. « Effects of qigong walking on diabetic patients: A pilot study », *Journal of Alternative and Complementary Medicine*, vol. 5, n° 4 (août 1999), p. 353-358.

JONES, G., et T. DWYER. « Bone mass in prepubertal children: Gender differences and the role of physical activity and sunlight exposure », *Journal of Clinical Endocrinology Metabolism*, vol. 83, n° 12 (1er déc. 1998), p. 4274-4279.

JOWETT, B. *Selected Dialogues of Plato: The Benjamin Jowett Translation*, Modern Library Classics, 2001.

KIME, Z.R. *Sunlight*, Penryn, Californie, World Health Publications, 1980.

LAW, S.P. « The regulation of menstrual cycle and its relationship to the moon », *Acta Obstetric and Gynecologic Scandinavica*, vol. 65, n° 1 (1er janv. 1986), p. 45-48.

LEFKOWITZ, E.S., et C.F. GARLAND. « Sunlight, vitamin D, and ovarian cancer mortality rates in US women », *International Journal of Epidemiology*, vol. 23, n° 6 (déc. 1994), p. 1133-1136.

LEI, X.F., A.H. BI, Z.X. ZHANG et Z.Y. CHENG. « The antitumor effects of qigong-emitted external qi and its influence on the immunologic functions of tumor-bearing mice », *Journal of Tongji Medical University*, vol. 11, n° 4 (1991), p. 253-256.

LEIBOVICI, L. « Effects of remote, retroactive intercessory prayer on outcomes in patients with bloodstream infection: Randomized controlled trial », *BMJ*, vol. 323, n° 7327 (22 déc. 2001), p.1450-1451.

LI, M., K. CHEN et Z. MO. « Use of qigong therapy in the detoxification of heroin addicts », *Alternative Therapy Health Med.*, vol. 8, n° 1 (janv.-févr. 2002), p. 56-59.

LIBERMAN, J. *Light: Medicine of the Future*, Rochester, Vermont, Bear & Company, 1991.

LIM, Y.A., T. BOONE, J.R. FLARITY et W.R. THOMPSON. « Effects of qigong on cardiorespiratory changes: A preliminary study », *American Journal of Chinese Medicine*, vol., 21, nº 1 (1993), p. 1-6.

MATTEWS, D.A., et coll. « Effects of intercessory prayer on patients with rheumatoid arthritis », *Southern Medical Journal*, vol. 93, nº 12 (déc. 2000), p. 1177-1186.

Mediterranean diet could help Asians, BBC News, 8 nov. 2002.

MELODY, A. *Love is in the Earth: A Kaleidoscope of Crystals*, Earth Love Publishing House.

NARBY, L. *Cosmic Serpent: DNA and the Origins of Knowledge*, Los Angeles, J.P. Tarcher, 1999.

NELEMANS, P.J., et coll. « An addition to the controversy on sunlight exposure and melanoma risk: A meta-analytical approach », *Journal of Clinical Epidemiology*, vol. 48, nº 11 (1er nov. 1995), p. 1331-1342.

OLSON, K., et J. HANSON. « Using Reiki to manage pain: A preliminary report », *Cancer Prevention and Control*, vol. 1, nº 2 (juin 1997), p. 108-113.

PELLEGRINO-ESTRICH, R. *The Power to Heal: A Concise and Comprehensive Guide to Energy Healing*, Brésil, Grafica Terra Ltda, 2003.

PODOLSKY, D. « A new age of healing hands », *U.S. News & World Report*, 5 févr. 1996, p. 71, 74.

PROCHASKA, L.J. « Effects of food processing on the thermodynamic and nutritive value of foods: Literature and database survey », *Medical Hypotheses*, vol. 54, nº 2 (févr. 2000), p. 254-262.

RAPHAELL, K. *Crystal Healing: The Therapeutic Application of Crystals and Stones*, Aurora press, 1991.

SALAMONE, L.M., et coll. « Contributions of vitamin D intake and seasonal sunlight exposure to plasma 25 — hydroxyvitamin D concentration in elderly women », *American Journal of Clinical Nutrition*, vol. 59, n° 1 (1er janv. 1994), p. 80-86.

SALIH, F.M. « Can sunlight replace phototherapy units in the treatment of neonatal jaundice? An in-vitro study », *Photodermatology, Photoimmunology & Photomed.*, vol. 17, n° 6 (1er déc. 2001), p. 272-277.

SCHILTER, B., et coll. « Limits for pesticide residues in infant foods: A safety-based proposal », *Regulatory Toxicology and Pharmacology*, vol. 24, n° 2, point 1 (oct. 1996), p. 126-140.

SMITH, D.W., P. ARNSTEIN, K.C. ROSA et C. WELLS-FEDERMAN. « Effects of integrating therapeutic touch into a cognitive behavioral pain treatment program. Report of a pilot clinical trial », *Journal of Holistic Nursing*, vol. 20, n° 4 (déc. 2002), p. 367-387.

SMITH, H. « Truly ancient Greek ! » *The London Observer*, Angleterre, 29 août 1999.

STUDZINSKI, G.P., et D.C. MOORE. *« Sunlight — can it prevent as well as cause cancer ? » Cancer Research*, vol. 55, n° 18 (15 sept. 1995), p. 4014-4022.

THOMAS, M.K., et coll. « Hypovitaminosis D in medical inpatients », *The New England Journal of Medicine*, vol. 338, n° 12 (19 mars 1998), p. 777-783.

TLOCZYNSKI, J., et S. FRITZSCH. « Intercessory prayer in psychological well-being: Using a multiple-baseline across-subjects design », *Psychology Rep.*, vol. 91, n° 3, point 1 (1er déc. 2002), p. 731-741.

TRICHOPOULOU, A., et coll. *« Adherence to a Mediterranean diet and survival in a Greek population ». The New England Journal of Medicine*, vol. 348, n° 26 (26 juin 2003), p. 2599-2608.

TRIVEDI, B.P. « Can Earth be powered by energy beamed from the moon ? », *National Geographic Today*, 26 avr. 2002.

TURNER, J.G., A.J. CLARK, D.K. GAUTHIER et M. WILLIAMS. « The effect of therapeutic touch on pain and anxiety in burn patients », *Journal of Advanced Nursing*, vol. 28, n° 1 (juill. 1998), p. 10-20.

WALDIE, K.E. « The effects of pre- and post-natal sunlight exposure on human growth: Evidence from the Southern Hemisphere », *Early Human Development*, vol. 60, nº 1 (1er nov. 2000), p. 35-42.

WANG, C.X., et D.H. XU. « The beneficial effect of qigong on the ventricular function and microcirculation in deficiency of heart-energy hypertensive patients » (traduit du chinois), *Zhong Xi Yi Jie He Za Zhi*, vol. 11, nº 11 (nov. 1991), p. 644, 659-660.

WANG, C.X., et D.H. XU. « Influence of qigong therapy upon serum HDL-C in hypertensive patients », (traduit du chinois), *Zhong Xi Yi Jie He Za Zhi*, vol. 9, nº 9 (sept. 1989), p. 516, 543-544.

WARDELL, D.W., et J. ENGEBRETSON. « Biological correlates of Reiki Touch℠ healing », *Journal of Advanced Nursing*, vol. 33, nº 4 (févr. 2001), p. 439-445.

WATERFIELD, R. *The First Philosophers: The Presocratics and Sophists*, Oxford University Press, 2000.

WOLVERTON, B.C. *How to Grow Fresh Air: Fifty Houseplants That Purify Your Home or Office*, New York, Penguin Putnam Inc., 1996.

WORTHINGTON, V. « Nutritional quality of organic versus conventional fruits, vegetables, and grains », *Journal of Complementary Medicine*, vol. 7, nº 2 (avr. 2001), p. 161-173.

WU, W.H., E. BANDILLA, D.S. CICCONE, J. YANG, S. CHENG, N. CARNER, Y. WU et R. SHEN, « Effects of qiqong on late-stage complex regional pain syndrome », *Alternative Therapy Health Med.*, vol. 5, nº 1 (janv. 1999), p. 45-54.

YU, T., H.L. TSAI et M.L. HWANG. « Suppressing tumor progression of in vitro prostate cancer cells by emitted psychosomatic power through Zen meditation », *American Journal of Chinese Medicine*, vol. 31, nº 3 (2003), p. 499-507.

À PROPOS DE L'AUTEURE

Doreen Virtue, Ph. D., est une métaphysicienne de la quatrième génération. Fille d'un praticien de la science chrétienne, elle a assisté dans sa jeunesse à de nombreuses guérisons miraculeuses, car sa famille avait recours à la prière et à la visualisation aussi bien pour guérir les genoux écorchés que pour réparer la voiture familiale.

Doreen est l'auteure de *Healing With the Angels* (également offert en cartes divinatoires), *Archanges et maîtres ascensionnés* et *Angel Therapy*, entre autres livres et produits audio. En 2002, son jeu de cartes divinatoires *Messages from Your Angels Oracle Cards* s'est, en Australie, classé numéro un des succès d'édition dans la catégorie des ouvrages non romanesques.

Clairvoyante de naissance, Doreen travaille avec les mondes des anges, des éléments et des maîtres ascensionnés. Titulaire d'un doctorat, d'une maîtrise et d'un baccalauréat en psychologie de l'orientation, elle a été directrice de centres psychiatriques en consultation externe et en hospitalisation dans différents hôpitaux.

Doreen a été invitée à *Oprah*, *CNN*, *The View* et à d'autres émissions de télévision et de radio. Si vous désirez obtenir des renseignements supplémentaires à son sujet et sur les ateliers qu'elle donne dans le monde entier, vous abonner à son bulletin gratuit de messages angéliques, visiter son babillard électronique ou faire part de vos expériences de guérisons angéliques, vous pouvez visiter le site :

www.AngelTherapy.com

Autres titres de Doreen Virtue disponibles chez AdA

Le Présent
Pour obtenir une copie
de notre catalogue
veuillez nous contacter :
AdA inc.
1385, boul. Lionel-Boulet
Varennes, Québec
J3X 1P7
Fax : 450.929.0220
info@ada-inc.com
www.ada-inc.com
ÉDITIONS
AdA inc.